사진과 그림으로 보는 세상
세계 나라 백과

사진과 그림으로 보는 세상
세계 나라 백과

앤드리아 밀스 글 / 서남희 옮김

비룡소

지은이 앤드리아 밀스
생물, 과학사, 신화 등 다양한 주제의 어린이책을 쓰는 작가이다.
쓴 책으로 『역사를 만든 100명의 과학자들 100 Scientists Who Made History』,
『찾아보자! 곤충 DK Findout! Bugs』 등이 있다.

옮긴이 서남희
대학에서 역사와 영문학을, 대학원에서 서양사를 공부했고, 지금은 저술가이자 번역가로
일하고 있다. 지은 책으로 『그림책과 작가 이야기』 시리즈, 옮긴 책으로 『세계사를 한눈에
꿰뚫는 대단한 지리』, 『세계사와 지리가 보이는 특급 기차 여행』 등이 있다.

사진과 그림으로 보는 세상
세계 나라 백과

1판 1쇄 찍음 - 2024년 2월 28일
1판 1쇄 펴냄 - 2024년 5월 30일
지은이 앤드리아 밀스 **옮긴이** 서남희
펴낸이 박상희 **편집주간** 박지은 **편집** 김지호 **디자인** 김수인
펴낸곳 (주)비룡소 **출판등록** 1994.3.17.(제16-849호)
주소 06027 서울시 강남구 도산대로1길 62 강남출판문화센터 4층
전화 02)515-2000 **팩스** 02)515-2007
홈페이지 www.bir.co.kr **제품명** 어린이용 각양장 도서
제조자명 Oriental Press **제조국명** 두바이 **사용연령** 3세 이상

Original Title: Our World in Pictures: Countries, Cultures, People & Places
First published in Great Britain in 2020 by
Dorling Kindersley Limited
DK, One Embassy Gardens, Gardens, 8 Viaduct Gardens, London, SW11 7BW

Copyright © 2022, Dorling Kindersley Limited
A Penguin Random House Company
All rights reserved.

Korean Translation Copyright © 2024 by BIR Publishing Co., Ltd.
This Korean translation edition is published by arrangement with Dorling
Kindersley Limited, London.

이 책의 한국어판 저작권은 저작권사와 독점 계약한 (주)비룡소에 있습니다.
저작권법에 의해 한국 내에서 보호를 받는 저작물이므로
무단 전재와 무단 복제를 금합니다.
ISBN 978-89-491-5471-8 74980
ISBN 978-89-491-5290-5 (세트)

www.dk.com

차례

세계 지도	6
북아메리카	8
캐나다	10
미국	12
멕시코, 과테말라, 벨리즈	14
엘살바도르, 온두라스, 코스타리카, 니카라과	16
파나마, 쿠바, 바하마	18
자메이카, 아이티, 도미니카 공화국	20
세인트키츠 네비스, 도미니카 연방, 앤티가 바부다, 세인트루시아	22
바베이도스, 그레나다, 세인트빈센트 그레나딘, 트리니다드 토바고	24
남아메리카	26
베네수엘라, 수리남, 가이아나	28
콜롬비아, 에콰도르	30
브라질	32
볼리비아, 페루, 칠레	34
아르헨티나, 파라과이, 우루과이	36
아프리카	38
모로코, 알제리, 튀니지, 리비아	40
이집트	42
말리, 모리타니, 니제르	44
차드, 에리트레아, 수단, 남수단	46
에티오피아, 지부티, 소말리아	48
세네갈, 카보베르데, 감비아	50
시에라리온, 기니비사우, 기니	52
코트디부아르, 라이베리아, 부르키나파소	54
가나, 토고, 베냉	56
나이지리아	58
적도 기니, 상투메 프린시페, 카메룬, 가봉	60
중앙아프리카 공화국, 콩고, 콩고 민주 공화국	62
부룬디, 르완다, 우간다	64
탄자니아, 케냐	66
앙골라, 잠비아	68
나미비아, 짐바브웨, 말라위	70
보츠와나, 모잠비크	72
남아프리카 공화국	74
에스와티니, 레소토, 마다가스카르	76
세이셸, 모리셔스, 코모로	78

알로에 폴리필라, 레소토

안드로스바위이구아나, 바하마

유럽　　　　　　　　　　　　　　　　　　　80

영국	82
아일랜드, 아이슬란드	84
노르웨이, 덴마크	86
스웨덴, 핀란드	88
에스토니아, 리투아니아, 라트비아	90
폴란드	92
독일	94
네덜란드, 벨기에	96
프랑스	98
에스파냐	100
포르투갈	102
몰타, 룩셈부르크, 안도라, 모나코	104
이탈리아	106
바티칸 시국, 산마리노, 리히텐슈타인	108
스위스, 슬로베니아	110
오스트리아, 체코	112
슬로바키아, 헝가리	114
세르비아, 크로아티아	116
보스니아 헤르체고비나, 몬테네그로, 코소보	118
키프로스, 북마케도니아, 알바니아	120
그리스	122
불가리아, 루마니아	124
우크라이나, 벨라루스, 몰도바	126
러시아	128

아시아　　　　　　　　　　　　　　　　　130

튀르키예	132
아제르바이잔, 시리아, 조지아, 아르메니아	134
레바논, 이스라엘, 요르단	136
이라크, 이란	138
사우디아라비아, 바레인, 쿠웨이트	140
아랍 에미리트, 카타르, 오만, 예멘	142
우즈베키스탄, 투르크메니스탄, 카자흐스탄	144
아프가니스탄, 키르기스스탄, 타지키스탄	146
파키스탄, 스리랑카, 몰디브	148
인도	150
방글라데시, 부탄, 네팔	152
미얀마, 라오스, 캄보디아	154
태국, 베트남	156
필리핀, 몽골	158
중국	160
대만, 북한, 대한민국	162
일본	164
말레이시아, 인도네시아	166
싱가포르, 브루나이, 동티모르	168

오세아니아　　　　　　　　　　　　　　170

오스트레일리아	172
파푸아 뉴기니, 뉴질랜드	174
태평양의 섬들	176

극지방

남극 대륙, 북극	178

참고자료　　　　　　　　　　　　　　　180

해외 영토	181
용어 설명	186
찾아보기	188
사진 저작권	192

지도 기호표

0　　50 km
(축척 근삿값)

지도 축척

→ 장소 표시선

● 도시
■ 수도
N 북쪽 방향 표시

유리매커우, 브라질

야구, 쿠바

치와와, 멕시코

올리브기름, 에스파냐

전통 구리 식기, 키프로스

꾸란또, 칠레

포헬라 보이샤크 가면, 방글라데시

투부족 낙타 경주, 차드

일러두기
미국 주 이름의 줄임말

- **펜.** 펜실베이니아주
- **웨.** 웨스트버지니아주
- **버.** 버지니아주
- **인.** 인디애나주
- **켄.** 켄터키주
- **테.** 테네시주
- **앨.** 앨라배마주
- **노.** 노스캐롤라이나주
- **사.** 사우스캐롤라이나주

알래스카 본토는 미국의 일부예요. 하지만 러시아 본토와 최단 거리로 겨우 88.5킬로미터 떨어져 있어요.

미국의 주 중에서 유일한 섬인 **하와이**는 태평양의 화산섬 137개가 모인 제도예요.

남아메리카 사람들 중 거의 절반이 **브라질**에 살고 있어요. 브라질은 세계에서 일곱 번째로 인구가 많은 나라이며, 이 대륙에서 가장 큰 도시인 상파울루가 있는 나라예요.

세계 지도

지구의 표면에 뻗어 있는 **일곱 개의 광대한 대륙**은 **산**, **평원**, **초원**, **숲**, **사막**, **툰드라**를 비롯한 여러 가지 풍경으로 이루어졌어요. **대륙은 196개의 나라**로 나뉘고, 약 **80억 명**이 살아가는 터전이에요. 각 나라의 사람들은 저마다 다른 방식으로 일하고, 즐기고, 축제를 열면서 살아요.

- 땅으로 덮여 있는 면적: 1억 4,894만㎢
- 물로 덮여 있는 면적: 3억 6,113만㎢
- 세계 인구: 80억 명

 북아메리카
- 총면적: 2,471만㎢
- 인구: 5억 9,200만 명
- 국가: 23개국

 남아메리카
- 총면적: 1,784만㎢
- 인구: 4억 3,000만 명
- 국가: 12개국

 아프리카
- 총면적: 3,037만㎢
- 인구: 13억 명
- 국가: 54개국

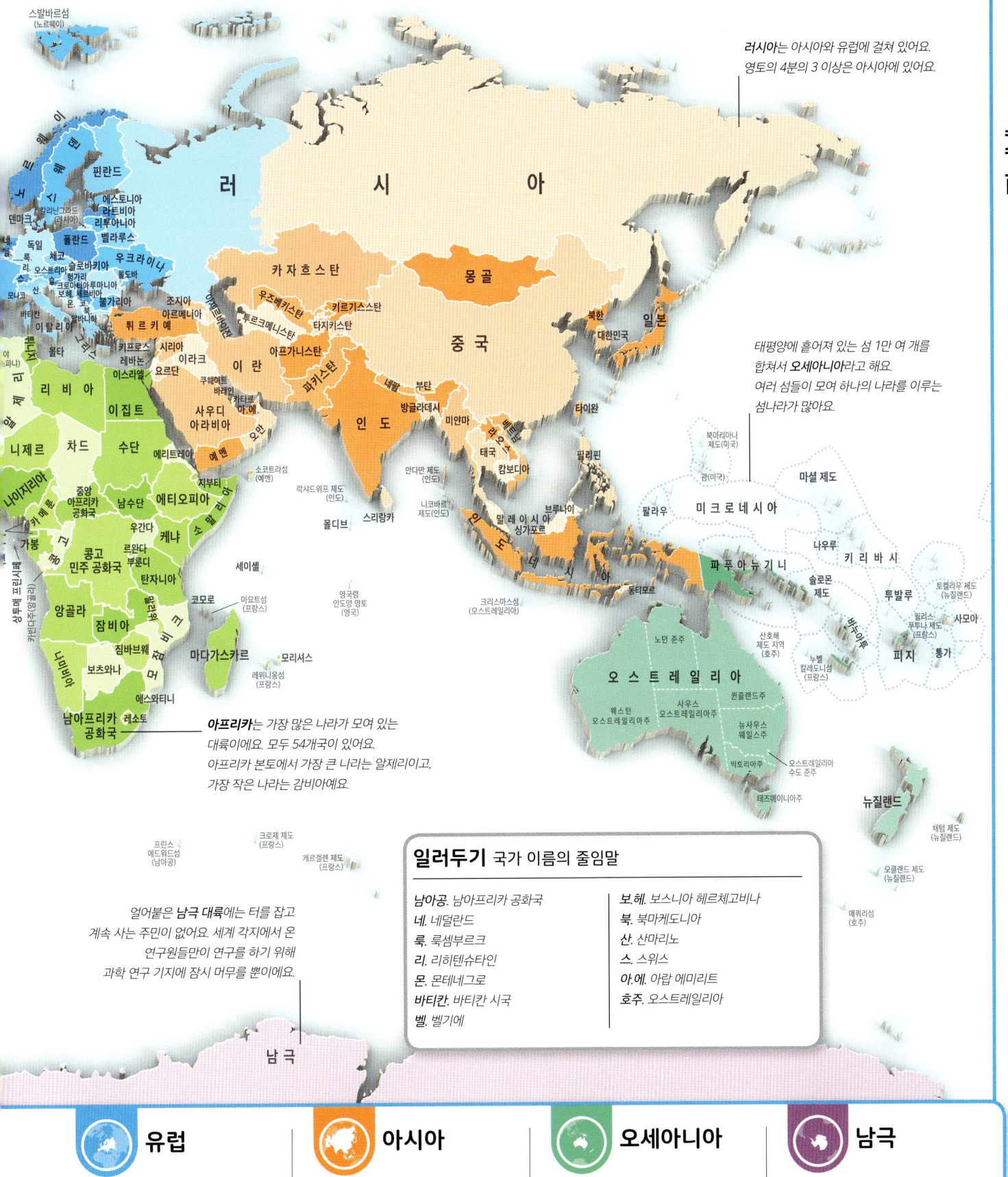

북아메리카

캐나다

비버의 땅
캐나다 곳곳의 호수 주변에 비버가 살고 있어요. 비버는 캐나다의 나라 동물이에요.

이 캐나다 동전에는 비버가 새겨져 있어요.

유콘은 캐나다에서 크기가 가장 작고 인구도 가장 적은 준주예요. 자연 그대로의 산과 빙하를 볼 수 있는 곳이죠.

밴쿠버 스탠리 공원의 토템 기둥들

토템 기둥
캐나다는 원주민들의 상징을 조각한 토템 기둥으로 유명해요. 초기 공동체를 이룬 선조들을 기리기 위한 기념물로 세운 거예요. 이 토템 기둥들은 원주민인 콰키우틀족이 만들었어요.

열 개의 봉우리 계곡
캐나다 앨버타주의 모레인호 위로 장엄한 산봉우리 열 개가 우뚝 솟아 멋진 풍경을 이루고 있어요.

와피티사슴
엘크사슴이라고도 불리는 와피티사슴은 모든 사슴 종 중에서 두 번째로 커요. 숲에서 큰 무리를 지어 살지요. 북아메리카에는 약 100만 마리가 살고 있어요.

세계에서 **두 번째로 큰 나라**인 캐나다는 얼음으로 덮인 북극권에서 서쪽의 눈 덮인 로키산맥을 거쳐 **대초원 지대**의 너른 평원까지 뻗어 있어요. 세계에서 **해안선이 가장 길고**, 호수도 가장 많아요. 이 광대한 나라는 **10개의 주와 3개의 준주**로 나뉘어 있어요.

- 9,984,670 km²
- 3,890만 명
- 오타와
- 영어, 프랑스어, 기타 언어 (+7)

단풍잎
단풍나무는 캐나다 어디서나 볼 수 있어요. 단풍나무 수액을 졸인 메이플시럽은 캐나다에서 전 세계 생산량의 75퍼센트가 만들어져요. 캐나다 국기에서도 단풍잎 무늬를 볼 수 있지요.

이누이트족
캐나다 북부의 원주민인 이누이트족은 추위에 잘 적응했어요. 이들은 '카무티크'라는 썰매를 타고 눈 위를 쌩쌩 다녀요.

아이스하키
캐나다에서 가장 인기 있는 스포츠는 아이스하키예요. 2022 베이징 올림픽까지, 올림픽 메달을 무려 23개(그중 금메달은 14개)나 받은 캐나다는 아이스하키로 세계에서 으뜸이에요.

나이아가라 폭포
캐나다와 미국 사이의 국경에 있고, 51미터 높이에서 수직으로 떨어지는 장엄한 폭포 세 개로 이루어졌어요. 해마다 약 3,000만 명의 관광객이 나이아가라 폭포를 찾아와요.

CN 타워가 553미터 높이로 솟아 토론토를 내려다보고 있어요.

푸틴
감자튀김에 치즈 커드와 그레이비소스를 얹은 이 요리는 퀘벡주에서 시작되었어요. 지금은 캐나다 어디서나 즐겨 먹어요.

퀘벡주는 캐나다에서 가장 큰 주예요. 프랑스어를 쓰는 캐나다 사람들은 대부분 이곳에 살아요.

토론토의 초고층 건물들
캐나다에서 가장 큰 도시인 토론토는 온타리오호를 끼고 있어요. 즐비한 고층 건물들과 초고층 건물들이 화려하게 반짝이고 있지요.

지리: 캐나다의 3분의 1은 북극권에 포함되는 **얼어붙은 땅**이에요. 남부는 **산**, **초원**, **숲**, **호수**로 이루어졌어요.

역사: 캐나다가 공식적으로 세워진 **해**는 1867년이지만 이미 5,000년 넘게 **이누이트족**이 살아왔어요.

문화: 기후는 추워도 캐나다인들은 멋진 자연에서 **야외활동**을 즐기며, 스포츠와 **하이킹**을 좋아해요.

자연 경관: 숨이 멎을 듯이 아름다운 **로키산맥**과 장엄한 **나이아가라 폭포**를 비롯해, 캐나다에는 웅장한 자연 경관이 많아요.

야생 동물: 캐나다에는 **불곰**, **북극곰**, **물개**, **순록**, **와피티사슴**, **늑대**, **울버린**, **고래**가 살고 있어요.

음식 및 음료: 캐나다에서는 대체로 쇠고기, 닭고기, 생선, 유제품과 야채로 이루어진 **전형적인 서양식 식사**를 즐겨 먹어요.

미국

북아메리카

우주 탐사
미국 회사인 스페이스X는 화물과 사람을 우주로 보내는 비용을 줄이기 위해 재사용할 수 있는 우주발사체를 설계했어요. 그렇게 해서 만든 로켓인 팰컨 9호를 쏘아 2020년에 국제 우주 정거장(ISS)으로 우주 비행사들을 보내는 데 성공했지요.

하와이
태평양에 있는 하와이주는 화산섬 137개로 이루어졌어요.

우쿨렐레
하와이어로 튀어오르는 벼룩을 뜻하는 우쿨렐레는 재즈를 비롯한 여러 스타일의 음악을 연주할 수 있는 현악기예요.

회색곰
미국의 북서부 지역에는 야생의 회색곰들이 살고 있어요. 이 곰들은 산란을 위해 강을 거슬러 올라오는 연어를 잡아먹지요.

미식 축구
미국에서 1880년대부터 시작된 격렬한 팀 경기인 미식 축구는 오늘날 미국에서 가장 인기 있는 스포츠예요.

상징적인 랜드마크
이 유명한 간판은 미국 영화 산업의 중심지인 로스앤젤레스의 할리우드 지역을 내려다보고 있어요.

미합중국, 또는 **미국**은 아메리카 대륙의 동쪽인 대서양과 서쪽인 태평양 사이에 펼쳐진 넓은 나라예요. 다양한 **민족**과 **지형** 및 문화가 있는 **50개 주**로 이루어졌어요. 미국의 **엔터테인먼트 산업**과 **기술 부문**의 혁신적인 제품은 전 세계에서 인기가 높아요.

- 9,833,517㎢
- 3억 3,320만 명
- 워싱턴 D.C.
- 영어, 에스파냐어, 기타 언어 (+9)

알래스카

미국에서 가장 넓은 주인 알래스카는 캐나다를 사이에 두고 미국 본토와 떨어져 있어요.

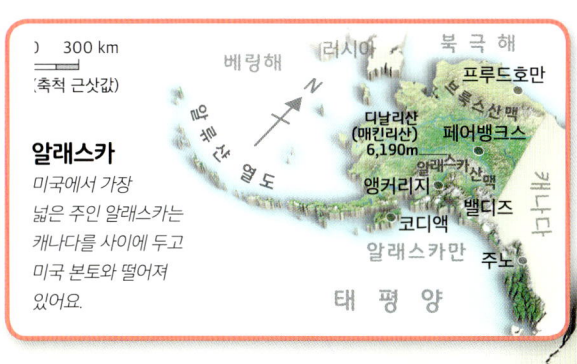

러시모어산 국립 기념지

사우스다코타주 키스톤의 높은 암벽에는 미국의 역사를 이룬 전직 대통령 네 명의 얼굴이 새겨져 있어요. 왼쪽부터 조지 워싱턴, 토머스 제퍼슨, 시어도어 루스벨트, 에이브러햄 링컨이에요.

북아메리카

이 동상은 구리로 만들었어요.

자유의 여신상

뉴욕 항구에는 미국의 자유를 상징하는 93미터 높이의 동상이 우뚝 서 있어요. 프랑스에서 선물로 보내온 것이지요.

국민의 대표

미국은 매우 다양한 민족으로 이루어진 나라예요. 2019년에 아메리카 원주민인 셔리스 데이비즈가 캔자스주를 대표하는 미국 연방 하원 의원으로 뽑혔어요. 다양한 배경의 여성들이 미국 정치 현장에 들어서는 새로운 지평을 연 사건이었지요.

마디 그라

미국에서 가장 큰 카니발인 뉴올리언스의 마디 그라에서는 다채로운 꽃수레들과 온갖 행진을 구경할 수 있어요.

뉴욕시

이 유명한 도시는 여러 섬으로 이루어졌어요. 그중에서 맨해튼은 타임스 스퀘어, 센트럴 파크, 엠파이어 스테이트 빌딩과 같은 유명한 곳들이 있는 문화 중심지예요.

지리: 서쪽에 우뚝 솟은 **로키산맥**의 동편으로 **그레이트플레인스**라고 하는 대평원이 펼쳐져요.

역사: 아메리카 원주민들이 1만 5,000년 동안 이곳에서 살아 왔고, 17세기에 **유럽**에서 사람들이 **건너와** 정착했어요. 미국은 **1776년에 세워졌어요.**

문화: 다문화 국가인 미국은 **추수 감사절**과 **핼러윈**을 비롯하여 많은 전통을 기리며 축제를 열어요.

자연 경관: 애리조나주의 **그랜드 캐니언**과 플로리다주의 **에버글레이즈 습지**는 미국의 아름다운 자연을 볼 수 있는 대표적인 장소예요.

야생 동물: **코요테**, **퓨마**, **곰**, **들소**, **말코손바닥사슴**은 미국의 토박이 동물이에요.

음식 및 음료: 미국은 **버거**와 **핫도그** 같은 **패스트푸드**로 유명해요.

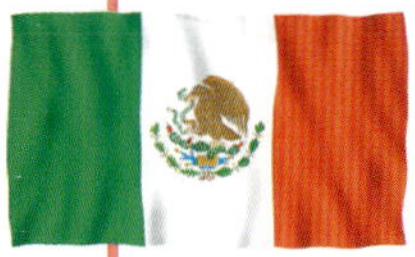

멕시코

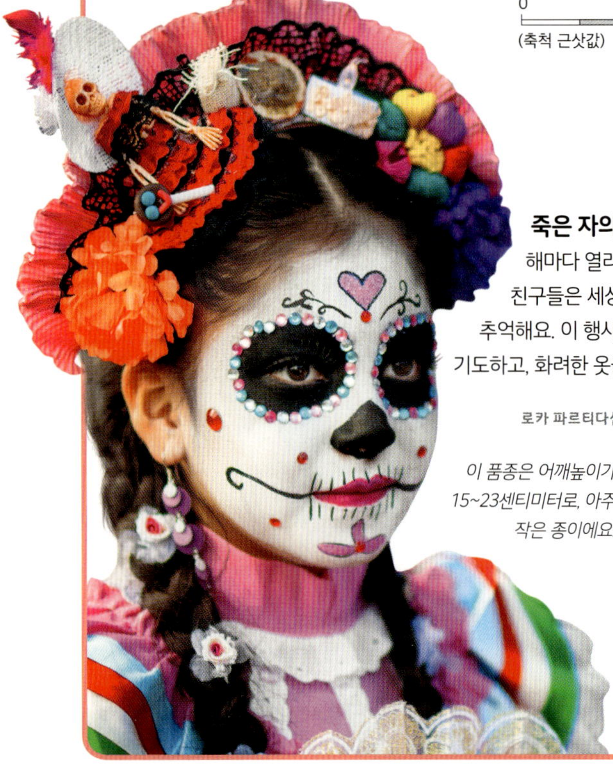

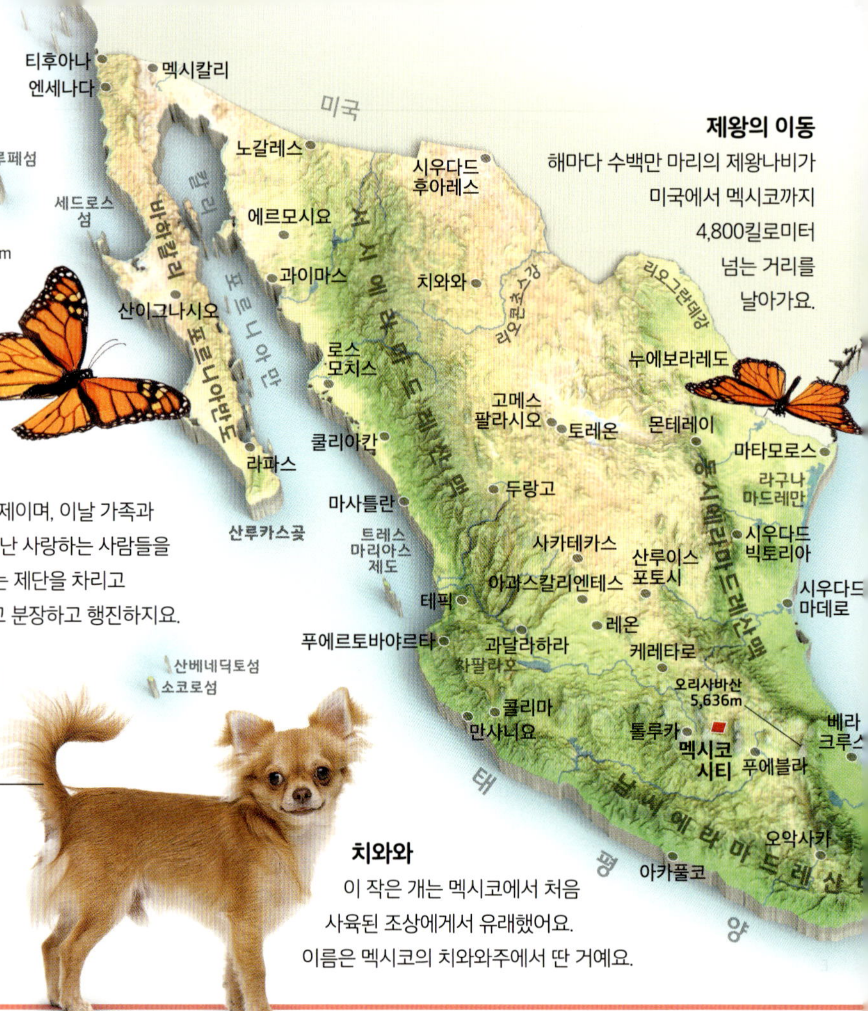

티후아나
엔세나다
멕시칼리
미국
과달루페섬
세드로스섬
0 250 km
(축척 근삿값)
노갈레스
시우다드 후아레스
에르모시요
캘리포니아만
바하칼리포르니아반도
과이마스
치와와
시에라마드레옥시덴탈산맥
리오콘초스강
리오그란데강
산이그나시오
로스 모치스
누에보라레도
고메스 팔라시오
토레온
몬테레이
쿨리아칸
마타모로스
라파스
라구나 마드레만
두랑고
마사틀란
산루카스곶
트레스 마리아스 제도
시에라마드레오리엔탈산맥
사카테카스
산루이스 포토시
시우다드 빅토리아
시우다드 마데로
아과스칼리엔테스
테픽
레온
푸에르토바야르타
과달라하라
케레타로
차팔라호
로카 파르티다섬
산베네딕토섬
소코로섬
콜리마
만사니요
오리사바산 5,636m
톨루카
멕시코 시티
푸에블라
베라크루스
태평양
시에라마드레델수르산맥
오악사카
아카풀코

제왕의 이동

해마다 수백만 마리의 제왕나비가 미국에서 멕시코까지 4,800킬로미터 넘는 거리를 날아가요.

죽은 자의 날

해마다 열리는 축제이며, 이날 가족과 친구들은 세상을 떠난 사랑하는 사람들을 추억해요. 이 행사에서는 제단을 차리고 기도하고, 화려한 옷을 입고 분장하고 행진하지요.

이 품종은 어깨높이가 15~23센티미터로, 아주 작은 종이에요.

치와와

이 작은 개는 멕시코에서 처음 사육된 조상에게서 유래했어요. 이름은 멕시코의 치와와주에서 딴 거예요.

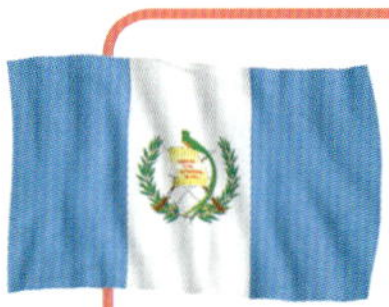

과테말라

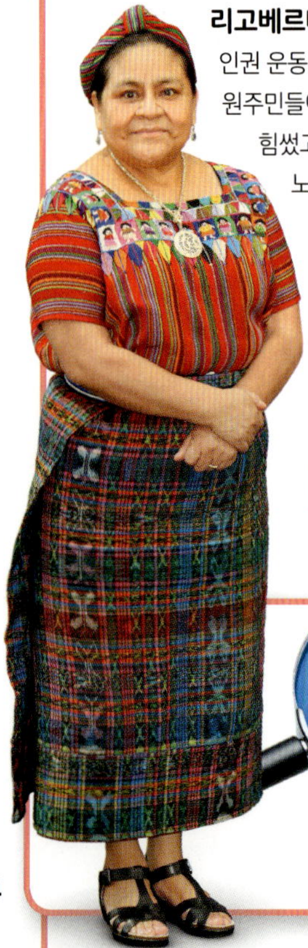

리고베르타 멘추

인권 운동가인 리고베르타 멘추는 원주민들이 더 나은 생활을 할 수 있게 힘썼고, 그 노력을 인정받아 1992년에 노벨 평화상을 받았어요.

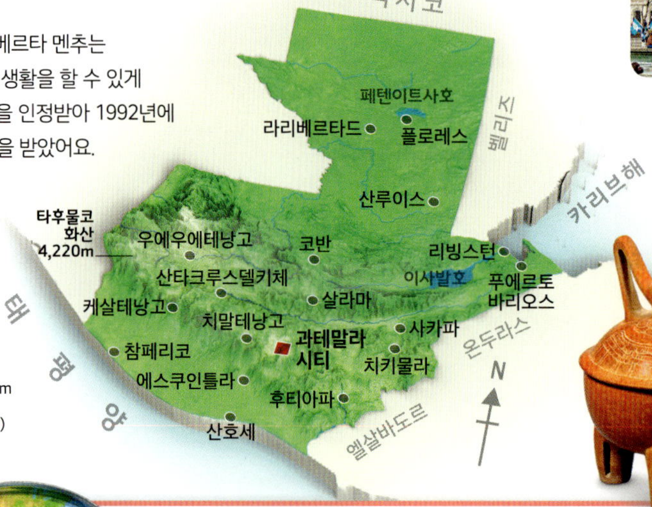

멕시코
페텐이트사호
라리베르타드
플로레스
벨리즈
카리브해
산루이스
타후물코 화산 4,220m
우에우에테낭고
코반
리빙스턴
산타크루스델키체
이사발호
푸에르토 바리오스
케살테낭고
살라마
치말테낭고
사카파
온두라스
참페리코
과테말라 시티
치키물라
에스쿠인틀라
후티아파
태평양
산호세
엘살바도르
N
0 50 km
(축척 근삿값)

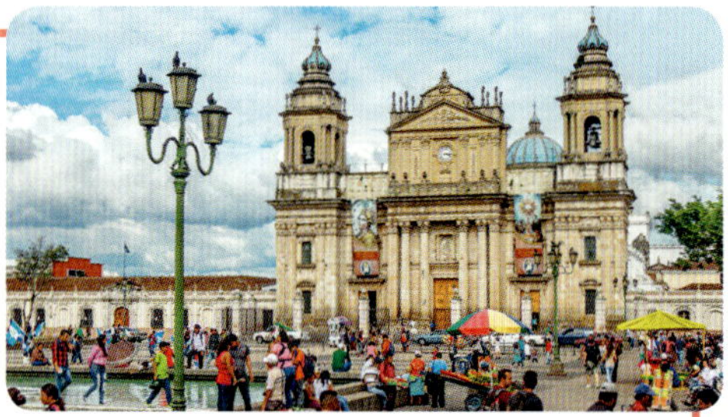

과테말라시티

과테말라의 수도는 해발 1,500미터 높이에 자리해요. 오래된 이 도시 한가운데에는 수많은 지진을 견뎌 낸 대성당이 있지요.

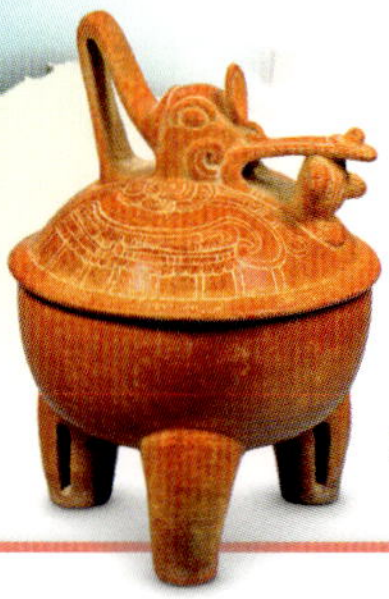

마야 도자기

마야 문명의 도자기는 제작 수준이 높았어요. 매우 정교한 장식을 자랑하는 것들도 남아 있어요.

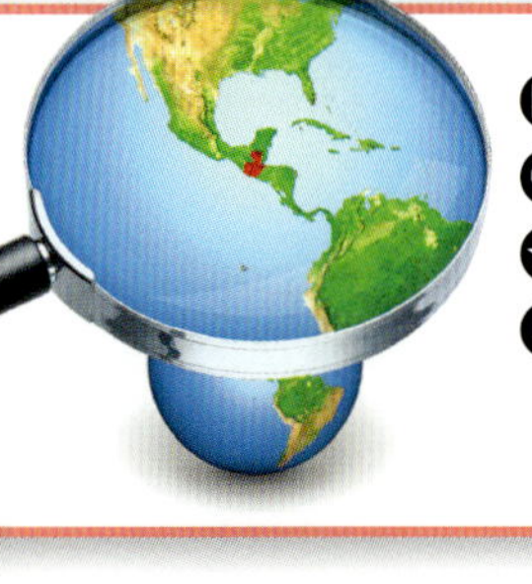

- 108,889㎢
- 1,735만 명
- 과테말라시티
- 에스파냐어, 키체어, 맘어, 기타 언어 (+3)

중앙아메리카에 있는 과테말라는 멕시코의 남쪽에 위치해요. **화산**과 **열대 우림**, 그리고 지금도 남아 있는 고대 **마야 문명**의 유적으로 유명한 나라이지요.

북아메리카

활기찬 시장
멕시코에서 과일과 채소, 옷 등을 사려면 지역 시장에 가는 게 가장 좋아요.

프리다 칼로
20세기의 멕시코 화가 프리다 칼로는 수많은 자화상과 멕시코 문화를 뿌리로 한 그림으로 유명해요.

타코
멕시코 어디서나 즐겨 먹는 타코는 옥수수로 만든 토르티야에 야채와 매콤한 고기를 넣은 전통음식이에요.

치첸이트사
마야 문명의 도시인 치첸이트사 중앙에는 웅장한 계단식 피라미드인 쿠쿨칸의 신전이 있어요. 엘 카스티요라고도 해요.

- 1,964,375km²
- 1억 2,750만 명
- 멕시코시티
- 에스파냐어, 기타 언어 (+8)

멕시코는 **북아메리카에서 세 번째로 큰 나라**예요. 많은 고대 문명이 이 지역에 여러 도시를 세웠어요. 오늘날에는 멋진 **해변**뿐 아니라 고대 **유적**들을 보러 관광객들이 이 나라를 많이 찾아요.

벨리즈

검은 난초
벨리즈의 나라꽃(국화)은 검은 난초예요. 중앙아메리카가 원산지인 이 꽃은 열대 정글과 습지에서 잘 자라요.

그레이트 블루 홀
벨리즈 산호초 보호 지역에는 폭 300미터, 깊이 124미터에 이르는 거대하고 아름다운 바다 싱크홀이 있어서 다이버들의 큰 사랑을 받고 있어요.

가리푸나족 정착의 날
해마다 11월 19일이면 벨리즈에서는 1832년의 그날, 아프리카-카리브해 사람들인 가리푸나족이 이곳에 도착한 것을 기념하는 행사가 열려요. 사람들은 신나게 음악을 연주하고 춤추며 거리를 행진하지요.

카리브해에 있는 벨리즈는 **중앙아메리카**의 동쪽 해안에 있는 작은 나라예요. 울창한 **열대 우림**과 길이가 거의 300킬로미터에 이르는 **산호초**인 벨리즈배리어리프로 알려져 있어요.

- 22,966km²
- 405,272명
- 벨모판
- 영어 기반 크리올어, 에스파냐어, 기타 언어 (+3)

엘살바도르

등딱지가 있는 수영 선수
이 나라의 해안에서는 세계에서 가장 큰 거북인 장수거북을 볼 수 있어요. 등딱지의 질감이 가죽과 비슷해서 영어 이름은 '가죽등' 거북을 뜻해요.

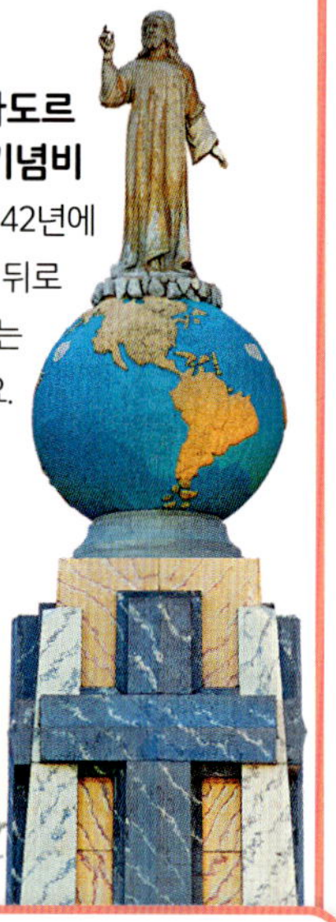

수크 춤
즐거운 민속춤으로서 원래 사탕수수 수확을 축하하는 춤이었지만, 지금은 카니발에서 공연되고 있어요.

디비노 살바도르 델 문도 기념비
이 예수상은 1942년에 산살바도르에 세워진 뒤로 도시를 대표하는 기념물이 되었어요.

- 산타아나 화산 2,381m
- 과테말라 / 온두라스
- 산타아나, 찰라테낭고, 아우아차판, 산살바도르, 센순테페케, 손소나테, 코후테페케, 산비센테, 라리베르타드, 사카테콜루카, 산프란시스코 고테라, 우술루탄, 산미겔, 라우니온
- 일로팡고 호
- 태평양 / 폰세카만
- 0 20 km (축척 근삿값)

- 21,041㎢
- 633만 명
- 산살바도르
- 에스파냐어

엘살바도르는 크기는 작지만 중앙아메리카에서 가장 **인구 밀도**가 높은 나라예요. 사람들은 **대부분 중부의 호수들 주변에 살아요.** **활화산**이 **20개**가 넘게 있고 가끔 **지진**이 일어나곤 해요.

온두라스

- 과테말라 / 엘살바도르 / 니카라과
- 온두라스만, 베이 제도, 스완 제도, 로아탄, 푸에르토코르테스, 라세이바, 텔라, 트루히요, 산페드로술라, 산타로사 데코판, 라스미나스산 2,870m, 누에바 오코테페케, 요로, 아구안강, 브루스라구나, 카리브해, 코마야과, 후티칼파, 파투카강, 푸에르토 렘피라, 라에스페란사, 라파스, 테구시갈파, 유스카란, 촐루테카
- 0 100 km (축척 근삿값)

코판 마야 유적
코판에 있는 마야 문명의 유적에는 돌을 정교하게 깎아 만든 조각상들이 있어요. 이 조각은 코판의 13번째 지배자예요.

금강앵무
온두라스의 나라새(국조)는 앵무새 중 큰 종인 금강앵무예요.

바나나 재배
19세기 말부터 바나나는 온두라스의 주요 수출품이에요. 그러나 계절성 폭풍에 바나나 나무들이 쓰러지는 일이 잦아요.

- 112,090㎢
- 1,043만 명
- 테구시갈파
- 에스파냐어, 기타 언어 (+2)

온두라스는 북쪽으로 **카리브해**와 만나고 남쪽으로 **태평양**과 만나요. 이 나라의 서쪽에는 **5세기 고대 마야의 도시**인 **코판**의 유적이 있지요.

코스타리카

높은 곳과 낮은 곳
나무 위 높은 곳에서는 느릿느릿 움직이는 나무늘보가 살고, 숲의 바닥에는 딱정벌레를 비롯한 곤충들이 종종거리며 다녀요.

코스타리카는 **야생 동물의 천국**이라는 별명이 있어요. 습도가 높은 **삼림**과 열대 **우림**, **맹그로브 늪**, **건조한 평원**, 따뜻한 **열대 바다** 환경에서 **50만 종이 넘게** 살고, 국토의 3분의 1이 국립 공원 및 **야생 동물 보호 구역**이거든요.

- 51,100㎢
- 518만 명
- 산호세
- 에스파냐어, 기타 언어 (+3)

보루카족
코스타리카 원주민인 보루카족은 나무를 깎아 악마의 모습으로 만든 전통 가면으로 유명해요.

니카라과

오메테페섬
니카라과호에서 가장 큰 섬인 오메테페에는 화산이 두 개 있어요. 그중 하나는 물에 둘러싸여 있지요.

데니스 마르티네스
니카라과 사람들이 가장 사랑한 운동선수였던 데니스 마르티네스는 1970년대에서 1990년대에 미국 야구 메이저 리그에서 투수로 활약했어요.

- 130,370㎢
- 694만 명
- 마나과
- 에스파냐어, 기타 언어 (+2)

중앙아메리카에 있는 니카라과는 여러 **화산**과 **호수**가 **뚜렷한 대조**를 이루어요. **가장 큰 니카라과호**의 면적은 8,000제곱킬로미터가 넘어요.

니카라과 커피
커피는 니카라과에서 가장 중요한 작물 중 하나예요. 커피나무는 화산 활동으로 만들어진 고원에서 가장 잘 자라요. 잘 익은 붉은 열매를 따서 씨앗을 분리해 말린 뒤, 볶아 낸 원두로 커피 음료를 만들지요.

파나마

파란색과 빨간색은 파나마의 두 주요 정당을 나타내요.

해마다 약 1만 4,000척의 배가 이 운하를 통과해요.

바다의 지름길
파나마 운하는 1914년에 개통되었어요. 약 82킬로미터 길이의 물길 덕분에 남아메리카 대륙을 빙 둘러 가는 길고 위험하던 여정이 짧아졌어요.

지도 라벨: 코스타리카, 바루 화산 3,475m, 알미란테, 푸에르토 아르무에예스, 다비드, 콜론, 파나마 운하, 가툰호, 산미겔리토, 파나마시티, 산티아고, 페노노메, 알리간디, 아수에로 반도, 치트레, 라스타블라스, 파나마만, 가라치네, 다리엔 산맥, 다리엔만, 엘레알, 콜롬비아, 대서양, 태평양

0 100 km (축척 근삿값)

축제 의상
파나마의 여자아이들은 16세 때 첫 뽀예라 드레스를 받아요. 색색이 자수를 놓아 화려하게 장식한 드레스를 입고 축제와 기념행사에 참석해요.

- 75,420㎢
- 390만 명
- 파나마시티
- 영어 기반 크리올어, 기타 언어 (+3)

'아메리카 대륙들의 교차로'로 알려진 파나마는 **중앙아메리카와 남아메리카를 연결**하는 좁은 땅에 자리 잡았어요. 태평양과 대서양을 잇는 **인공 수로**가 이 나라를 가로지르고 있어요.

쿠바

이 별은 쿠바가 1898년에 에스파냐에서, 1902년에 미국에서 쟁취한 독립을 상징해요.

알록달록한 달팽이
폴리미타 달팽이는 쿠바의 숲에서만 볼 수 있어요.

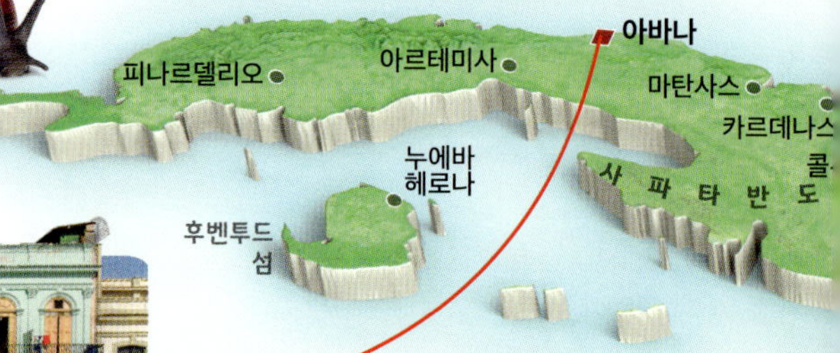

쿠바의 수도
아바나는 카리브해에서 가장 큰 도시이자 주요 항구예요. 오랜 역사가 느껴지는 구시가지를 보러 오는 관광객들이 많아요.

아바나의 구시가지에는 앞면이 알록달록하고 낡은 집들이 많아요.

지도 라벨: 유카탄 해협, 피나르델리오, 아르테미사, 아바나, 마탄사스, 카르데나스, 누에바 헤로나, 사파타 반도, 후벤투드 섬

빈티지 자동차
쿠바에서는 오랫동안 자동차 수입이 금지됐어요. 거리에는 1959년 이전에 수입했던 미국 자동차가 택시로 많이 달리고 있어요.

- 110,860㎢
- 1,121만 명
- 아바나
- 에스파냐어

쿠바는 **카리브해**에서 **가장 큰 섬**이며, 세계에서 보기 드문 사회주의 공화국 중 하나예요. 주요 산업은 **관광업**과 **농업**이고, **설탕, 담배, 감귤류**를 주로 **수출**해요.

자메이카

저크 치킨
자메이카에서 가장 인기 있는 음식은 매콤한 갖가지 향신료에 재운 뒤 그릴에 구워 불맛이 나는 이 닭고기 구이예요.

최고의 스프린터
'번개 볼트'라고 알려진 자메이카의 단거리 육상 선수 우사인 볼트는 지구에서 가장 빠른 사람이에요. 100m 달리기에서 9.58초로 세계 기록을 갖고 있어요.

킹스턴에 있는 밥 말리 박물관의 벽화에서 다양한 모습의 말리를 볼 수 있어요.

레게의 발상지
레게는 느리고 독특한 리듬을 가진 음악 장르예요. 1960년대 후반에 자메이카에서 시작되어 금방 전 세계로 퍼져 큰 인기를 얻었지요. 가수이자 작곡가인 밥 말리가 대표적인 스타예요.

아이티

탑탑 버스
화려한 그림으로 장식한 버스들이 포르토프랭스의 통근자들을 실어 날라요. 손으로 두 번 두드리는 동작으로 버스를 세울 수 있어요. 탑탑!

라페리에르 성채
19세기에 독립한 뒤 프랑스의 침략으로부터 조국을 방어하기 위해 아이티의 북부 해안에 이 웅장한 요새를 세웠어요. 라페리에르 성채는 현지에서는 짧게 '시타델'로 불려요.

- 27,750km²
- 1,110만 명
- 포르토프랭스
- 프랑스어 기반 크리올어, 프랑스어

아이티는 **히스파니올라섬**의 **서쪽 3분의 1**을 차지하는 산악 국가예요. 한때 프랑스의 식민지였다가 **1804년**에 **독립**한 공화국이에요. 2010년 수도 **포르토프랭스** 인근을 강타한 **지진**에 큰 피해를 입어서 복구를 위해 지금도 애쓰고 있어요.

블루마운틴
자메이카에서 가장 긴 산맥 위로 안개가 드리워져 있어요. 이곳에는 세계에서 가장 품질 좋은 커피를 생산하는 플랜테이션 농장들이 있지요.

수도인 **킹스턴**은 세 면이 산으로 둘러싸여 있어요.

로젤
건강에 좋다고 알려진 꽃으로 소스, 샐러드, 허브 차를 만들어 먹어요. 로젤은 히비스커스의 일종이에요.

여자아이들을 위한 교육
예전에는 많은 자메이카 소녀들이 교육을 받지 못했어요. 지금은 대부분의 소녀들이 학교에 다니고, 그중 3분의 1 이상이 대학에 진학해요.

카리브해뭍집게
뭍에 사는 게로 피피소라게라고도 불려요. 다른 동물들의 빈 껍질로 자신의 부드러운 몸을 보호해요.

- 10,991㎢
- 280만 명
- 킹스턴
- 영어 기반 크리올어, 영어

자메이카는 카리브해에서 **세 번째로 큰 섬나라**로 길이 234킬로미터, 너비 80킬로미터에 이르러요. **아름다운 해변**이 있어 관광업이 발달했어요.

도미니카 공화국

도미니카 카니발
도미니카 공화국에서 2월은 축제의 달이에요. 독립 기념일을 맞이해 전국에서 축제가 열려요. 해마다 카니발에서 지역 전통이 살아 있는 다채로운 행진과 공연을 볼 수 있어요.

엘 리몬 폭포
사마나 근처의 열대 우림으로 둘러싸인 엘 리몬 폭포는 50미터 높이에서 쏟아져 내리는데, 그 아래 물웅덩이에서 수영을 즐기는 사람들이 많아요.

도미니카 공화국은 **히스파니올라섬**의 **동쪽**에 자리잡았어요. **카리브해에서 가장 높은 산**인 두아르테산(피코 두아르테)과 **가장 낮은 지점**인 엔리키요호가 모두 이 나라에 있지요.

- 48,670㎢
- 1,050만 명
- 산토도밍고
- 에스파냐어, 프랑스어 기반 크리올어

세인트키츠 네비스

암각화
세인트키츠섬에서 원주민인 칼리나고족이 바위에 그려 놓은 선사 시대의 그림이 발견되었어요.

칼리코 덩굴
세인트키츠의 열대 우림에는 상록 식물인 칼리코 덩굴이 있어요. 이 식물은 곤충들을 유인해서 가두고 꽃가루가 잔뜩 묻으면 풀어 주는 벌레잡이식물이에요.

브림스톤 힐 요새
영국에서 건너온 정착민들과 그들에 의해 노예가 된 아프리카인들이 18세기에 세운 브림스톤 힐 요새가 세인트키츠섬 북서쪽에서 카리브해를 내려다보고 있어요. 프랑스 해군의 공격에서 섬을 방어하기 위해 지어졌어요.

세인트키츠섬과 네비스섬은 **카리브해의 동쪽**에 있는 섬들로, 그 사이에는 **더 내로우스**라고 부르는 아주 **좁은 해협**이 있어요. 화산인 **리아무이가산**의 암석이 부스러져 생긴 검은 모래를 양쪽 섬에서 볼 수 있어요.

- 261㎢
- 53,820명
- 바스테르
- 영어, 영어 기반 크리올어

도미니카 연방

보일링호
보일링호는 수도인 로조의 동쪽에 있는 커다란 온천이에요. 지면 밑에서 나오는 뜨거운 증기와 가스로 가열되어 부글부글 끓지요.

고래 관찰
도미니카 연방의 앞바다인 따뜻한 카리브해는 고래를 관찰하기 좋은 곳이에요. 이곳에서는 향유고래(위)를 비롯해서 10종이 넘는 고래들을 볼 수 있어요.

칼리나고족의 바구니
칼리나고족이 갈대로 짜서 만드는 전통 바구니는 섬의 특산 공예품으로 알려졌어요.

도미니카 연방이 자리한 **도미니카섬**은 '카리브해의 **자연의 섬**'으로 알려져 있어요. 섬의 **3분의 2** 정도는 앵무새와 개구리의 서식지인 **우림**으로 덮여 있어요. **열대 폭풍**과 **허리케인**이 자주 몰아쳐요.

- 751㎢
- 74,240명
- 로조
- 프랑스어 기반 크리올어, 영어

앤티가 바부다

조류 보호 구역
바부다섬의 코드링턴 라군 국립 공원은 군함조 수천 마리가 사는 자연 보호 구역이에요.

수컷 군함조는 밝은 빨간색 목 주머니로 암컷을 유혹해요.

요트 경기
앤티가 클래식 요트 경기는 1967년 잉글리시하버에서 처음 열렸어요. 지금은 전 세계에서 수많은 요트들이 참가하는 큰 경기로 치러져요.

- 443km²
- 98,180명
- 세인트존스
- 영어, 영어 기반 파투아어

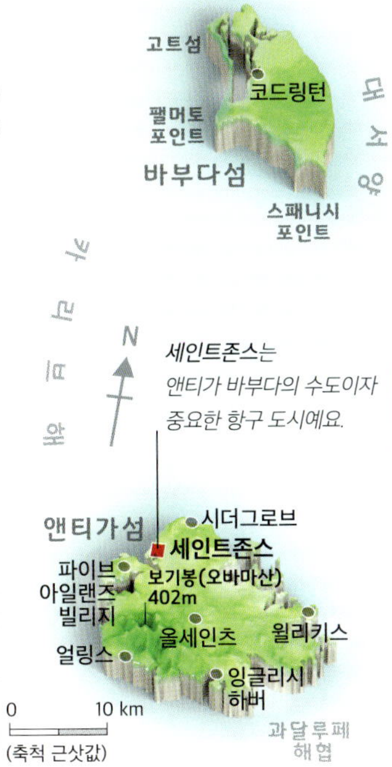

세인트존스는 앤티가 바부다의 수도이자 중요한 항구 도시예요.

카리브해의 섬나라인 앤티가 바부다는 큰 섬 두 개와 작은 섬 여러 개로 이루어졌어요. 앤티가섬은 **모래 해변**이 **365개**나 있고, 주요 요트장도 있어요. 바부다섬은 2017년 강력한 **허리케인 어마**로 심각한 피해를 입었어요.

세인트루시아

붐비는 도시
세인트루시아의 수도인 캐스트리스는 많은 유람선이 오가는 분주한 항구예요.

줄리언 알프레드
2018년, 육상 선수 줄리언 알프레드는 세인트루시아에서 최초로 청소년 올림픽 경기에서 메달을 딴 선수가 되었어요.

국기에 있는 두 개의 삼각형은 피통스를 나타내요.

피통스
피통스는 나란하게 우뚝 솟아 있는 뾰족한 쌍둥이 화산 봉우리로, 세인트루시아를 대표하는 자연 경관이에요.

그로스 피통은 높이 798미터로 프티 피통보다 더 높아요.

- 616km²
- 166,485명
- 캐스트리스
- 영어, 프랑스어 기반 크리올어

세인트루시아는 높은 산과 **검은색 모래 해변** 그리고 온갖 바다 생물이 모이는 **산호초**로 유명해요. 이 섬나라의 경제는 **관광**과 **바나나**, **코코넛**에 기대고 있어요.

바베이도스

바베이도스 국기에는 로마 신화 속 바다의 신 넵투누스의 삼지창이 그려져 있어요.

0 8 km
(축척 근삿값)

체커홀, 스페이츠타운, 보스코벨, 벨레플레인, 힐라비산 340m, 로어칼턴, 배스세바, 홀타운, 인데버, 케이브힐, 밸리, 처치빌리지, 웰하우스, 브리지타운, 브레러턴, 마치필드, 오이스틴스, 세인트패트릭스, 스카보로

대서양

세계적인 슈퍼스타
바베이도스 태생의 팝 가수 리애나는 전 세계에 수백만 장의 음반을 판매했고, 그래미상을 아홉 번 받았어요.

바베이도스 아놀
바베이도스의 우림에 사는 이 녹색 도마뱀은 무성한 나뭇잎 사이에 몸을 잘 숨겨요.

해변 생활
야자수잎이 드리워진 해변과 아름다운 열대 바다를 즐기러 수백만 명이 바베이도스를 찾아와요.

아놀은 날카로운 발톱을 이용해 나뭇가지에 착 달라붙어요.

- 430㎢
- 282,000명
- 브리지타운
- 영어, 바잔어

바베이도스는 17세기에 **영국의 식민지**가 되었고, **1966년에 독립**했어요. **새하얀 모래 해변**과 **맑은 청록색 바다**가 있고 햇살이 가득한 카리브해의 **섬**이어서 관광지로 인기가 높아요.

그레나다

0 10 km
(축척 근삿값)

캐리아코우섬, 힐즈버러, 프티마르티니크섬, 카리브해, 론드섬, 대서양, 소퇴르, 세인트캐서린산 840m, 구야브, 그레나다섬, 그렌빌, 세븐시스터스폭포, 세인트조지스

향신료
그레나다는 향신료인 육두구를 많이 생산해요. 국기 왼쪽에도 이 향기로운 향신료 그림이 들어가요. 육두구는 1843년 무역상들이 그레나다로 처음 들여왔다고 알려졌어요.

세인트조지스는 말굽 모양으로 생긴 항구 도시예요.

일곱 개의 폭포
세븐시스터스 폭포는 그레나다섬의 그랜드 에탕 국립 공원에서 볼 수 있는 자연의 경이로운 풍경 중 하나예요.

- 344㎢
- 125,000명
- 세인트조지스
- 영어, 영어 기반 크리올어

그레나다는 **아름다운 해변**뿐 아니라 **향신료 생산**으로도 유명해요. 산악 지대가 많은 열대의 나라이며, **큰 섬**인 **그레나다**와 나머지 **작은 섬 여섯 개**로 이루어졌어요.

세인트빈센트 그레나딘

향기로운 플루메리아
달콤한 향기를 풍기는 플루메리아 꽃은 카리브해의 열대성 기후에서 활짝 피어나요.

'V' 모양을 이루는 다이아몬드 세 개는 세인트빈센트를 나타내요.

- 389㎢
- 103,698명
- 킹스타운
- 영어, 영어 기반 크리올어

카리브해 국가인 세인트빈센트 그레나딘은 세인트빈센트섬과 그레나딘 제도를 비롯한 **섬 32개**로 이루어졌어요. 이 나라는 **화산**, **폭포**, **산호초**로 유명해요. 이곳에서는 **칼립소**와 **레게 음악**의 인기가 높아요.

킹스타운은 중요한 항구 도시이며 크루즈 유람선이 정기적으로 들르는 기항지예요.

섬의 중심지
이 나라의 가장 큰 도시인 킹스타운에서는 앞면을 다양한 색으로 칠한 유서 깊은 건물들과 사람들로 북적이는 자갈길을 볼 수 있어요.

트리니다드 토바고

불타는 매운맛
트리니다드 토바고에서만 재배되는 스콜피온페퍼는 세계에서 손에 꼽히는 매운 고추예요. 한 입 먹는 순간 혀가 타들어 가요.

캐로니 늪
트리니다드섬 서해안의 거대한 맹그로브 숲과 늪지에는 많은 종의 새들이 둥지를 틀어요.

카니발의 구경거리
해마다 포트오브스페인에서 열리는 트리니다드 토바고 카니발은 카리브해 특유의 의상과 음악과 행진이 구경거리예요.

- 5,128㎢
- 153만 명
- 포트오브스페인
- 영어 기반 크리올어, 기타 언어 (+4)

베네수엘라 북동쪽 해안에 있는 카리브해 국가이며 **트리니다드섬**과 **토바고섬**이라는 **큰 섬 두 개**와 **작은 섬들**로 이루어졌어요. 이곳은 **천연가스**와 **석유**가 풍부해요.

남아메리카

베네수엘라

앙헬 폭포
물이 979미터 높이에서 떨어져 내리는 장엄한 앙헬 폭포는 세계에서 가장 높은 폭포예요.

이글레시아 데 산 프란시스코
카라카스에서 유명한 이글레시아 데 산 프란시스코는 아시시의 성 프란치스코에게 바쳐진 성당이에요.

카카오 콩
베네수엘라는 대규모 농장에서 카카오 콩을 재배하여 만드는 고급 초콜릿으로 유명해요.

춤추는 악마들
해마다 열리는 가톨릭교 축제인 성체 축일에는 가면을 쓰고 악마로 분장한 사람들이 거리에서 참회의 뜻으로 뒷걸음질하며 춤을 춰요.

오리노코강은 남아메리카에서 가장 큰 강 중 하나로 길이가 2,000킬로미터 넘게 흘러가요.

가장 큰 설치류
세계에서 가장 큰 설치류는 기니피그의 친척인 카피바라예요. 베네수엘라의 호수와 강에서 살며 수영을 잘해요.

- 912,050 km²
- 2,880만 명
- 카라카스
- 에스파냐어, 원주민 언어

남아메리카의 **북쪽 해안**에서 **카리브해**와 만나는 베네수엘라는 **해변**, **산**, **열대림**이 어우러져 있어요. **석유**를 비롯한 **천연자원**이 풍부하지요.

수리남

남아메리카

다람쥐원숭이
수리남의 열대 우림에는 다람쥐원숭이들이 큰 무리를 지어 살아요. 다람쥐원숭이는 나무에서 지내며 과일과 곤충 등을 먹어요.

파라마리보는 가장 큰 도시예요. 수리남 인구의 거의 절반이 살고 있어요.

수리남 크리올족
수리남의 크리올족은 여러 세대 전에 유럽과 아프리카에서 온 사람들의 후손이에요. 이들은 스라난 통고라는 언어를 써요. 수리남 말이란 뜻이죠.

- 163,820㎢
- 610,000명
- 파라마리보
- 스라난어(크리올어), 네덜란드어, 기타 언어 (+7)

남아메리카에서 **작은 나라**로 손꼽히는 수리남은 대륙의 **북동쪽 해안**에 있어요. 한때 **네덜란드의 식민지**였지만, **1975년**에 **독립**했어요.

코뿔소쇠똥구리
크고 희귀한 이 딱정벌레는 머리에 곧게 난 뿔 덕분에 코뿔소라는 이름이 붙여졌어요. 특이하게도 수컷과 암컷 모두 뿔이 있어요.

가이아나

토코투칸
남아메리카의 토박이 새인 이 밝은색 큰부리새는 가이아나의 열대 우림에서 살아요. 잘 날지 못해서 나무에서 나무로 폴짝폴짝 뛰어다니며 먹이를 구해요.

큰부리새는 거대한 부리를 이용해서 열매에 다가가요.

- 214,969㎢
- 750,200명
- 조지타운
- 영어 기반 크리올어, 기타 언어 (+4)

남아메리카 북동부에 있는 가이아나는 국토가 대부분 **열대 우림**으로 덮여 있어요. 영국의 식민지였다가 **1966년**에 **독립**했어요. 남아메리카에서 **영어**를 공용어로 사용하는 유일한 나라예요.

크리켓의 전설
클라이브 휴버트 로이드 경은 가이아나의 전설적인 크리켓 타자예요. 서인도 제도 대표팀을 이끄는 주장이었고 1975년과 1979년 크리켓 월드컵에서 우승을 두 번 거머쥐었지요.

콜롬비아

오색찬란한 무지개강
콜롬비아 중부에 있는 카뇨 크리스탈레스강은 희귀한 수생 식물들이 자라는 곳으로 유명해요. 이 강은 일 년에 몇 달 동안에는 아름다운 밝은 빨간색으로 바뀌지요!

창구아
안데스 지역에서는 우유에 달걀을 넣은 수프인 창구아를 빵 조각과 함께 아침 식사로 즐겨 먹어요.

목화머리타마린
콜롬비아 북서부 숲의 토박이 동물인 이 작은 원숭이는 머리에 복슬복슬한 흰색 털이 나 있어요. 솜털모자타마린이란 이름으로도 불려요.

마을의 과일 장수
수십 년 전부터 카르타헤나에서는 화려한 옷을 입고 과일을 파는 과일 장수들을 볼 수 있었어요. 과일이 든 커다란 함지를 머리에 이고 다니는데, 팔렝케 마을에서 온 여자들이라서 팔렝케라스라고 불려요.

황금 박물관
콜롬비아의 원주민인 무이스카족은 금으로 매우 섬세한 조각상과 장신구를 만들었어요. 보고타 황금 박물관에 수백 년 된 금 세공품 5만 5,000여 점이 전시되어 있어요.

국민 스포츠
이 현대의 기념물은 무이스카족에게 운동의 신인 채켄을 묘사했어요. 전통 던지기 경기인 '테조'를 하는 모습이에요.

콜롬비아에는 안데스산맥과 **카우카강**과 **마그달레나강**이 통과해요. 이 나라의 주요 생산품은 **커피**, **바나나**, **에메랄드**, **석탄**이에요.

- 1,138,910㎢
- 5,187만 명
- 보고타
- 에스파냐어, 기타 언어 (+3)

에콰도르

키토 구시가지
16세기에 에스파냐 사람들은 잉카의 도시가 있던 자리에 키토를 건설했어요. 현대적인 도심에는 그 당시 에스파냐 건축 양식이 잘 남아 있어요.

뿌리 작물
안데스산맥에서는 감자와 비슷한 작은 뿌리채소인 울류쿠가 자라요. 에콰도르에서 샐러드, 수프, 스튜의 재료로 쓰지요.

갈라파고스이구아나
갈라파고스 제도는 육지에 사는 갈라파고스이구아나와 바다에서 수영하며 해조류를 먹고 사는 독특한 바다이구아나의 서식지예요.

갈라파고스 제도
갈라파고스는 19개의 섬으로 이루어졌어요. 육지에서 아주 멀리 떨어져 있어서, 이곳만의 독특한 생태계가 발달했어요.

침보라소산
에콰도르에서 가장 높은 산은 휴화산인 침보라소산이에요. 높이가 무려 6,310미터에 이르며 꼭대기에는 눈이 있지요.

직물 시장
에콰도르 북부 이바라 근처의 한 마을에서는 사람들이 알록달록한 모직물을 짜요. 곱게 짠 직물은 국내는 물론 해외로도 판매해요.

- 283,561㎢
- 1,800만 명
- 키토
- 에스파냐어, 기타 언어 (+2)

적도(영어로 equator)에 자리한 에콰도르는 높은 안데스산맥에서 저지대 **해안 지역**까지 펼쳐져요. 서쪽으로 약 1,000킬로미터 떨어진 태평양의 **갈라파고스 제도**도 에콰도르의 영토예요.

브라질

현대의 걸작
수도 브라질리아에 있는 이 로마 가톨릭 대성당에서는 한 번에 4,000명이 미사를 볼 수 있어요. 브라질의 유명한 건축가 오스카르 니에메예르가 설계했어요.

세계에서 가장 큰 뱀
브라질의 아마존 열대 우림과 세계 최대의 습지인 판타나우에는 무게 250킬로그램에 길이 5미터 이상 자라는 아나콘다가 살아요.

아마존 우림은 남아메리카에 넓게 펼쳐져 있고 브라질에만 320만 제곱킬로미터쯤 돼요.

리우 카니발
리우데자네이루 카니발은 1723년에 시작되었어요. 지금은 관광객 수백만 명이 찾아오는 세계에서 가장 큰 거리 축제로 커졌어요. 이 축제에서는 화려한 의상을 입은 공연자들이 삼바 리듬에 맞춰 춤추며 행진하는 모습을 볼 수 있어요.

축구 열풍
브라질 사람들은 축구를 사랑해요. 브라질 국가 대표팀은 월드컵에서 다섯 번 우승하는 기록을 세웠어요.

남아메리카의 거의 절반을 차지하는 브라질은 이 대륙에서 **가장 큰 나라**예요. 영토의 **35퍼센트 이상**을 덮은 **아마존 우림**에서 자라는 브라질나무의 이름을 따서 나라 이름을 지었어요. **천연자원**이 풍부한 브라질은 **경제 대국**이며, **커피**와 **대두**는 중요한 **농업 수출품**이에요.

- 8,515,770㎢
- 2억 1,640만 명
- 브라질리아
- 포르투갈어, 원주민 언어, 기타 언어 (+4)

아마존의 원주민들
세계에서 가장 큰 이 우림에 수백 갈래의 원주민 부족들이 터를 잡고 살아요. 여러 작은 부족들로 이루어진 싱구족은 싱구강에서 물고기를 잡으며 생활해요.

노랑배유리앵무
아마존 우림은 파랗고 노란 화려한 색을 뽐내는 커다란 앵무새, 유리매커우의 보금자리예요. 이 새들은 나무의 우듬지에서 살면서 풍성하게 열리는 과일을 먹어요.

리우데자네이루
30미터 높이로 우뚝 선 구세주 그리스도상은 코파카바나시와 해변, 뾰족한 슈거로프산(빵지아수까르산)을 포함한 리우데자네이루주 전체를 내려다보고 있어요.

커피 생산
브라질은 전 세계 커피 원두의 3분의 1을 재배해요. 전통 방식을 따르는 생산자들은 가지와 잎을 거르고 잘 익은 열매만 솎아 내려고 수확한 커피콩을 넓은 체로 쳐요.

곡예 무술
카포에이라는 자기방어와 곡예와 춤을 결합한 무술이에요. 16세기에 아프리카에서 브라질에 노예로 끌려온 사람들이 만들었어요.

- **지리:** 이 나라에는 광대한 **아마존 우림**과 세계에서 두 번째로 긴 강인 **아마존강**이 있어요.
- **역사:** 오래전부터 **토착민**이 살아온 브라질은 1500년부터 300년 넘게 **포르투갈의 식민지**였어요. 1822년에 독립을 선언했어요.
- **문화:** 브라질은 **다양한 종교, 카니발, 춤,** 보사노바와 삼바 같은 **음악**이 어우러진 풍부한 문화를 자랑해요
- **자연 경관:** 브라질의 아름다운 자연은 열대 우림뿐 아니라 **슈거로프산(빵지아수까르산)**과 **이구아수 폭포**에서도 볼 수 있어요.
- **야생 동물:** 재규어, 피라냐, 열대 새들을 비롯해 약 **1,000만 종**의 동물들이 열대 우림에 살고 있지요.
- **음식 및 음료:** 생선과 고기 스튜, **바비큐, 검은콩** 등으로 매우 다양한 브라질 요리를 만들어요.

볼리비아

나비 천국
아게실라스네발나비는 볼리비아에 사는 수백 종의 나비 중 한 종류예요. 산타크루스에 있는 구엠베 바이오 센터는 세계에서 가장 큰 나비 보호 구역이지요.

해방자
군 지휘관인 시몬 볼리바르는 1825년까지 에스파냐군과 싸워 볼리비아를 비롯한 중남미 여섯 나라를 에스파냐의 통치에서 해방시켰어요.

가장 높은 수도
3,650미터 높이에 있는 라파스는 지구에서 가장 높은 곳에 세워진 수도예요.

- 1,098,580㎢
- 1,238만 명
- 수크레와 라파스
- 아이마라어, 케추아어, 에스파냐어

남아메리카의 **내륙 국가**인 볼리비아는 **안데스산맥, 알티플라노고원, 아타카마 사막, 아마존 우림**에 이르는 다양한 풍경을 갖췄어요. 페루와의 국경에는 이 대륙에서 가장 큰 호수인 **티티카카호**가 있어요.

페루

마추픽추
15세기에 잉카 사람들은 안데스산맥 꼭대기에 마추픽추라는 놀라운 도시를 세웠어요.

케추아족
페루의 원주민 중 대다수가 케추아족이에요. 케추아족은 고유의 언어를 쓰고, 전통을 따르며 살고 있어요.

- 1,285,216㎢
- 3,435만 명
- 리마
- 에스파냐어, 케추아어, 아이마라어

페루는 태평양 해안선, 장엄한 안데스산맥, 아마존 우림으로 이루어진 **멋진 풍경**이 펼쳐지는 나라예요. 오래전 페루의 산속에 살았던 **잉카** 사람들이 남긴 **유산**은 오늘날 관광객들이 즐겨 찾는 **고대 유적지**에서 볼 수 있어요.

칠레

어쩌다 피는 꽃들
아타카마 사막은 지구에서 가장 건조한 곳이에요. 겨우 6년에 한 번쯤 비가 내려요. 일단 비가 오고 나면 모래 속의 씨앗이 빠르게 싹을 틔워 사막은 색색의 꽃으로 덮이지요.

이스터섬
주민들은 이 외딴 화산섬을 '라파누이'라고 불러요.

파라날 천문대
아타카마 사막에 있는 이 천문대에는 밤하늘을 관측할 수 있는 세계에서 가장 성능 좋은 망원경 중 몇 대가 있어요.

땅속에서 익히는 음식
칠레의 전통 음식 중에는 땅속 구덩이에 뜨겁게 달군 돌을 넣고 그 위에 고기, 생선, 야채를 올려서 익혀 먹는 요리가 있어요.

높은 곳에서 사는 라마
칠레에서 라마는 주로 짐을 나르는 용도로 기르지만, 털을 얻기 위해 기르기도 해요. 이 튼튼한 가축은 고도가 높은 곳에서도 살 수 있어요.

석상
칠레에서 가장 유명한 것은 이스터섬의 석상들이에요. '모아이'는 이 석상을 뜻하며 서기 1000년 즈음에 조각되었어요.

마푸체족
칠레 인구의 약 10퍼센트는 원주민인 마푸체족이에요. 이들은 판초를 비롯한 아름다운 수공예 직물을 짜서 팔아요.

남아메리카의 칠레는 세계에서 가장 **길고 좁은 나라**예요. 무려 4,300킬로미터를 뻗어 있어요. 동쪽은 **안데스산맥**, 서쪽은 **태평양**에 닿아 있고, 본토에서 3,680킬로미터 떨어진 곳에 **이스터섬**이 있어요.

- 756,102km²
- 1,962만 명
- 산티아고
- 에스파냐어, 아메리카 원주민 언어

아르헨티나

국기의 태양은 아르헨티나가 에스파냐로부터 독립한 1810년의 5월 혁명을 나타내요.

리오넬 메시
아르헨티나는 축구에 열광해요. 국가대표팀 주장이었던 리오넬 메시는 축구계 최고의 상인 발롱도르상을 여덟 번이나 받는 신기록을 세웠어요.

닭벼슬 같은 붉은 꽃
닭벼슬나무는 이 나라 어디서나 볼 수 있어요. 진한 빨간색 꽃은 1942년부터 나라꽃이 되었어요.

아르헨티나 탱고
탱고는 19세기에 부에노스아이레스에서 처음 시작된 매우 화려한 라틴 춤이에요. 오늘날 전 세계에서 인기를 누리지요.

수도인 부에노스아이레스는 라플라타강을 끼고 있어요.

페리토 모레노 빙하
길이가 30킬로미터에 이르는 페리토 모레노 빙하는 이 나라에서 가장 큰 호수인 아르헨티노호에서 끝나요.

엠파나다
아르헨티나 사람들이 즐겨 먹는 구운 페이스트리로서 속을 다양한 재료로 채워요. 아르헨티나에서는 소고기 엠파나다의 인기가 가장 높아요.

알록달록한 라보카
부에노스아이레스의 오래된 지역인 라보카는 알록달록한 집들과 거리의 음악가들, 북적이는 시장의 노점들로 유명해요.

- 2,780,400㎢
- 4,623만 명
- 부에노스아이레스
- 에스파냐어, 이탈리아어, 아메리카 원주민 언어

아르헨티나는 남아메리카에서 **두 번째로 큰 나라**예요. 이 나라의 중앙에는 **광대한 초원인 팜파스**가 있어요. 남쪽에는 그보다 **건조한 지역인 파타고니아**가 있어요.

파라과이

파라과이 하프
지역의 전통 민속 음악가들이 처음으로 연주했던 하프는 파라과이의 국민 악기가 되었어요.

난두티 레이스
에스파냐 사람들은 '거미줄'을 뜻하는 난두티라는 이름이 붙은 전통 수공예 레이스를 파라과이에 들여왔어요. 오늘날 장인들은 이 레이스를 이용해서 화려한 색깔의 자수 옷을 만들지요.

피라냐카이만
강과 늪에서 사는 악어예요. 한때 너무 많이 잡혔지만, 지금은 보호종이에요.

- 406,752km²
- 680만 명
- 아순시온
- 과라니어, 에스파냐어, 독일어

세 나라에 둘러싸인 **내륙 국가**인 파라과이에는 숲, 언덕, 초원, 늪이 있어요. **목화, 커피, 기름을 짤 수 있는 식물의 종자** 등의 작물을 수출해요.

우루과이

파란색과 흰색 줄무늬는 우루과이가 독립하던 때의 아홉 개 주를 나타내요.

강인한 목동들
18세기부터 우루과이의 대초원에서는 가우초라고 불리는 목동들이 소와 양을 몰고 다녀요.

바다사자 서식지
우루과이 동부 해안의 카보 폴로니오 공원에 있는 바다사자 서식지는 남아메리카에서 가장 큰 서식지 중 하나예요.

허브 음료
남아메리카 남부의 국민 음료는 마테차나무의 잎을 말려 만든 허브 음료인 마테차예요.

마테차는 잎이 걸리지 않도록 필터가 달린 금속 빨대로 마시는 전통이 있어요.

남아메리카 대륙에서 **두 번째로 작은 나라**인 우루과이에는 **아름다운 해안선과 비옥한 초원**이 있어요. 인구의 절반은 수도인 **몬테비데오**에 살아요.

- 176,215km²
- 342만 명
- 몬테비데오
- 에스파냐어

아프리카

모로코

국기의 빨간색은 힘과 용기를 뜻해요.

타진의 두 가지 뜻
특별한 모양의 긴 뚜껑이 있는 도기 냄비도, 그 안에 고기와 야채를 넣어 천천히 익힌 맛있는 스튜 요리도 '타진'이라고 해요.

장미의 계곡
아틀라스산맥의 므군 계곡은 모로코에서 나는 야생 장미들의 고향이에요. 전 세계 향수 산업을 위해 해마다 이곳에서 재배되는 장미는 4,000여 톤에 이르러요.

아틀라스산맥은 모로코에서 알제리를 거쳐 튀니지까지 약 2,500킬로미터에 걸쳐 있어요.

- 446,550㎢
- 3,784만 명
- 라바트
- 아랍어, 타마지그트어 (베르베르어), 프랑스어

모로코는 **지중해**와 **대서양**을 바라보며, 모래 언덕이 늘어선 **사막**도 있어요. 오래된 도시들은 성벽으로 둘러싼 **메디나** 구역이 유명하며, **높은 산**에는 전통을 간직한 마을과 스키 리조트 들이 자리 잡고 있어요.

알제리

초승달과 별은 이슬람교를 뜻해요.

- 2,381,740㎢
- 4,560만 명
- 알제
- 아랍어, 기타 언어 (+4)

알제리는 아프리카에서 **가장 큰 나라**로, **지중해**와 **사하라 사막** 사이에 위치해요. **석유**와 **천연가스**가 엄청나게 많이 매장되어 있어요. **대추야자** 생산량은 세계에서 몇 손가락 안에 꼽혀요.

사막여우
페넥여우는 사하라 사막에서 살아요. 밤에 먹이를 사냥하고, 박쥐처럼 생긴 커다란 귀를 통해 몸의 열기를 몸 밖으로 내보내며 사막의 더위를 견뎌요.

순교자 기념관
1982년에 세워진 거대한 기념비가 수도인 알제를 내려다보고 있어요. 1962년에 알제리가 프랑스로부터 독립한 것을 기념하는 건축물이지요.

튀니지

성스러운 모스크
수도 튀니스의 이슬람교도들은 지투나 모스크에 모여 예배해요. 지투나는 '올리브나무'라는 뜻이에요. 모스크의 첨탑은 44미터 높이로 구시가지의 지붕들 위로 우뚝 솟아 있어요.

- 163,610㎢
- 1,245만 명
- 튀니스
- 아랍어, 프랑스어

튀니지는 사막이 대부분인 **작은 나라**이지만, **비옥한 농지**도 있어서 **곡물**, **올리브나무**, **과일**이 풍부하게 자라요. **알록달록한 전통 시장**인 **수크**에서는 전통 음식과 공예품을 사고팔지요.

로마 시대 모자이크
튀니지는 로마 제국의 식민지였어요. 엘젬에서 발견된 이 부엉이 모자이크를 비롯한 유적과 유물이 많아요.

인기 스포츠
튀니지에서는 축구의 인기가 매우 높아요. 줄무늬 셔츠를 입은 소년은 튀니스가 연고지인 최상위 리그 팀 클로브 아프리캥의 팬이에요.

리비아

세 가지 색은 리비아의 주요 지역인 페잔, 키레나이카, 트리폴리타니아를 나타내요.

낙타를 타는 사람들
투아레그족은 사하라 사막에 사는 유목민이에요. 가트 축제 때 사막의 모래 언덕을 건너는 이 낙타 경주를 비롯한 고유의 전통과 민속을 잇고 있어요.

고대의 예술
가트시 근처의 타드라르트 아카쿠스산맥의 사암 절벽에서 발견된 선사 시대 암각화에는 야생 동물, 낙타와 함께 사냥꾼이 오른쪽 그림처럼 그려져 있어요.

- 1,759,540㎢
- 688만 명
- 트리폴리
- 아랍어, 투아레그어

리비아는 **사하라 사막**의 **모래**로 덮여 있어요. 약 1만 년 전에 옛사람들이 뛰어난 **암각화**를 그렸고, 해안 곳곳에는 **고대 그리스**와 **고대 로마**의 **유적**이 흩어져 있어요. 또한 **석유**와 **가스**도 풍부하지요.

이집트

첨탑의 도시
고대 도시들 사이에 세워진 이집트의 수도인 카이로는 인구 밀도가 높은 거대 도시로, 천 년 넘게 이어졌어요. 카이로 구시가지의 중심에 있는 14세기에 완공된 술탄 하산 모스크는 이슬람 건축 문화를 대표해요.

공을 따라 어디든!
이집트의 슈퍼 스트라이커 무함마드 살라호(모하메드 살라)는 올해의 아프리카 축구 선수상을 두 번이나 받았어요. 현재는 잉글랜드 프리미어리그의 리버풀 FC에서 뛰고 있어요.

달콤한 과일
대추야자는 고대부터 이집트에서 재배해 온 먹거리예요. 이집트는 전 세계에서 생산되는 대추야자의 15퍼센트 이상을 키우는 주요 생산국이에요.

장엄한 보물들
5,000여 년 전 나일강 유역을 따라 위대한 문명이 꽃피었어요. 잘 보존된 상태로 발견된 네스무타트네루라는 여성 노인의 관을 비롯해 엄청난 유물과 유적들을 발견한 고고학자들 덕분에, 오늘날 우리는 고대 이집트의 삶에 대해 알 수 있어요.

상형 문자는 그림과 기호로 소리와 뜻을 나타내는 고대 문자예요.

대부분 바위투성이인 **리비아 사막**은 이집트 영토의 3분의 2를 차지할 만큼 광대해요.

나일강의 돛단배
이집트는 농사에 필요한 물을 나일강에 기대고 있어요. 수천 년 동안 이 강은 이집트의 주요 교통로 역할도 했어요. 오늘날에도 관광객들은 펠루카라는 작은 돛단배를 타고 강을 오가요.

아프리카의 **북동쪽 구석**에 있는 이집트는 영토의 **90퍼센트 이상이 사막**이에요. 대부분의 이집트인들은 비옥한 **나일강**의 계곡에서 살아요. 수천 년 전에 융성한 **세계 최초의 고대 문명** 중 하나가 이집트에서 발달했어요.

- 1,001,450㎢
- 1억 954만 명
- 카이로
- 아랍어, 영어, 프랑스어, 베르베르어

지도

살룸만, 시디바라니, 마르사마트루흐, 리비아 고원, 알알라메인, 카타라 저지, 시와, 그레이트샌드해 사막, 알바위티, 카스르알파라피라, 리비아 사막, 알카스르, 길프 케비르 고원

이집트 아카시아
이 꽃나무는 이집트에서 널리 자라요. 고대에는 이 나무를 베어 배와 가구를 만들기도 했지요.

나일강 삼각주의 흙은 양분이 풍부해서 농사짓기 좋아요.

화려한 전통 등불
이슬람교의 성스러운 달인 라마단 기간에는 이집트 전역에서 가정과 공공장소에 파누스라고 하는 화려한 전통 등불을 걸고 밝혀 놓아요.

홍해로 풍덩!
물속에 있는 난파선과 산호, 다양한 바다 생물을 관찰하러 스쿠버 다이버들이 모여들어요. 어디선가 장완흉상어가 나타날지 모르니 조심해요!

운송을 위한 지름길
수에즈 운하는 지중해와 홍해를 연결하는 약 193.3킬로미터 길이의 물길이에요. 1860년대에 유럽과 아시아를 지름길로 연결하려고 프랑스가 주도해서 건설했어요. 지금은 이집트가 소유해요.

신비로운 무덤
세계 7대 불가사의 중 하나인 카이로에 있는 기자의 피라미드들은 약 4,500년 전에 세워졌어요. 이집트의 지배자였던 파라오를 위한 거대한 무덤이지요.

이 중에서 가장 큰 피라미드는 230만 개의 돌덩어리를 쌓아 만들었어요.

- **지리:** 이집트는 광활한 **사막**, 푸르른 **강의 계곡**, **산**, **홍해와 지중해** 해안 등 다양한 풍경으로 이루어졌어요.

- **역사:** 이집트의 **고대 문명**은 약 **3,000년** 동안 이어졌어요. 600년대 중반부터는 **이슬람교를 믿는 아랍인들**이 지배했지요.

- **문화:** 사람들은 **가족** 중심으로 **이슬람 전통**을 지키며 살아요. 이집트의 **미디어 및 예술 분야**는 나날이 발전하고 있어요.

- **자연 경관:** 나일강은 세계에서 가장 긴 강이에요. 무려 **6,600킬로미터 넘는** 거리를 흐르지요.

- **야생 동물:** 사막에는 **자칼, 페넥여우, 전갈**이 살아요. 나일강 계곡에서는 **살무사와 코브라**도 나타나요.

- **음식 및 음료:** 이집트에서는 **향신료, 렌즈콩, 쌀**을 넣어 다양한 요리를 만들어요. 갈아서 조리하거나 구운 **양고기**에 곁들여 내요.

말리

아프리카

도곤족의 다마 의식
말리의 도곤족은 세상을 떠난 마을 어른들을 기리는 다마 춤 의식에 쓰기 위해 정교한 가면과 의상을 만들어요.

화려한 무늬를 넣은 직물
보골란피니는 손으로 짠 말리의 전통 면직물이에요. 강의 진흙과 그 지역의 식물을 이용하는 천연 염색 방식으로 무늬를 그리지요.

보골란피니에는 화려한 기하학적 무늬를 그리기도 해요.

천문학을 다룬 오래된 아랍어 필사본이 통북투에서 나왔어요.

귀중한 필사본들
통북투에는 의학, 예술, 종교 등을 다룬 13세기 때의 필사본이 많이 남아 있어요. 일일이 손으로 옮겨 쓴 원고들이에요.

젠네의 그레이트 모스크
먹을거리와 연료 및 생활용품을 사고팔기 위해 매주 열리는 시장 뒤로 젠네의 모스크가 장엄하게 솟아 있어요.

그레이트 모스크는 1907년에 진흙 벽돌로 지어졌어요.

- 1,240,192㎢
- 2,329만 명
- 바마코
- 밤바라어, 풀풀데어, 기타 언어 (+3)

건조한 사막과 **열대 사바나** 사이에 있는 말리는 넓은 **평지**로 이루어진 나라예요. 말리를 가로지르는 **나이저강**은 **어업**, **운송**과 **무역**의 통로이지요. 주요 수출품은 **금**과 **목화**예요.

모리타니

그랜드 모스크는 누악쇼트의 랜드마크예요.

번영하는 대도시
1960년에 평범한 해안 마을이던 누악쇼트는 빠르게 커져서 넓은 대로와 멋진 건물들이 들어선 이 나라의 주요 도시가 되었어요.

- 1,030,700㎢
- 486만 명
- 누악쇼트
- 아랍어, 기타 언어 (+3)

모리타니는 서아프리카의 **대서양 연안**에 있는 덥고 건조한 나라로, **국토 대부분**이 **사하라 사막**이에요. 이 넓은 나라의 많은 사람들이 농사를 짓거나 유목을 해요. 주요 산업은 **어업, 광업, 원유 생산**이에요.

사막의 록 음악
가수이자 시인이며 음악가인 누라 민트 세이말리는 현대의 록 음악과 어우러진 모리타니 민속 음악을 노래해요.

아르딘은 모리타니에서 쓰는 하프의 한 종류예요.

니제르

이 땅콩 피라미드들은 말바자 마을에 지어졌어요. 관광객에게 인기가 있어서, 요즘 들어 다시 지어지고 있어요.

땅콩 피라미드
땅콩은 니제르의 주요 작물이에요. 번영의 상징으로 땅콩 자루를 피라미드 모양으로 높이 쌓아 올려요.

- 1,267,000㎢
- 2,720만 명
- 니아메
- 하우사어, 자르마어, 프랑스어, 기타 언어 (+4)

사하라 사막에 있는 니제르는 수도인 **니아메**를 통과하는 나이저강 (프랑스어로 니제르)의 이름을 땄어요. 외곽 지역에서는 **유목민**들이 **소, 양, 염소, 낙타**를 키워서 얻은 젖과 고기, 가죽을 팔아서 먹고살지요.

공동 우물
니제르에는 비가 거의 오지 않기 때문에, 사막의 유목민들은 우물의 지하수에 기대어 살아요. 지역 부족들이 힘을 합쳐 공동 우물을 파기도 해요.

차드

선사 시대 그림
티베스티산맥에서 발견된 고대 암각화에는 낙타와 소 수백 마리가 그려져 있어요.

고난도 경주
티베스티산맥에서 유목을 하며 사는 투부족은 낙타 경주를 열어 가장 뛰어난 기수를 뽑아요.

엔네디 산괴
차드 북동부에 있는 이 사암 고원의 돌들은 오랜 세월 동안 비바람에 깎여 이루어진 신비로운 형상으로 서 있어요.

- 1,284,000㎢
- 1,827만 명
- 은자메나
- 프랑스어, 사라어, 아랍어, 마바어

북아프리카 한가운데 있는 차드는 여섯 나라에 둘러싸여 있어요. 북쪽에는 **사하라 사막**이 있어요. 인구의 다수가 **열대성** 기후인 **남쪽** 지역에서 살고, 농사를 지어요.

에리트레아

부채선인장
에리트레아에서 자라는 이 선인장은 겉은 뾰족한 가시투성이지만, 주황색이나 빨간색 열매는 달콤해서 날것으로 먹을 수 있어요.

휴가는 이곳에서
수많은 작은 섬들이 모여 에리트레아 해안에 아름다운 달라크 제도를 이루고 있어요. 맑은 물과 산호초에 이끌려 관광 보트와 스쿠버 다이버들이 찾아오지요.

- 117,600㎢
- 362만 명
- 아스마라
- 티그리냐어, 영어, 기타 언어 (+8)

아프리카 북동부에서 **홍해** 옆에 있는 산악 국가인 에리트레아의 이름은 그리스어로 '붉은 바다'를 뜻해요. 에리트레아는 1993년에 에티오피아로부터 **독립**했지만, 2018년까지 분쟁이 계속되었어요.

두 개의 탑이 서 있는 랜드마크
수도 아스마라의 언덕에 화려한 엔다 마리암 대성당이 우뚝 서 있어요. 기독교와 이슬람교는 에리트레아에서 가장 중요한 2대 종교예요.

수단

춤추는 데르비시
이슬람교는 수단에서 가장 규모가 큰 종교예요. 금요일마다 하르툼 근처의 옴두르만에서는 이슬람교의 신비주의자인 데르비시들이 모여 노래하고 춤추며 예배하지요.

- 1,861,484㎢
- 4,687만 명
- 하르툼
- 아랍어, 누비아어, 베자어, 푸르어, 영어

수단은 혼란스러운 역사를 겪었고, 2011년에 **두 나라로 갈라졌어요**. 이 나라는 인종 다양성이 높고, 아주 **다양한 민족**이 모여 살고 있어요. **청나일강과 백나일강**이 만나는 곳에 수도인 **하르툼**이 있어요.

거대한 모래 벽
여름에 부는 거대한 먼지 폭풍인 하부브는 사하라 사막의 모래를 빠르게 실어와 도시를 휩쓸어요.

남수단

수단의 음식
농부들은 옥수수, 수수, 기장을 비롯한 다양한 곡물을 재배해요. 이 곡물들로 즐겨 먹는 향토 음식들을 만들지요.

키스라는 수수와 밀가루로 만든 납작한 빵이에요.

보마 국립 공원
아프리카에서 큰 국립 공원으로 꼽히는 보마의 초원에는 영양, 코끼리, 물소, 기린, 사자 등 많은 동물이 살고 있어요.

- 644,329㎢
- 1,091만 명
- 주바
- 아랍어, 딩카어, 기타 언어 (+6)

오랜 내전 끝에 **투표를 통해 2011년** 수단에서 **독립**한 남수단은 인구 대부분이 아랍계인 수단보다 아프리카 분위기가 짙어요. 남수단의 **풀이 우거진 평원**과 **늪은 많은 야생 동물의 보금자리**예요.

소몰이꾼
남수단의 딩카족은 전통적으로 목축을 하며 살아왔어요.

롱혼(긴뿔소)들은 귀중한 가축이에요.

에티오피아

부글부글 끓는 곳
다나킬 함몰지는 기온이 49°C까지 자주 올라가는 매우 뜨거운 곳이에요. 이곳에는 화산암, 용암호 및 강한 산성인 달롤 유황 호수 같은 뜨거운 녹색 연못들이 있어요.

유목민
무르시족은 오모강 계곡에서 유목 생활을 해요. 이들은 소를 길러 고기와 우유를 얻지요.

겔라다개코원숭이
에티오피아고원은 풀을 먹고 사는 겔라다 개코원숭이들의 보금자리예요. 수컷의 가슴에는 짝을 유혹하는 붉은 하트 모양의 반점이 있어요.

*아디스아바바*는 '새로운 꽃'을 뜻하며, 에티오피아 한가운데에 있어요.

아프리카 연합 본부
아프리카 연합은 아프리카 대륙의 상호 협력을 위해 애쓰는 단체예요. 아디스아바바에 본부가 있어요.

메소브족의 바구니
메소브족 여자들은 밝은 색깔의 무늬를 넣어 바닥이 평평한 바구니를 짜요. 뚜껑을 달아 음식을 보관하거나 식탁으로 쓰기도 해요.

- 1,104,300㎢
- 1억 2337만 명
- 아디스아바바
- 암하라어, 티그리냐어, 기타 언어 (+5)

에티오피아는 '**아프리카의 뿔**' 지역에 있는 나라로, 아파르 지구를 지나는 **동아프리카 대지구대**를 중심으로 고지대와 저지대가 뚜렷이 나뉘어요. 세계에서 가장 **오래된 문명** 중 하나가 있던 이곳은 아프리카에서 유일하게 **식민 지배를 겪지 않은 나라**예요. 에티오피아는 **커피나무**의 원산지로, **고원**의 산속에서 재배한 커피는 이 나라의 주요 수출품이에요.

소금 호수
세계 최대의 소금 매장지인 아살호에서 소금판을 떠내요. 해수면보다 155미터 아래에 있는 이곳은 아프리카에서 가장 낮은 지점이에요.

지부티

고래상어
지부티의 산호초에는 고래상어가 많이 살아요. 거대하고 순한 고래상어를 볼 수 있는 스쿠버 다이빙은 관광객의 인기를 끌어요.

낙타 대상
무거운 짐을 나르는 낙타 떼를 몰고 다니며 교역하던 상인들의 집단을 대상(카라반)이라고 해요.

- 23,200㎢
- 112만 명
- 지부티
- 소말리아어, 아파르어, 프랑스어, 아랍어

지부티는 **산호초, 화산, 소금 호수**가 자연 그대로 있는 작은 나라예요. 사람들은 대부분 **해안에 있는 수도**인 **지부티**에서 살아요. 지부티는 점점 커져 가는 **항구 도시**로서, 세계에서 가장 붐비는 **해상 통행로** 중 한 곳에 자리해요.

무역항
소말리아의 수도 모가디슈는 인도양의 항구 도시예요. 아프리카에서 가장 인구 밀도가 높은 도시 지역 중 하나지요.

소말리아

나무 베개
소말리아 유목민들이 잘 때 쓰는 베개예요. 나무를 정교한 무늬로 조각하고 채색해서 만들어요.

민속 춤
소말리아에서는 전통 음악에 맞춰 민속 춤인 다안토를 추며 즐겨요.

- 637,657㎢
- 1,759만 명
- 모가디슈
- 소말리아어, 아랍어, 영어, 이탈리아어

소말리아는 '**아프리카의 뿔**' 지역의 **동쪽 해안**을 따라 뻗어 있어요. 북쪽은 덥고 건조한 사막이고 남쪽은 초원이 펼쳐져요. 이 나라가 한때 **금, 몰약, 유향**과 같은 상품을 거래하던 **전설적인** 고대 왕국인 **푼트의 땅**이었다는 말도 있어요.

세네갈

기후 변화에 맞서기 위해
세네갈은 아프리카의 건조한 사헬 지역을 비옥하게 되살리기 위한 '위대한 초록 장벽' 프로젝트에 참여해서, 북쪽 지역의 절반에 나무 1,140만 그루를 심었어요.

아프리카 르네상스 기념비
높이가 49미터인 이 거대한 동상은 세네갈이 프랑스로부터의 독립 50주년을 맞이해 2010년에 세운 기념비예요.

매운 스튜
전통 음식인 마페는 쇠고기나 양고기에 토마토, 고추, 땅콩을 넣어 끓인 스튜로 특유의 매운맛을 내요.

카보베르데

포구산
높이가 2,829미터인 포구산은 카보베르데에서 가장 높은 봉우리가 있어요. 활화산이며 2015년에 마지막으로 분화했어요.

민델로
항구 도시 민델루는 뾰죽뾰죽한 산으로 둘러싸여 있어요. 수심이 깊은 천연 항구, 아름다운 해변, 다채로운 카니발로 유명해요.

아프리카 북서부 해안에서 멀리 떨어진 곳에 있는 카보베르데는 **10개의 섬**과 수많은 작은 섬들로 이루어졌어요. 이 나라에서는 **숲이 우거진 경사지**, **해변**, **활화산**을 볼 수 있어요. 또한 '모르나'라는 **고유한 음악**으로 유명해요.

- 4,033㎢
- 593,149명
- 프라이아
- 포르투갈어 기반 크리올어, 포르투갈어

가장 큰 도시인 **프라이아**는 상티아구섬에 있어요.

분홍색 장미 호수
다카르 근처의 레트바 호수(호스호)는 물에 소금기가 매우 많아요. 염도가 높은 물에서 잘 자라는 해조류 때문에 분홍색으로 보여요. 소금 결정들이 호숫가에 더미더미 쌓여 있어요.

북을 치는 졸라족 아이들
세네갈 남부에 사는 졸라족은 마을에 의식과 잔치가 열리면 전통 북인 부가라부를 쳐요.

- 196,722km²
- 1,731만 명
- 다카르
- 월로프어, 풀라르어, 프랑스어, 기타 언어 (+6)

세네갈은 건조한 북쪽에 **사바나 초원**, 남쪽에 **울창한 열대 우림**이 있어요. 수도인 다카르는 아프리카의 서쪽 끝이에요. **음악**, **춤**, **레슬링**에서 세네갈의 **풍요로운 문화유산**을 볼 수 있어요.

아비시니아파랑새
이 파랑새는 숲과 사바나에 살아요. 수컷들이 암컷을 유혹하기 위해 공중제비를 펼쳐서 영어 이름은 '아비시니안 롤러'라고 해요.

감비아

레슬링
세네갈과 마찬가지로 감비아는 예로부터 레슬링을 즐겨요. 레슬링은 스포츠일 뿐 아니라 문화 행사이기도 해요.

세네감비아 환상 열석
감비아강 유역의 너른 땅에 거대한 돌들이 원형으로 세워져 있어요. 기원전 3세기부터 있었다고 해요.

- 11,300km²
- 270만 명
- 반줄
- 만딩카어, 기타 언어 (+5)

감비아는 **감비아강**을 따라 **길고 좁게** 뻗은 나라로, 세네갈에 둘러싸여 있어요. 대서양에 맞닿은 면적은 작지만 **해변**이 아름답고, 수백 종의 **다양한 조류**를 볼 수 있는 나라예요.

시에라리온

아프리카

큰 나비
시에라리온의 숲에서 발견되는 아프리카왕제비나비는 날개폭이 23센티미터에 이를 만큼 커요.

시에라리온의 별
1972년 코이두 근처의 광산에서 발견된 거대한 다이아몬드는 무게가 969캐럿이에요. 지금까지 발견된 보석 품질 다이아몬드 중 네 번째로 크지요.

생존자를 지원하는 노력
1991년부터 2002년까지 벌어진 내전으로 시에라리온은 쑥대밭이 되었어요. 고통을 겪고 살아남은 소녀 마리아투 카마라는 같은 피해자들을 지원하기 위해 2009년에 재단을 세웠어요.

수도 **프리타운**은 큰 항구 도시이며, 근처의 해변으로 유명해요.

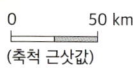

프리타운의 목화나무
이 장대한 목화나무는 수도인 프리타운에 몇백 년째 우뚝 서 있어요. 역사와 정신이 담겨 있어서 평화롭고 보호받는 기분이 드는 곳이지요.

공장에서 가리를 만드는 여성들

가리 만들기
시에라리온의 주식은 카사바 뿌리를 갈아서 만든 가루인 가리예요. 사람들은 가리를 다양한 방법으로 요리해서 먹지요.

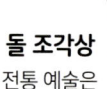

정교한 머리 모양

돌 조각상
시에라리온의 전통 예술은 가면을 비롯한 다양한 형태에 담겨 있어요. 돌로 조각한 이 두상은 15세기에 만들어진 것으로 여겨져요.

시에라리온은 '**사자 산맥**'이란 뜻으로 수도인 프리타운 뒤편의 장엄한 산맥에서 이름을 땄어요. 서아프리카에서 가장 높은 **봉우리**와 아름다운 **해변**이 있어요. 주요 산업은 **농업**과 **광업**이에요.

- ⬠ 71,740㎢
- 👥 860만 명
- ★ 프리타운
- 💬 멘데어, 템네어, 크리오어, 영어

기니비사우

캐슈나무
기니비사우의 주요 수출품은 캐슈나무의 열매인 캐슈너트예요.

캐슈너트

비자고스 제도의 88개 섬은 다양한 야생 동식물이 사는 자연 보호 구역이에요.

짠물 하마
하마는 보통 민물에서 살지만, 비자고스 제도에 있는 부바크섬에는 몸을 시원하게 하려고 바다와 늪에 뛰어드는 짠물 하마들이 있어요.

비사우
드넓은 게바강 하구에 있는 큰 항구 도시 비사우는 1687년에 세워졌어요. 대통령궁 앞에는 독립을 위해 싸운 영웅들을 기리는 조각상이 있어요.

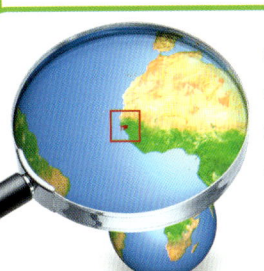

- 36,125㎢
- 210만 명
- 비사우
- 포르투갈어 기반 크리올어, 발란테어, 기타 언어 (+3)

서아프리카의 작은 나라인 기니비사우는 대부분이 **저지대 범람원**으로, 밀물 때 바닷물이 안쪽 땅까지 들어와요. **강어귀**에 **맹그로브** 숲과 **국립 공원**들이 많이 있어요. 인구의 반은 해안가에서 살아요.

기니

웨스턴 그린 맘바
기니의 숲속 나무에서 사는 이 초록색 뱀은 겁이 많지만 매우 빠르고, 치명적인 독이 있어요.

- 245,857㎢
- 1,385만 명
- 코나크리
- 풀라르어, 말링케어(마닌카어), 수수어, 프랑스어

금광
기니 북동부의 시기리 근처에는 금광이 많아요. 해마다 약 15톤에 이르는 금을 채굴하지요.

코나크리
길고 좁은 반도에 자리한 수도 코나크리는 대형 화물선이 오가는 화물항뿐 아니라 알록달록한 어선들이 가득한 작은 항구도 있어요.

기니는 내륙의 사바나부터 해안의 맹그로브 숲까지 다양한 풍경이 펼쳐지며, 산맥에서 흘러 내려오는 **강이 22개**나 돼요. 자원은 **보크사이트**(알루미늄이 들어 있는 광석)와 **금**이 풍부하고, 채소 농업이 발달했어요.

코트디부아르

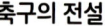

축구의 전설
디디에 드로그바는 '올해의 아프리카 축구 선수'로 두 번이나 뽑혔어요. 그는 국제적인 유명세를 활용해서 코트디부아르와 아프리카 지역에서 중요한 문제에 대하여 해결을 촉구했어요.

평화의 성모 대성당
1980년대에 수도 야무수크로에 지어진 이 거대한 가톨릭 성당 꼭대기에는 높이가 149미터인 돔이 있어요.

서아프리카에 있는 이 나라는 **세계에서 카카오를 가장 많이 수출하는 생산지**예요. 주요 산업은 **농업, 어업, 관광업**이며, 너른 초원과 긴 모래 해변이 있어요. '코트디부아르'라는 이름은 '상아 해안'을 뜻해요.

- 322,463㎢
- 2,816만 명
- 야무수크로
- 아칸어, 프랑스어, 크루어, 구르어

라이베리아

푸푸 만들기
푸푸는 라이베리아와 서아프리카에서 즐겨 먹는 주식이에요. 카사바 뿌리를 삶아서 끈기가 생길 때까지 찧어 만든 흰색 반죽 덩어리로 주로 국물 요리와 함께 내지요.

카사바 가루를 물에 녹이고 체에 내리는 방식으로 푸푸를 만들기도 해요.

해안의 수도
대서양 연안에 있는 몬로비아는 라이베리아의 수도이자 가장 큰 도시이며 주요 항구예요. 라이베리아 전체 인구의 3분의 1이 이곳에서 살아요.

특별한 숟가락
의식에 쓰는 큰 숟가락인 와케미아를 조각하는 전통은 수백 년 동안 이어져 왔어요. 화려한 디자인으로 조각한 이 나무 주걱은 주인의 넉넉한 마음씨를 상징해요.

부르키나파소

아프리카

투르 뒤 파소
부르키나파소는 1987년부터 해마다 열흘 동안 자전거 경주인 투르 뒤 파소를 열어요. 아프리카를 무대로 약 1,300킬로미터를 달리는 국제 대회지요.

전통 건축
부르키나파소의 많은 마을에는 곡물 창고들이 옛 모습 그대로 있어요. 나무로 바닥을 만들고 흙벽돌로 벽을 쌓고 짚으로 지붕을 이어 올렸어요.

- 274,200㎢
- 2,267만 명
- 와가두구
- 모시어, 기타 언어 (+5)

여섯 나라에 둘러싸이고 평평한 부르키나파소는 **농업** 국가예요. 국토는 대부분 **사바나**이고, 사람들은 중앙 고원에 살아요. 2년마다 열리는 대규모 **예술 공예** 박람회에는 아프리카의 예술가들이 많이 참가해요.

조지프 젠킨스 로버츠
1829년, 라이베리아에 온 이 아프리카계 미국인 상인은 1848년에 라이베리아 최초의 대통령이 되었어요.

파도타기
아프리카 최고의 파도타기 장소로 알려진 해안 도시 로버츠포트는 점점 더 많은 서퍼들의 사랑을 받고 있어요.

삼림 지대의 물총새
라이베리아의 숲에서 재빠르게 날아다니는 이 물총새는 파란색 깃털과 밝은색 부리 때문에 눈에 잘 띄어요.

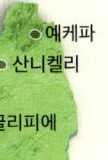

- 111,369㎢
- 530만 명
- 몬로비아
- 크펠레어, 바이어, 바사어, 기타 언어 (+6)

노예 제도에서 해방된 **아프리카계 미국인들이 정착하면서** 라틴어로 '해방(Liber)'을 뜻하는 이름을 얻은 라이베리아는 1848년에 **독립**했어요. 아프리카의 **첫 여성 대통령**(2006~2017년 재임)인 엘런 존슨설리프를 투표로 뽑은 나라이기도 해요.

가나

아베이쿠 잭슨
2016년, 10대 수영 선수인 아베이쿠 잭슨은 올림픽 수영 50m 자유형 종목에 참가했어요. 가나에서 처음으로 올림픽에 참가한 수영 선수 두 명 중 한 명이었어요.

켄테 천
독특한 무늬로 화려하게 짠 밝은색 켄테 천으로 지은 옷은 원래 왕들만 입었다고 해요.

의식용 북
국가 행사에서는 가나 역사 속 왕들을 상징하는 대형 북인 폰톰프롬을 연주해요. 보통 북 두 개가 한 세트예요.

의식용 가면
각종 의식에서 춤을 출 때는 조상의 영혼을 나타내기 위해 정교하게 조각한 가면을 써요. 아샨티족이 만든 이 가면이 대표적이에요.

- 238,533㎢
- 2,930만 명
- 아크라
- 영어, 트위어, 판테어, 에웨어, 가어, 기타 언어 (+4)

서아프리카에 있는 **현대의 가나**는 13세기까지 이 지역에 있었던 위대한 **중세 무역 제국**인 가나 제국의 이름을 가져왔어요. 오늘날 이 나라는 **코코아, 금, 목재, 석유** 덕분에 아프리카에서 경제가 매우 **빠르게 발전하는 나라** 중 하나예요.

관 꾸미기 예술
관 꾸미기는 독특한 디자인을 담은 예술 분야로 자리매김했어요. 이 관은 새 모양이에요.

라바디 해변
수도인 아크라에는 가나에서 가장 인기 있는 해변이 있어요. 많은 사람들이 멋진 바다와 햇살을 보기 위해 라바디 해변으로 모여들지요.

토고

서아프리카살모사
녹색 비늘이 선명한 이 독사는 토고 숲속 나무 위에서 나뭇잎 틈에 잘 위장하고 살아요.

타키엔타
코타마코 지역에 사는 바타마리바족은 원뿔 모양으로 초가지붕을 얹은 진흙집인 타키엔타를 짓고 살아왔어요.

과학 교육
토고의 아이들이 여러 활동과 실험을 하면서 과학과 기술에 대해 배울 수 있는 이동식 실험실인 모랩(MoLab) 프로젝트가 운영되었어요.

- 56,785㎢
- 884만 명
- 로메
- 에웨어, 카비예어, 구르마어, 프랑스어

아프리카의 서해안에 있는 토고는 짧은 띠 해안선이 있는 **좁은 나라**예요. 해안선을 따라 **모래 해변**이 **구불구불한 언덕**을 배경으로 펼쳐져 있어요. 수도인 로메는 **번영하는 해안 도시**예요.

베냉

폰족의 은세공
18세기와 19세기에 베냉의 폰족은 은으로 이 물소와 같은 정교한 공예품을 만들었어요.

항구 도시인 **포르토노보**는 예와강을 끼고 있어요.

앙젤리크 키조
베냉 출신의 이 유명한 가수는 아프리카 어디서나 높은 인기를 누려요. 음악에 재능이 뛰어나, 그래미상을 세 번이나 받았지요.

단톡파 시장
베냉 무역의 중심지인 항구 도시 코토누에서는 서아프리카에서 가장 큰 야외 시장이 열려요. 사람들은 나무 조각품에서 과일에 이르기까지 다양한 물건들을 사고팔지요.

- 112,622㎢
- 1335만 명
- 포르토노보
- 폰어, 바리바어, 기타 언어 (+5)

베냉은 **산**과 **숲**과 **해변**이 어우러진 다양한 풍경이 있어요. 역사적으로 이 아프리카 국가는 **나무**, **상아**, **은**을 세공하는 **장인들의 뛰어난 솜씨**로 유명해요.

나이지리아

베냉 동상
지금의 나이지리아에 있던 옛 베냉 왕국은 뛰어난 금속 공예 솜씨로 유명했어요. 1,000개가 넘는 황동 부조와 조각상들이 베닌시티에 위치한 왕궁을 장식했지요.

황동과 청동 합금으로 만들어진 이 화려한 명판은 베냉의 왕인 오바와 시종들을 나타내요.

네 뿔 달린 카멜레온
나이지리아와 이웃 카메룬의 토박이 동물인 카멜레온은 주둥이에 삐죽 솟은 뿔 네 개 덕분에 금방 알아볼 수 있어요. 아름다운 녹색을 띤 몸으로 숲의 나뭇잎 사이에 자연스레 숨지요.

디지털 미디어
나이지리아에는 신문사와 TV 방송사, 라디오 방송국이 수백 개에 이르지만, 노트북과 휴대폰으로 접속하는 새로운 미디어들이 그 자리를 대신하고 있어요.

아부자는 균형 발전을 위해 나이지리아 한가운데에 건설된 수도예요.

하킴 올라주원
나이지리아 출신 스타 농구 선수인 하킴 올라주원은 1984년부터 2002년까지 미국 프로농구(NBA)에서 활약했고, 네이스미스 농구 명예의 전당에 이름이 올라가는 영예를 누렸어요.

놀리우드
나이지리아 영화 산업은 '놀리우드'라는 별명이 있을 만큼 규모가 커요. 해마다 1,500편 넘게 영화를 제작하지요. 2018년에 나온 영화 「라이온하트」가 대표적이에요.

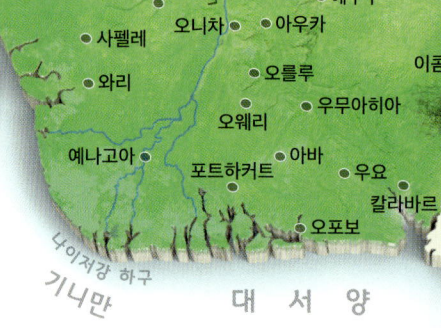

- 923,768㎢
- 2억 1,854만 명
- 아부자
- 하우사어, 영어, 요루바어, 이보어

나이지리아는 아프리카에서 인구가 가장 많고 **가장 부유한 나라**예요. 나이저강 삼각주에 있는 포트하커트를 중심으로 발전한 **석유 산업**은 이 나라의 경제에 큰 몫을 담당해요. 인구의 절반은 **도시 지역**에서 살아요. 아프리카에서 가장 큰 도시인 라고스는 해안가에 있고, 수도인 **아부자**는 **내륙**에 있어요.

메가시티
상업, 공업, 해운업 등 산업으로 유명한 라고스는 많은 대학들이 있는 활기찬 문화 중심지이기도 해요. 석호(포르투갈어로 lago)를 중심으로 여러 섬을 아우르는 이 도시에는 거대한 컨테이너 터미널이 두 개 있어요.

졸로프 라이스
서아프리카 전통 음식인 졸로프 라이스는 토마토, 양파, 고추, 향신료를 볶다가 쌀을 넣고 끓여 만드는 맛있는 냄비 요리예요. 졸로프는 고기를 곁들여 먹거나 시장에서 사 먹을 수도 있어요.

팜유
아프리카의 많은 지역에서는 기름야자 열매에서 추출한 기름으로 요리해요. 나이지리아는 세계에서 가장 큰 팜유 생산국 중 하나예요.

위풍당당 화려하게 꾸민 말과 기수들이 거리를 행진해요.

나이지리아 비트
전설적인 가수 펠라 쿠티에서 버나 보이(오른쪽)와 같은 오늘날의 아프로비트 스타들에 이르기까지, 나이지리아 음악은 세계에서 큰 자리를 차지하고 있어요.

두르바르 축제
해마다 카노를 비롯한 나이지리아 북부 도시에서는 성스러운 라마단이 끝나는 것을 축하하는 이슬람교 축제가 열려요. 이 축제는 화려한 승마 행렬로 유명해요.

지리: 나이지리아는 **건조한 사바나**에서 **열대 우림**과 늪지대인 **강 삼각주**까지 다양한 풍경이 펼쳐져요.

역사: 수천 년 전 이곳에 **고대 아프리카 제국**이 세워졌어요. 나이지리아는 1960년에 영국으로부터 **독립**했어요.

문화: 250개 넘는 **민족 집단**이 수백 가지 언어를 쓰고 전통문화를 지켜 왔어요. **예술**, **문학**, **음악**이 번창하고 있어요.

자연 경관: 광활한 **나이저강**, **오부니케 동굴**, 웅장한 **폭포들**, **이코고시 샘**, 야생 동물 보호 지역 등이 있어요.

적도 기니

국기에 케이폭나무가 그려져 있어요.

사회성이 좋은 원숭이
세계에서 가장 큰 원숭이 종인 맨드릴은 이 지역의 열대 우림에 큰 무리를 지어 살아요. 과일과 땅바닥의 곤충을 찾아 먹고 살지요.

화산의 가장자리
항구 도시인 말라보는 비오코섬에 있는 화산의 가장자리에 세워졌어요. 수심이 깊어 배가 드나들기 좋은 이곳을 통해 코코아, 목재, 커피를 수출해요.

아프리카 네이션스컵 본선 진출!
축구는 적도 기니에서 인기가 높아요. 축구 국가대표팀은 아프리카 네이션스컵 대회 본선에 두 번 진출했어요.

적도 기니는 본토의 **리오무니** 지역과 **섬 5개**로 이루어졌어요. 대량의 **석유**가 발견된 덕분에 열대 우림에 **새로운 수도**인 '시우다드 데 라 파스'를 건설하는 중이에요.

- 28,051㎢
- 167만 명
- 말라보
- 에스파냐어, 팡어, 부비어, 프랑스어

상투메 프린시페

초콜릿의 섬
초콜릿 제조업자들은 품질 좋은 공정 무역 초콜릿을 원하는 세계의 바람에 발맞추기 위해서, 카카오 생산 협동조합을 이 섬나라에 세웠어요.

카카오 열매

캉그란지
'거대한 개 봉우리'라는 뜻인 캉그란지봉은 끝이 뾰족한 기둥 모양으로 상투메섬의 랜드마크예요. 용암이 굳어 생긴 이 바위는 높이가 약 386미터예요.

두 개의 **화산섬**인 상투메섬과 프린시페섬 및 주위의 **작은 섬들**로 이루어진 나라로 아프리카 서해안에 있어요. **정글이 우거진 경사면**에는 큰태양새 같은 **토박이 새**들과 **청개구리**들이 많이 살아요. **수도**는 **큰 섬**인 상투메섬에 있어요.

- 964㎢
- 22만 명
- 상투메
- 포르투갈어 기반 크리올어, 포르투갈어

카메룬

에콤-응캄 폭포
에콤-응캄 쌍둥이 폭포는 카메룬 은콩삼바 근처의 우거진 열대 우림 한가운데에서 80미터 아래로 시원하게 쏟아져 내려요.

조롱박 딸랑이
세케레라는 악기는 조롱박에 작은 조각을 꿴 그물을 씌운 형태로 달그락 소리가 나요.

골리앗개구리
카메룬과 적도 기니의 토박이 동물인 이 개구리는 다리를 편 키가 1미터나 돼요. 세상에서 가장 큰 개구리지요.

- 475,174㎢
- 2,791만 명
- 야운데
- 프랑스어, 영어, 바밀레케어, 팡어, 기타 언어 (+3)

카메룬에서는 **화산 산지**, **열대 우림**, **사막**에 이르는 **다양한 풍경**을 볼 수 있어요. 서부 아프리카와 중앙아프리카 사이에 위치해서 아프리카의 '**연결 고리**'라고 불리며, **다양한 문화**가 어우러졌어요.

가봉

수호자 조각상
가봉의 코타족은 조상의 유해를 지키기 위해 음불루-은굴루라는 수호자 조각상을 정교하게 만들었어요.

이 조각상의 다리에는 황동을 입혔어요.

몽부에 시장
리브르빌에 있는 가봉 최대의 시장인 몽부에 시장은 과일과 야채에서 전통 문양 직물에 이르기까지 모든 것을 사고파는 곳이지요.

야생 동물 보호
옹부에 남쪽에 있는 로앙고 국립 공원은 아프리카긴코악어를 비롯해 하마, 코끼리 등 많은 동물의 보금자리예요.

- 267,667㎢
- 238만 명
- 리브르빌
- 팡어, 프랑스어, 푸누어, 시라어, 은제비어, 음퐁웨어

아프리카 **서해안**의 **삼림 국가**인 가봉은 자연환경을 보존하려는 노력을 아끼지 않아요. **국토**의 **10분의 1**을 국립 공원으로 지정해 동식물을 **보호**하고 있지요.

중앙아프리카 공화국

강 낚시
우방기강에는 먹거리가 풍부해요. 남자들이 강에 긴 그물을 쳐서 물고기를 가두어 잡으면, 여자들은 시장에 가져가서 팔지요.

머리 깃털이 멋진 새
이 나라의 북부 습지에는 검은관두루미들이 살고 있어요. 특히 비라오 남쪽의 마노보 군다 세인트 플로리스 국립 공원에서 많이 보여요.

- 622,984㎢
- 557만 명
- 방기
- 상고어, 반다어, 바야어, 프랑스어

중앙아프리카 공화국은 **아프리카의 한가운데**에 있어요. 강들이 이리저리 흘러서, **상품과 사람들**을 배에 태워 **옮기기** 좋아요. 북쪽의 사바나에 있는 **마노보 군다 세인트 플로리스** 국립 공원에는 코끼리, 치타, 희귀한 검은 코뿔소들이 살고 있어요.

콩고

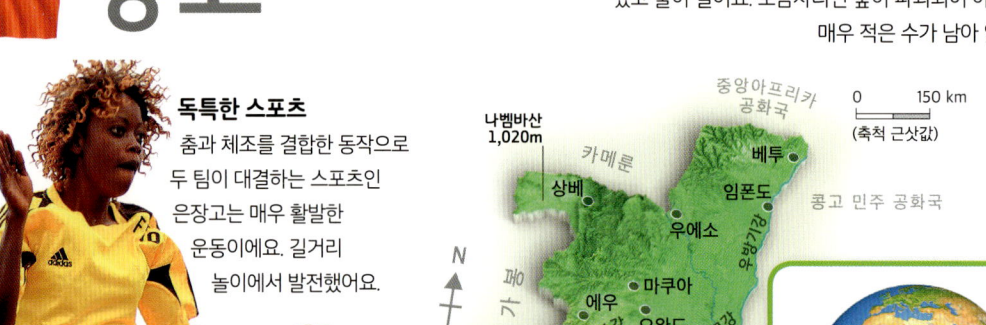

독특한 스포츠
춤과 체조를 결합한 동작으로 두 팀이 대결하는 스포츠인 은장고는 매우 활발한 운동이에요. 길거리 놀이에서 발전했어요.

멸종 위기를 겪는 영양
봉고는 커다란 아프리카 영양으로 털에 밝은색 줄무늬가 있고 뿔이 길어요. 보금자리인 숲이 파괴되어 야생에는 매우 적은 수가 남아 있어요.

- 342,000㎢
- 597만 명
- 브라자빌
- 콩고어, 테케어, 링갈라어, 프랑스어

중앙아프리카에 있는 이 나라는 3분의 2가 **빽빽한 우림**이에요. 사람들은 대개 강가에 있는 마을과 도시에서 살아요. 수도인 **브라자빌**은 콩고 민주 공화국의 수도인 **킨샤사**와 **콩고강**을 사이에 두고 마주 봐요.

콩고 민주 공화국

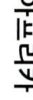
아프리카

단순하지만 튼튼한 탈것
일부 지역에서는 젊은이들이 손수 튼튼하게 만든 이륜차로 물건을 배달하는 일을 해요. 이 탈것은 추쿠두라고 불러요.

이 값싼 이륜차는 나무와 재활용품을 이용해서 만들어요.

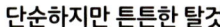

음악이 넘치는 대도시
1,100만 명 넘게 살고 있는 킨샤사는 가파르게 성장하는 대도시이자 콩고의 룸바 음악과 춤의 요람이에요.

니라공고산
동아프리카 지구대에 있으며, 2002년에 크게 분화한 활화산이에요. 화산 분화구 안쪽에 용암이 괴어 생겨난 용암호가 있어요.

장식용 북
중앙아프리카에 사는 빌리족은 장식용 북을 인물 조각상이 머리에 북을 이고 있는 모습으로 독특하고 섬세하게 만드는 전통이 있어요.

머리에 북을 이고 있는 사람이 표범 위에 앉아 있어요.

사교적인 유인원
콩고강을 따라 울창한 열대 우림에서만 발견되는 작은 침팬지인 보노보는 30~100마리가 무리를 짓고 평화롭게 살아요.

꾀 많은 어부들
키상가니 근처에 사는 와게냐족은 콩고강의 센 물살 속에 장대를 세워 지지대를 만들고 나팔꽃 모양의 커다란 통발들을 달아서 물고기를 잡아요.

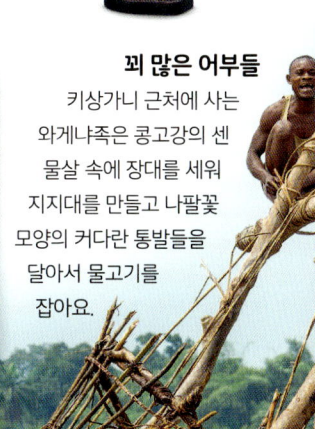

- 📐 2,344,858㎢
- 👥 1억 180만 명
- ⭐ 킨샤사
- 🗣 키콩고어, 링갈라어, 스와힐리어, 치루바어, 기타 언어 (+3)

예전 이름이 자이르였던 콩고 민주 공화국은 아프리카에서 **두 번째로 큰 나라**예요. **적도**를 가로지르는 위치에 있어서 한날한시에 **북쪽**은 **봄**이고 **남쪽**은 **가을**이지요.

부룬디

별 세 개는 부룬디의 주요 민족인 후투족, 투치족, 트와족을 나타내요.

상업의 중심지
탕가니카호를 끼고 있는 붐비는 항구 도시, 부줌부라는 부룬디의 농산물을 주변 나라들로 운송하는 중요한 통로예요.

루게게고원의 숲에 사는 카멜레온
최근에 확인된 이 카멜레온은 부룬디 북서쪽에 있는 루게게고원의 울창한 숲에서만 볼 수 있는 독특한 종이에요.

이 북은 속이 빈 나무통과 동물 가죽으로 만들어요.

성스러운 북
카리엔다는 이 나라에서 신성하게 여기는 전통 악기예요. 이 북은 부룬디의 역사에서 왕들을 상징하며, 결혼식과 장례식과 같은 의례에서 연주하지요.

- 27,830km²
- 1,288만 명
- 기테가
- 룬디어, 프랑스어, 스와힐리어

부룬디는 깊은 균열로 생겨난 **탕가니카호**를 끼고 있는 **작은 나라**예요. 새로운 수도인 **기테가**는 이 나라의 **문화 중심지**이기도 해요. **커피**와 **차**, **목화**가 나라의 주요 **생산물**이에요.

르완다

왕궁
벌집처럼 생긴 이 초가지붕 집은 1899년 르완다 왕실이 냐비진두 근처의 니안자에 정착하면서 지었던 르완다 왕의 전통 가옥을 되살려 지은 거예요.

태양은 르완다 사람들을 깨우치는 빛을 나타내요.

키갈리에는 언덕과 계곡이 많아요.

커피 생산 협동조합에서 일하는 여성들은 농장의 이익을 함께 나누어요.

강력한 여성
르완다의 여성들은 세계 어느 나라의 여성들보다 더 많은 권력을 누리고 있어요. 의회 의석의 62퍼센트를 여성이 차지할 정도지요. 르완다의 성평등 지수는 2022년에 세계 6위였어요.

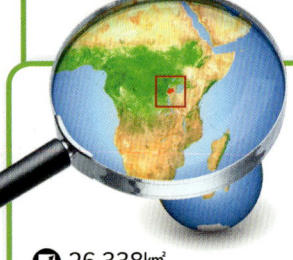

- 26,338km²
- 1,377만 명
- 키갈리
- 키냐르완다어, 프랑스어, 스와힐리어, 영어

구불구불한 **구릉지**가 많은 르완다에는 화산 지대인 **비룽가산맥**이 있어요. 경사면을 뒤덮은 **울창한 열대 우림**에는 **침팬지**, **황금원숭이**, 희귀한 **마운틴고릴라**를 비롯하여 **많은 영장류**가 살아요.

우간다

빅토리아호 가장자리에서
캄팔라는 '임팔라(아프리카 영양)의 언덕'이란 이름처럼 빅토리아호 북쪽 끝의 여러 언덕에 뻗어 있어요. 아프리카에서 가장 빠르게 발전하는 도시 중 하나지요.

마운틴고릴라
우간다의 열대 우림에는 450마리가 넘는 희귀한 마운틴고릴라가 있어요. 대부분은 남서부의 브윈디 천연 국립 공원에 살고 있지요.

르웬조리산맥
우간다와 콩고 민주 공화국의 국경에 있는 이 지역은 눈 덮인 봉우리와 빙하가 펼쳐져 있어서, 예로부터 '달의 산맥'이라고 불려요.

기후 정의 운동
우간다의 활동가인 버네사 나카테는 아프리카의 농업과 식량 공급에 기온 상승과 가뭄이 끼치는 위험을 전 세계에 알리고 있어요.

빅토리아호
이 호수 위에서 우간다, 탄자니아, 케냐의 국경이 나뉘어요. 빅토리아호 속에는 나일농어와 같은 물고기들이 아주 많지요.

- 241,038km²
- 4,724만 명
- 캄팔라
- 영어, 스와힐리어, 루간다어, 은콜레어, 치가어, 랑고어, 아촐리어, 기타 언어 (+3)

우간다는 북서쪽의 **앨버트호**와 **에드워드호**, 남쪽의 **빅토리아호**(아프리카에서 **가장 큰 민물 호수**) 사이에 있어요. 르웬조리산맥의 **스탠리산**은 아프리카에서 **세 번째로 높은 산**이에요.

탄자니아

다르에스살람
인도양이 내려다보이는 다르에스살람은 탄자니아에서 가장 큰 도시이자 항구예요. 다르에스살람의 이름은 아랍어로 '평화의 땅'이라는 뜻이지요.

검은 머리 베 짜는 새
이 베짜기새들은 군집성이어서 동아프리카의 관목지에서 무리를 지어 살아요. 잎을 모아 짓는 둥지는 아카시아 나뭇가지에 대롱대롱 매달리게 해요.

탄자나이트
탄자나이트라는 아름다운 푸른색 보석은 매우 희귀해요. 탄자니아 아루샤 근처의 미레라니 언덕에서만 채굴할 수 있어요.

마사이족
마사이족은 탄자니아와 케냐에 100만 명 이상 살고 있어요. 유목민으로 사냥하고 소를 기르며, 부족 고유의 붉은색 슈카 담요를 두르고 장신구를 달고 다녀요.

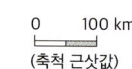

향신료의 섬
잔지바르섬은 오랫동안 아프리카 대륙과 인도, 페르시아, 아랍 무역의 중심지였어요. 지금도 이곳 항구를 통해 정향과 같은 향신료들을 수출해요.

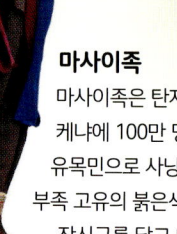

- 947,300㎢
- 6,549만 명
- 도도마
- 스와힐리어, 영어, 수쿠마어, 기타 언어 (+9)

킬리만자로산
높이가 5,895미터인 이 휴화산은 아프리카에서 가장 높은 봉우리예요.

탄자니아에는 **높은 산**과 **울창한 해안 평야**, **사바나**, **잔지바르섬**이 있어요. **세렝게티 국립 공원**은 풀을 찾아 먼 거리를 이동하는 **얼룩말 떼**와 **누 떼**로 유명하며, **응고롱고로 공원**의 분화구에는 **코뿔소**와 **코끼리**들이 살고 있어요.

케냐

아프리카

보고리아호의 홍학
나쿠루 근처의 동아프리카 지구대 호수들에는 꼬마홍학들이 모여들어요. 염분이 매우 높은 물에서 브라인쉬림프(학명: *아르테미아*)와 남세균을 먹고 사는데, 이 먹이 때문에 홍학의 깃털이 분홍색을 띠어요.

올림픽 육상 선수
케냐 선수들은 장거리 육상에서 메달을 자주 땄어요. 데이비드 루디샤는 올림픽 금메달을 두 번 땄고, 800m 달리기 세계 기록을 세웠어요.

키온도 바구니
키쿠유족, 캄바족, 타이타족은 사이잘삼 섬유로 아름다운 바구니를 짜요. 키온도라고 하는 이 바구니들은 시장바구니나 수납용 바구니로 쓰여요.

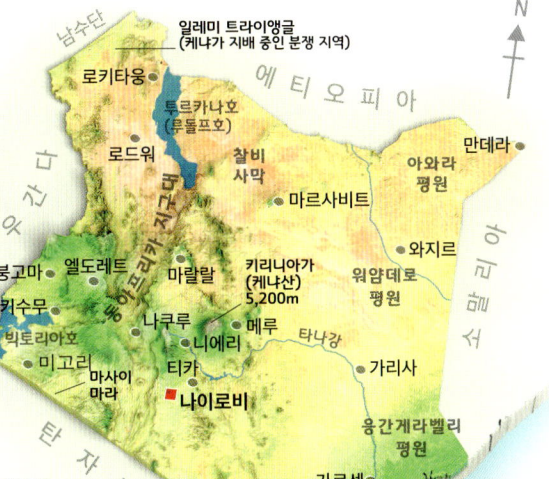

삼부루족
케냐 북부의 삼부루족은 옛날과 마찬가지로 지금도 소에게 풀을 먹이려고 여기저기 이동하면서, 진흙과 풀로 오두막을 짓고 살아요.

삼부루족 소녀들은 대부분 구슬 목걸이를 겹겹이 해요.

지열 발전소
케냐는 아프리카에서 처음으로 지열 발전소를 건설한 나라예요. 동아프리카 지구대에 있는 지열 발전소들은 지구 내부의 에너지를 이용해서 전력을 생산해요.

마사이마라의 사자
나이로비 서쪽의 마사이마라 국립 보호 구역에는 수백 마리의 사자들이 무리를 지어 살고 있어요. 물소, 많은 종의 영양, 사자 외의 큰 고양이과 동물들도 그곳에 살지요.

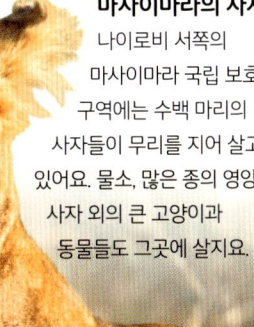

야생 동물로 유명한 케냐는 매년 수백만 마리의 **동물**이 **마사이마라**를 건너 **이동**하고, **동아프리카** 지구대의 호수로 **새** 떼가 날아들어요. 수도인 **나이로비**는 한창 발전하는 **현대 도시**이며, 항구 도시인 **몸바사**는 아프리카에서 가장 **다문화적**인 도시 중 하나예요.

- 580,367㎢
- 5,402만 명
- 나이로비
- 스와힐리어, 영어, 키쿠유어, 기타 언어 (+3)

앙골라

루안다
대서양 연안에 있는 루안다는 앙골라에서 가장 큰 도시예요. 또한 무역 중심지인 항구 도시이기도 해요.

팔라시오 데 페로
프랑스 건축가 귀스타브 에펠이 설계한 이 건물은 본래 파리에서 지었다가 해체하고, 1902년 루안다에 다시 지은 거예요. 팔라시오 데 페로라는 이름은 '철의 궁전'이란 뜻이지요.

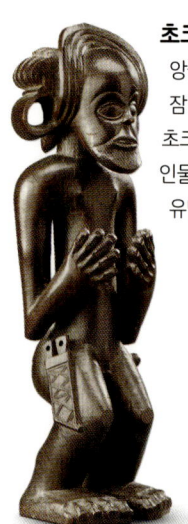

초크웨족의 예술
앙골라 북동부와 콩고, 잠비아에 흩어져 사는 초크웨족은 화려하고 작은 인물상들과 북, 가면으로 유명해요.

붉은벼슬부채머리
앙골라 북부의 열대 숲에서만 발견되는 화려한 이 새는 날카롭고 독특한 소리를 내요.

이 새의 볏은 밝은 빨간색이에요.

(축척 근삿값) 0 150 km

앙골라 카니발
해마다 이 나라에서는 사순절의 시작을 알리는 카니발을 열어요. 춤꾼과 연주자들이 공연하며 행진하는 모습을 수많은 사람들이 모여 구경하지요.

사바나천산갑
천산갑은 포유동물 중에 유일하게 비늘로 덮여 있어요. 이 종은 남아프리카 어디서나 볼 수 있어요.

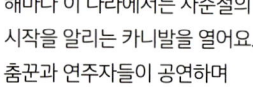

- 1,246,700㎢
- 3,558만 명
- 루안다
- 포르투갈어, 기타 언어 (+3)

앙골라는 큰 나라이며 석유, 광물, 비옥한 농지를 비롯해 **천연자원**이 풍부해요. 오랫동안 내전을 겪어 힘들었으나, 지금은 **경제** 분야에서 아프리카에서 가장 **빠르게 성장**하고 있어요.

잠비아

자동차 경주
잠비아 국제 자동차 랠리는 해마다 열리는 고속 경주 대회예요. 루사카에서 시작해 북쪽 사막으로 달리는 험난한 코스가 특징이에요.

박쥐들의 이동
해마다 연말이면 천만 마리가 넘는 과일박쥐들이 잠비아 북부의 카산카 국립 공원에 날아들어요. 이곳에 풍부하게 자라는 과일나무를 찾아 콩고 민주 공화국의 숲에서부터 날아오는 거예요.

바통가족의 바구니
바통가족은 카리바호 주변의 농촌 마을에 살아요. 바통가족 여자들은 야자 나뭇잎으로 전통 바구니를 짜요.

야자 잎을 삶으면 부드러워져서 바구니를 짜기에 좋아요.

잠비아 서커스
루사카의 어려운 청소년들을 지원하기 위해 설립된 이 단체는 서커스 묘기뿐 아니라 생활 기술도 가르치고, 교육비도 후원해요.

잠베지강
이 강은 잠비아에서 시작해 여섯 나라를 거쳐 인도양에 이르는 중요한 강이에요. 아프리카에서 네 번째로 긴 강으로 약 2,574킬로미터를 흘러요.

- 752,618km²
- 2,001만 명
- 루사카
- 영어, 벰바어, 통가어, 기타 언어 (+5)

남아프리카의 험준한 나라인 잠비아에는 **국립 공원 20개**와 넓은 **보호림** 지역이 있어, 풍부한 야생 생태계가 펼쳐져요. 잠비아라는 이름은 이 나라에서 **가장 큰 강**인 **잠베지강**에서 나왔어요.

나미비아

치타
나미비아에는 치타가 야생에서 1,400마리 넘게 살아요. 그 어느 나라보다 많지요. 오티와롱고에 있는 연구 및 로비 기관인 치타보전기금은 이 희귀한 동물 보호에 노력하고 있어요.

듄 7
거대한 모래 언덕(사구)들이 나미브 사막을 가로지르고 있어요. 그중에서 듄 7이 383미터로 가장 높아요.

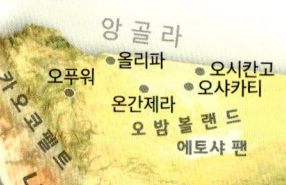

오데렐라는 빨간색, 분홍색, 검정색으로 전통적인 줄무늬를 넣은 천이에요.

빈트후크는 '바람 부는 모퉁이'를 뜻하며, 나미비아에서 가장 큰 도시예요.

오밤보족
오밤보족은 나미비아에서 가장 큰 민족 집단으로, 인구의 절반 이상을 차지해요.

헤레로족의 인형들
헤레로족 여성들은 전통 인형을 만들어서, 자신들의 화려한 옷을 본뜬 옷을 입히고 장식해요.

나미브 사막은 해안 평원을 따라 1,900킬로미터나 뻗어 있어요.

- 824,292km²
- 256만 명
- 빈트후크
- 오밤보어, 카방고어, 영어, 다마라어, 독일어, 아프리칸스어

나미비아는 아프리카의 **남서쪽 해안**에 있어요. **사막, 산, 초원**으로 이루어진 이 **드넓은 나라**는 매우 **건조**해요. 너무 메말라서 식물들이 거의 자랄 수 없을 정도지요. 나미비아는 **환경 보호법**을 가장 먼저 만든 나라들 중 하나였어요.

데드블레이
오래전 죽은 나무의 실루엣이 '죽은 습지'를 뜻하는 데드블레이의 붉은 모래를 배경으로 펼쳐진 풍경이에요. 나미비아의 모래 언덕들 한가운데 있는 소수스블레이 근처이며, 흰색 점토로 이루어진 낮은 지대예요.

모파네나무 벌레
짐바브웨에서는 황제나방의 큰 애벌레를 별미로 즐겨요. 햇볕에 말리거나 튀겨서 맛있는 소스를 곁들여 먹지요.

짐바브웨

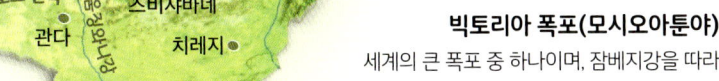

글로리오사
빨간색과 노란색이 불꽃처럼 타오르는 듯한 이 꽃은 짐바브웨의 나라꽃이자 보호종이에요.

- 390,757㎢
- 1,632만 명
- 하라레
- 쇼나어, 은데벨레어, 영어

육지 안에 있는 이 **나라**는 11세기 무렵부터 **무역**의 중심지였으며 **그레이트 짐바브웨**가 세워지기도 했어요. **산등성이**와 **강의 계곡**이 펼치는 **아름다운 풍광**과 **야생 동물**들이 살기 좋은 **사바나**로 유명해요.

빅토리아 폭포(모시오아툰야)
세계의 큰 폭포 중 하나이며, 잠베지강을 따라 1,708미터 넘게 펼쳐져요. 원주민들은 천둥소리가 나는 연기란 뜻으로 '모시오아툰야'라고 불러요.

말라위호
아프리카에서 손꼽히는 큰 호수인 말라위호에는 알록달록한 시클리드가 850종 넘게 살아요.

말라위

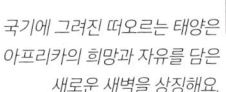

국기에 그려진 떠오르는 태양은 아프리카의 희망과 자유를 담은 새로운 새벽을 상징해요.

- 118,484㎢
- 2,040만 명
- 릴롱궤
- 체와어, 롬웨어, 야오어, 응고니어, 영어

아프리카 지각이 갈라져 생긴 우묵한 골짜기인 **동아프리카 지구대**가 이 **좁고 긴 나라**를 관통해요. 그 갈라진 곳에 생긴 **말라위호**는 아프리카의 **오대호** 중 하나로 '맑은 물'을 뜻하는 니아사호로도 불러요. 말라위호는 길이 580킬로미터, 폭 75킬로미터에 이르지요.

둘러 입는 강렬한 드레스
전통적으로 남아프리카의 많은 여성들은 강렬한 무늬가 특징인 치텐게로 만든 옷을 좋아해요. 사롱으로 몸에 감아서 입거나 머리 스카프로 두르며, 치마나 블라우스, 드레스로도 입어요.

보츠와나

흰개미집 화덕
흰개미가 버리고 떠난 튼튼한 흰개미집은 열을 매우 잘 유지하기 때문에, 빵과 고기를 요리하는 야외 화덕으로 쓰기도 해요.

연기가 술술 빠질 수 있도록 옆면에 구멍을 뚫어 놓아요.

오카방고강
오카방고강은 약 1,700킬로미터를 굽이굽이 흐르며 칼라하리 사막으로 들어가 습지와 범람원으로 이루어진 거대한 내륙 삼각주를 만들어요. 코뿔소와 사자 같은 가장 멸종 위기에 처한 동물들이 사는 곳이에요.

칼라하리 사막
칼라하리 사막은 보츠와나 국토의 84퍼센트를 차지해요. 이곳은 사하라 사막에 이어 아프리카에서 두 번째로 큰 사막이에요.

미어캣 무리
남아프리카 일부 지역에서만 발견되는 이 작은 동물은 몽구스과에 속하고, 20~30마리씩 무리 지어 탁 트인 들판에서 살고 있지요.

수도
보츠와나에서 가장 큰 도시인 가보로네는 이 나라의 수도예요. 이곳에는 문화 유적지뿐 아니라 사냥을 금지하는 야생 동물 보호 구역도 있어요.

산족 사냥꾼들은 화살촉을 딱정벌레 유충으로 만든 독에 담갔다가 사냥에 써요.

산족
원주민인 산족은 2만 년 동안 칼라하리 사막에서 유목 생활을 해 왔어요. 사냥, 낚시, 채집을 하며 살아왔지요.

- 581,730km²
- 263만 명
- 가보로네
- 츠와나어, 영어, 기타 언어 (+4)

보츠와나는 엄청난 다이아몬드 매장량 때문에 '**아프리카의 보석**'으로 불려요. 국토의 대부분은 **사막**이지만, 나무가 우거진 삼각주, **평원**, **고원**도 있으며, 다양한 **야생 동물**이 살고 있어요.

모잠비크

아프리카

마푸토 기차역
20세기에 지어진 이 기차역은 고전주의의 영향을 받아 웅장하고 화려하기로 유명해요. 커다란 돔과 인상적인 녹색으로 치장된 외관, 화려한 기둥들이 특징이에요.

맹그로브 보전 운동
짠물을 좋아하는 맹그로브 나무들은 중요한 습지 생태계를 이루고 있어요. 수도인 마푸토 근처에 맹그로브 숲이 많아요. 모잠비크는 맹그로브 1억 그루 심기 운동 등 보존 노력을 아끼지 않고 있어요.

고롱고사 국립 공원은 야생 동물 보호와 지역 주민들의 요구를 잘 조절하고 있어요.

페리페리 고추
작은 고추가 맵다는 말은 모잠비크의 이 고추에 아주 잘 어울려요. 고추에 마늘과 다른 재료 등을 넣고 갈아 만든 매콤한 페리페리 소스는 이 나라 어디서나 사랑받고 있어요.

혹멧돼지
몸집이 큰 혹멧돼지는 다양한 다른 야생 동물들과 함께 고롱고사 국립 공원의 초원을 어슬렁거려요.

스타 육상 선수
모잠비크의 단거리 육상 선수인 마리아 무톨라는 세계 선수권 대회 800m에서 세 번 우승했고 올림픽에 여섯 번 참가했어요.

자연 그대로의 해안선
2,500킬로미터에 이르는 모잠비크의 해안선을 따라 산호초와 새하얀 모래 해변과 열대 섬이 있어요.

- 799,380㎢
- 3296만 명
- 마푸토
- 포르투갈어, 기타 언어 (+10)

아름다운 해안선이 펼쳐지는 모잠비크는 해변뿐 아니라 **비옥한 전원** 지역과 **풍부한 광물 자원**으로 유명해요. **잠베지강**은 이 나라의 한가운데를 흘러 바다와 만나요.

남아프리카 공화국

0 100 km
(축척 근삿값)

아프리카

다이아몬드 캐기
컬리넌 헤리티지 다이아몬드의 무게는 약 507캐럿이에요.

이 나라는 보석 품질 다이아몬드의 주요 생산국 중 하나예요. 큰 광산 일곱 곳에서 채굴하지요.

나라의 아버지
혁명가이자 정치가, 노벨 평화상 수상자인 넬슨 만델라(1918~2013년)는 민주화된 현대 남아프리카 공화국의 상징이에요. '나라의 아버지'를 뜻하는 '마디바'로 불려요.

은데벨레족
전통적으로 다채로운 공예 솜씨를 자랑하는 은데벨레족은 무늬를 넣은 구슬 장신구, 돗자리와 인형을 만들어요.

나미비아 · 알렉산더베이 · 어핑턴 · 오렌지강 · 스프링복 · 프리에스카 · 북카루고원 · 카나번 · 반린스도프 · 대서양 · 세인트헬레나만 · 보퍼트웨스트 · 그레이트카루고원 · 살다냐 · 파를 · 우스터 · 케이프타운 · 스텔렌보스 · 조지 · 스웰렌담 · 모셀바이 · 희망봉 · 아굴라스곶

코스모폴리탄 도시
수천 년 전에 처음 사람이 살았던 케이프타운에는 자연 항구가 있어 오래전부터 뱃사람들이 많이 드나들었어요. 오늘날 여러 문화가 어우러져 번성하는 도시예요.

테이블산이 도시 위로 펼쳐져 보여요. 케이블카를 타거나 걸어서 평탄한 정상까지 오를 수 있어요.

아프리카 대륙의 남쪽 끝에 있는 남아프리카 공화국은 **다양한 문화**를 자랑해요. **공식 언어가 11개**나 되는 '**무지개 나라**'이지요. 또한 **아프리카에서 부유한 나라**로 손꼽히며, 세계에서 유일하게 **수도가 세 곳**으로, 행정 수도는 **프리토리아**, 입법 수도는 **케이프타운**, 사법 수도는 **블룸폰테인**이에요.

- 1,219,090㎢
- 5,989만 명
- 프리토리아, 케이프타운, 블룸폰테인
- 영어, 줄루어, 코사어, 아프리칸스어, 기타 언어 (+7)

크루거 국립 공원
기린, 코끼리, 사자, 표범, 코뿔소, 물소 같은 동물들이 어슬렁거리는 곳으로 이 나라에서 가장 큰 국립 공원이에요.

'용왕꽃' 킹프로테아
크고 화려한 꽃을 피우는 이 식물은 남아프리카 공화국이 원산지이며, 남아프리카 공화국의 나라꽃이에요.

코사족
이 나라에서 두 번째로 큰 민족 집단이에요. 역사적으로 케이프타운 지역과 연결되고, 남아프리카 공화국 모든 지역에 살아요.

전통적으로 결혼한 여성들은 수를 놓은 앞치마를 입어요.

줄루 문화 마을의 한 소년이 쇼를 위해 의상을 차려입었어요.

줄루족
이 나라에서 가장 큰 민족 집단은 줄루족이에요. 전통적으로 남성 전사는 동물 모피를 입고 깃털로 장식했어요.

스프링복스
남아프리카 공화국의 흑백 통합 럭비 국가대표팀인 스프링복스는 2019년 럭비 월드컵에서 세 번째 우승을 거뒀어요. 1995년에 국가의 단결을 나타내는 '하나의 팀, 하나의 국가'라는 슬로건으로 럭비 월드컵을 단독 개최하고 첫 우승을 거머쥐었지요.

- **지리**: 남아프리카 공화국은 거의 **고원 지대**이며 초원과 사막, 좁은 **해안 평야**가 약간 있어요.

- **역사**: **아파르트헤이트**로 알려진 차별적인 인종 분리 제도는 1994년 **넬슨 만델라**가 최초의 **흑인 대통령**이 된 뒤에야 막을 내렸어요.

- **문화**: **미리엄 마케바**와 같은 가수의 **음악** 및 **문학**에 녹아 있는 전통처럼 활기차고 **다채로운 문화**가 있어요.

- **자연 경관**: 높고 험준한 **드라켄즈버그 산맥**은 남쪽의 케이프타운에서 포트엘리자베스까지 이어지는 완만한 **가든 루트 해안선**과 대조돼요.

- **야생 동물**: 남아프리카 공화국에는 **200종 넘는 포유류**와 **800종 넘는 새**를 비롯해, 다양한 야생 동물들이 살아요.

아프리카

에스와티니

스와티족 문화 마을
로밤바 근처의 박물관 마을에서는 스와티족이 전통 생활방식대로 사는 모습을 볼 수 있어요. 그 지역 공예품을 전시한 오두막이 있고, 마을 사람들은 방문자들에게 그 지역 풍습을 알려 주지요.

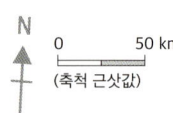

시베베 바위
높이가 1,488미터인 시베베 바위는 세계에서 가장 큰 화강암 돔이에요. '대머리 바위'라는 별명이 있어요.

만지니 시장
에스와티니에서 가장 큰 시장이 매주 만지니에서 열려요. 지역 사람들이 채색 직물, 나무 조각상, 엮어 짠 바구니, 도자기 같은 수공예품을 사고팔지요.

- 17,364㎢
- 120만 명
- 음바바네, 로밤바
- 영어, 스와티어, 줄루어, 총가어

2018년에 왕이 나라 이름을 스와질란드에서 에스와티니로 바꾸었어요. 아프리카에서 **작은 나라**이고, **수도**는 왕실이 있는 **로밤바**와 행정 수도인 **음바바네**, 두 곳이에요. **큰 포유류**와 **새**를 위한 **보호 구역**들이 있어요.

레소토

빙글빙글 알로에 폴리필라
이 다육식물은 가시 돋친 잎이 나선형으로 빙글빙글 자라요. 드라켄즈버그산맥의 토박이 식물이지요.

말을 타는 사람들
많은 산간 마을은 말을 타야 갈 수 있어요. 말을 탈 때는 갈대로 엮은 원뿔 모양의 바소토 모자를 쓰곤 하지요.

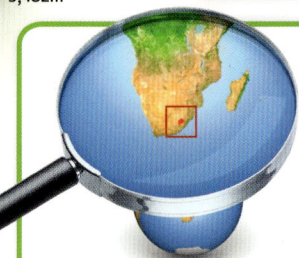

음악가들이 기름통으로 만든 기타와 드럼, 아코디언을 연주해요.

바소토족의 담요
바소토족은 고산 지대인 레소토의 추운 겨울을 따뜻하게 나기 위해, 수공예로 전통 모직 담요를 짜요.

- 30,355㎢
- 230만 명
- 마세루
- 소토어, 영어, 줄루어

해발 **1,400미터가 넘는 곳**에 자리 잡은 레소토는 '**하늘의 왕국**'으로 알려져 있어요. 사방이 남아프리카 공화국에 둘러싸여 있고, 산과 강들이 **멋진 풍경**을 이루는 나라예요.

마다가스카르

팬서카멜레온

마다가스카르 긴꼬리 산누에나방

이 꼬투리는 난초과 식물 바닐라의 열매예요.

바닐라 꼬투리
마다가스카르는 전 세계에서 생산하는 바닐라콩의 3분의 2 이상을 생산해요.

마다가스카르의 야생 동물
여우원숭이 40여 종, 세계 카멜레온의 약 절반, 마다가스카르긴꼬리산누에나방은 이 섬에서만 볼 수 있는 야생 동물이에요.

호랑꼬리 여우원숭이

0 100 km
(축척 근삿값)

아프리카

- 안치라나나
- 마로모코트로산 2,876m
- 암반자
- 아날라라바
- 삼바바
- 안소히히
- 안탈라하
- 마하장가
- 마로안세트라
- 마로보이
- 암발라봉고 협곡
- 베살람피
- 베치보카강
- 마인티라노
- 페노아리보아트시나나나
- 치로아노만디디
- 암바톤드라자카
- 안타나나리보
- 토아마시나
- 마니아강
- 베타포
- 모론다바
- 암보시트라
- 마케이 국립공원
- 망고키강
- 마난자리
- 모롬베
- 피아나란초아
- 마나카라
- 이호시
- 파라팡가나
- 톨리아라
- 오닐라히강
- 방가인드라노
- 암보사리
- 톨라나로 (포르도팽)

모잠비크 해협

인도양

태양 에너지
이 섬에서는 전기가 자주 끊기지만, 태양광 발전소가 일 년 내내 내리쬐는 햇빛을 이용해 재생 가능한 에너지를 생산하고 있어요.

각양각색 람바
사칼라바족은 말라가시 부족에 속하는 많은 씨족 중 하나예요. 이 부족은 전통적으로 남녀 모두 직사각형 천인 람바를 몸에 둘러 입어요.

그란디디에 바오바브나무
어마어마한 크기를 자랑하는 이 희귀한 나무의 줄기는 둘레가 3미터나 돼요. 인간과 동물은 바오바브나무에서 물과 먹을거리와 집을 얻지요.

- 587,041km²
- 2,961만 명
- 안타나나리보
- 말라가시어 (마다가스카르어), 프랑스어, 영어

아프리카의 남동쪽에 있는 마다가스카르는 세계에서 **다섯 번째로 큰 섬**이에요. 서기 550년경부터 사람이 정착했고 아시아와 아프리카의 **다양한 인종**이 건너왔어요. **외딴섬**이고 **열대 우림**이 있어 독특한 **동식물** 고유종이 나타났어요.

세이셸

코코 드 메르, 세이셸야자
세이셸에서만 자라는 세이셸야자는 '바다의 야자'라는 코코 드 메르로 불리고 그 열매는 '이중 코코넛'이라는 별명이 있어요. 섬사람들은 이 희귀한 열매를 먹거나 선물로 주고받기는 해도, 팔지는 않아요.

코코 드 메르의 야자의 씨는 최대 17.6킬로그램까지 나가요.

눈부시게 아름다운 모래 해변
세계에서 가장 아름다운 해변 중 하나로 꾸준히 꼽히는 앙스 수스 다르장 해변은 커다란 잎을 펄럭이는 야자나무, 커다란 바윗덩어리, 부드러운 모래, 맑고 얕은 바다를 자랑해요.

0　　200 km (축척 근삿값)

육식 식물
세이셸에서는 벌레잡이 식물이 한 종 발견됐어요. 네펜데스 페르빌레이는 깔때기 모양으로 생긴 잎에 곤충이 들어가면 위쪽 뚜껑을 닫아 못 빠져나가게 해서 잡아먹어요.

모리셔스

- ⌀ 2,040㎢
- 👥 126만 명
- ★ 포트루이스
- 🗣 프랑스어 기반 크리올어, 기타 언어 (+6)

인도양의 **그림 같은 섬나라** 모리셔스는 **아름다운 해안선**이 170킬로미터 넘게 펼쳐져요. 모리셔스섬 한가운데에는 열대 **우림**이 우거진 **화산**이 우뚝 솟아 있지요.

수중 폭포
르몬반도 앞의 얕은 바닷속에서는 모래가 해류에 실려 왔다가 다시 가파른 해저로 흘러내리는 모습이 마치 수중 폭포처럼 보여요.

상을 받은 건축물
모리셔스의 건축가 장 프랑수아 쾨니히가 설계한 포트루이스의 모리셔스 상업 은행 건물은 독특한 디자인으로 상을 받았어요.

로드리게스섬

세이셀의 수도
수도는 마에섬에 있는 빅토리아예요. 1903년에 지어진 빅토리아 시계탑을 비롯한 다양한 양식의 건축물이 잎이 무성한 야자나무와 어우러져 있어요.

세이셀파랑비둘기
이 나라의 많은 섬에 있는 우거진 숲에서 발견되는 이 예쁜 비둘기는 열대 과일을 먹고 살아요.

알다브라 환초는 세이셀의 바깥쪽 가장자리에 있는 큰 산호섬 네 개로 이루어졌어요.

알다브라코끼리거북
알다브라 환초에는 무게가 250킬로그램까지 크고, 150년을 살 수 있는 희귀한 거북이 살고 있어요.

- 455km²
- 10만 명
- 빅토리아
- 프랑스어 기반 크리올어, 영어, 프랑스어

아프리카 동쪽 바다의 화강암과 산호로 된 **섬 115개로 이루어진 세이셀**은 18세기부터 사람들이 살아왔어요. 아프리카에서 **가장 작은 나라**이지만 다양한 뿌리를 둔 주민이 있고, 아름다운 해변과 산호초가 있어요.

코모로

달콤한 향기
코모로에서는 일랑일랑 나무의 향기로운 노란 꽃들이 일 년 내내 피었다 지기를 반복해요. 이 꽃들로 향수와 에센셜 오일을 만들어요.

모로니는 코모로 제도에서 가장 큰 섬인 그랑드코모르섬에 있어요.

그랜드 모스키 드 모로니
19세기에 지어진 이 모스크에는 매일 기도하는 이슬람교도가 모여요. 코모로 사람들은 대부분 아랍계이거나 페르시아계예요.

화려한 옷
코모로의 여성들은 전통적으로 시로마니라는 옷을 입어 왔어요. 화려한 무늬를 넣은 천을 몸에 두르고 머리에 스카프를 쓰지요.

단향목과 산호를 갈아서 반죽한 음신자노로 얼굴을 화장해요.

- 2,235km²
- 846,300명
- 모로니
- 아랍어, 코모로어, 프랑스어

인도양에 있는 **화산섬 세 개로 이루어진 코모로**는 **향긋한 열대 식물**이 풍부하기 때문에 '향기로운 섬나라'로 알려졌어요. 바닐라와 **정향**과 같은 **향신료** 무역이 번성해서 **여러 대륙에서 온 사람들**이 정착해 살아왔지요.

유럽

영국

영국의 국기는 '유니언잭'이라고 해요.

자이언트 코즈웨이
북아일랜드 해안에 멋지게 늘어선 현무암은 육각 기둥 모양으로 갈라져 있어요. 5,000만 년 전의 화산 활동으로 생겨난 주상절리예요.

현무암 기둥들이 거인들의 디딤돌처럼 생겼다는 말도 있어요.

중세 시대의 성채들
영국에는 왕들과 귀족들이 성채로 쓰던 성들이 많아요. 웨일스에 있는 많은 성들 중 13세기에 지어진 할렉성은 보존 상태가 매우 좋아요.

카리브 사육제
다문화 도시인 런던에서는 해마다 노팅힐 사육제가 열려요. 카리브 문화 축제인 이 사육제에는 수백만 명이 모여서 음악 연주와 춤, 다채로운 행진을 즐겨요.

크림티
뜨거운 홍차 한 잔에 스콘과 집에서 만든 잼, 몽글몽글한 크림을 곁들여 먹는 애프터눈 티는 영국 어디서나 즐기는 간식이에요.

채널 제도
영국 해협에 있는 건지섬, 저지섬 같은 여러 섬들은 영국의 영토이지만 자치 지역이에요.

유럽의 북서쪽 해안에 있는 영국(UK)은 **잉글랜드**, **스코틀랜드**, **웨일스**, **북아일랜드** 등 4개의 지역으로 이루어진 섬나라예요. 이 섬나라에는 깊은 역사가 스며 있어요. 영국은 **왕실**, **극장**, **현대 음악**, 그리고 **빨간 버스**로 유명해요.

- 243,620㎢
- 6,697만 명
- 런던
- 영어, 기타 언어 (+3)

유럽

자연 그대로의
영국의 전원 풍경은 구불구불한 언덕과 황야, 바위 해안선으로 이루어졌어요. 스코틀랜드는 스카이섬에서 볼 수 있듯이, 험준한 산과 황무지로 유명해요.

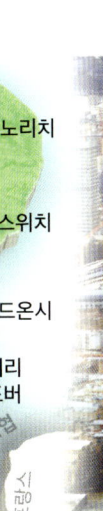

높은 음을 내는 파이프
스코틀랜드와 아일랜드에서는 전통 의상을 입고 백파이프를 연주하는 관습이 있어요. 옛날에 백파이프는 적들에게 두려움을 주기 위해 전쟁터에서 연주되었어요.

셜록 홈스
스코틀랜드 작가인 아서 코난 도일(1859~1930년)은 소설 『바스커빌가의 사냥개』(오른쪽)의 주인공이자 유명한 소설 속 탐정인 셜록 홈스를 창조했어요.

북쪽의 천사
높이가 20미터에 이르는 압도적인 크기의 이 강철 조각상은 영국 예술가 앤터니 곰리가 만든 것으로 1998년부터 영국 북동부의 작은 언덕에 우뚝 서 있어요.

굉장한 도시
세계에서 매우 오래된 도시로 꼽히고, 지금은 거의 900만 명이 북적이며 살아가는 대도시인 런던에는 템스강이 느릿느릿 흘러가요.

더 샤드는 95층짜리 고층 건물로 런던 풍경을 360도로 둘러 볼 수 있어요.

- **지리**: **페나인산맥**은 잉글랜드의 **등줄기** 역할을 해요. 스코틀랜드와 웨일스에는 높은 **산**들이 있어요.
- **역사**: 영국은 19세기에 일어난 **산업 혁명**의 결과로 경제 발전을 빠르게 이룬 **최초의 국가** 중 하나였어요.
- **문화**: **크리켓**, **럭비**, **축구**는 영국에서 처음 시작되었어요. 영국 **문학**, **음악**, **연극**은 전 세계의 사랑을 받고 있어요.
- **자연 경관**: 잉글랜드의 **레이크 디스트릭트**, 스코틀랜드의 **네스호**, 웨일스의 **스노든산**을 비롯해 아름다운 곳들이 많아요.

아이슬란드

얼음 동굴
바트나이외퀴들 빙하는 유럽의 큰 빙하들 중 하나예요. 여름에 땅속 마그마 때문에 녹은 물이 빙하에 가로막혀 얼음을 파고들어 흐르면서, 아름답고 거대한 얼음 동굴이 생겨요.

대서양의 바다오리
대서양의 토박이 새인 대서양퍼핀은 바다에서 살며 헤엄도 아주 잘 쳐요. 해마다 봄이 오면 번식하기 위해 무리를 지어 육지로 날아가요. 부리가 알록달록해서 '바다 앵무새'란 별명이 있어요.

할그림스키르캬
외관이 독특한 할그림스키르캬는 아이슬란드에서 가장 높은 교회 건물이에요. 1986년에 완공됐어요. 높이는 74미터에 이르고 첨탑에서 보면 레이캬비크의 멋진 풍경이 한눈에 들어와요.

아이슬란드의 말
이 말들은 9세기에서 10세기 사이에 바이킹이 아이슬란드에 정착하면서 들여왔어요. 몸집이 작고 땅딸막하며 사납고 끈기가 있어서 어떤 지형에서도 잘 다닐 수 있어요.

오로라 보레알리스
흔히 오로라라고 부르는 북극광은 놀라운 빛의 향연으로 아이슬란드의 맑은 밤에 나타나곤 해요. 이 자연 현상은 태양풍이 지구 대기권 높은 곳에 있는 산소와 질소 원자에 부딪혀 생겨요.

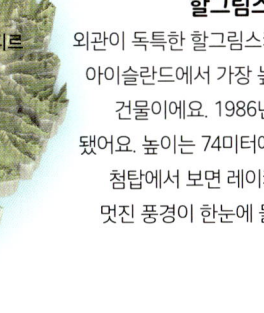

- 103,000㎢
- 38만 명
- 레이캬비크
- 아이슬란드어

대서양 북쪽에 있는 **외딴섬**인 아이슬란드는 북극권의 바로 남쪽에 있어요. **활화산, 용암 지대, 간헐천, 온천**이 많아서 **'불과 얼음'의 땅**으로 알려져 있어요. 빙하에 깎인 골짜기에 바닷물이 들어온 피오르(아이슬란드어로는 피오르뒤르)도 볼 수 있어요.

노르웨이

아름다운 피오르
링게달스바트네트호 위 약 700미터 높이에서 삐죽 튀어나온 트롤퉁가 절벽의 가장자리에서 보면 숨이 막힐 듯이 아름다운 피오르가 펼쳐져요.

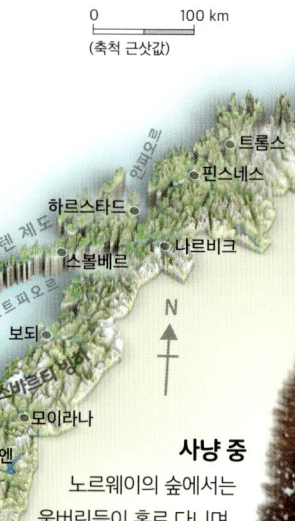

사냥 중
노르웨이의 숲에서는 울버린들이 홀로 다니며 말코손바닥사슴과 염소 같은 큰 먹잇감을 사냥해요.

트롤 주의!
신화 속 트롤은 행운의 상징이에요. 트롤은 표지판에도 등장하고, 기념품 가게에 가면 잔뜩 있어요!

헤달 목조 교회
중세 시대 노르웨이에는 못을 전혀 쓰지 않고 나무 기둥과 벽을 짜 맞추는 '스타브' 방식으로 세운 교회가 많았어요. 지금은 28개만이 남아 있어요. 그중에서 헤달에 있는 교회가 가장 커요.

사미족
원주민인 사미족은 노르웨이 북부에 수천 명이 살고 있는데 순록을 치고, 물고기를 잡고, 농사를 지어요.

크로스컨트리 스키
겨울이면 노르웨이 대부분은 눈으로 새하얗게 덮여요. 크로스컨트리 스키는 인기 있는 운동이자, 편리한 이동 수단이기도 해요.

- 323,802km²
- 550만 명
- 오슬로
- 노르웨이어, 사미어

노르웨이는 **얼어붙은 빙하**와 **깊은 피오르**(절벽으로 둘러싸인 좁고 깊은 만)들이 장관이에요. **노르웨이 육지의 3분의 2**는 험준한 산지예요. 들쭉날쭉한 긴 해안선을 따라 **작은 섬 5만여 개**가 흩어져 있어요.

덴마크

페로족 전통 가옥
코펜하겐에서 약 1,500킬로미터 떨어진, 북대서양의 화산섬들로 이루어진 페로 제도(181쪽 참조)에서는 잔디 지붕이 눈에 자주 띄어요.

잔디 지붕 덕분에 집은 따스하고, 축축한 날씨의 영향을 덜 받아요.

도시의 즐거움!
1843년에 세워진 코펜하겐의 티볼리 가든은 세계에서 두 번째로 오래된 놀이공원이에요. 많은 놀이기구와 게임을 즐길 수 있어 사람들이 즐겨 찾는 곳이죠.

덴마크 디자인
20세기 덴마크에서는 깔끔하고 단순한 스타일의 건축 및 가구 디자인이 발전했어요. 덴마크 디자이너 아르네 야콥센의 에그 체어가 대표적이에요.

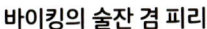

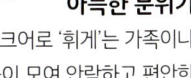

아늑한 분위기
덴마크어로 '휘게'는 가족이나 친구들이 모여 안락하고 편안한 분위기에서 함께 먹고 마시는 아늑한 느낌을 뜻해요.

바이킹의 술잔 겸 피리
바이킹 데인족은 중세 때 스칸디나비아반도에 살았던 해양 민족 중 하나예요. 데인족은 동물의 뿔로 나팔도 불고 술잔으로도 썼어요.

덴마크 전통 샌드위치
덴마크 전통 음식인 스뫼레브뢰는 버터를 바른 호밀빵 위에 고기나 생선 같은 토핑을 얹은 오픈 샌드위치예요.

외레순 다리
스웨덴과 덴마크는 외레순 해협으로 이어져 있어요. 자동차와 기차로 외레순 다리를 달려 스웨덴의 말뫼에서 덴마크의 인공섬까지 가서, 해저 터널을 건너면 코펜하겐에 이르지요.

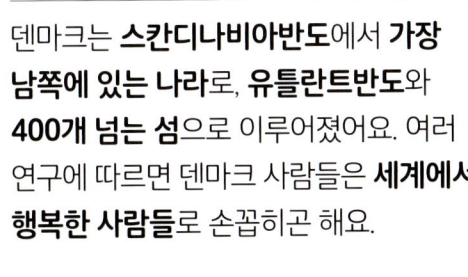

- 43,094㎢
- 590만 명
- 코펜하겐
- 덴마크어

덴마크는 **스칸디나비아반도**에서 **가장 남쪽에 있는 나라**로, 유틀란트반도와 **400개 넘는 섬**으로 이루어졌어요. 여러 연구에 따르면 덴마크 사람들은 세계에서 **행복한 사람들**로 손꼽히곤 해요.

스웨덴

스톡홀름의 중세 구시가지
스웨덴의 수도는 섬 14개로 이루어져 있어요. 그중 한 섬에는 자갈을 깔아 포장한 길과 알록달록한 건물로 유명한 중세 구시가지가 남아 있지요.

알프레드 노벨은 19세기 스웨덴의 발명가이자 화학자이며 기술자였어요.

노벨상
노벨상은 1901년에 생겼어요. 해마다 화학, 물리학, 의학, 문학 및 평화 분야에서 크게 기여한 사람들을 뽑아 상을 줘요.

전통 말 인형 달라
스웨덴에서는 17세기부터 장식용 나무 말을 수공예로 만들어 왔어요. 기념품으로도 팔아요.

케브네카이세산 2,097m

(축척 근삿값)

키루나, 파얄라, 아르비스야우르, 예데데, 빌헬미나, 룰레오, 셸레프테오, 외스테르순드, 외른셸스비크, 우메오, 순스발, 트란스트란드, 볼네스, 보를렝에, 팔룬, 예블레, 칼스타드, 베네른호, 외레브로, 베스테로스, 웁살라, 트롤헤탄, 마리에스타드, 스톡홀름, 고센버그, 보로스, 베테른호, 노르셰핑, 엔셰핑, 린셰핑, 뉘셰핑, 할름스타드, 벡셰, 고틀란드섬, 헬싱보리, 크리스티안스타드, 칼마르, 비스뷔, 말뫼, 칼스크로나, 욀란드섬

솔렌산맥, 라플란드, 노르웨이, 보트니아만, 핀란드, 스카게라크 해협, 덴마크, 발트해

기후 변화 운동
2018년, 겨우 15세였던 그레타 툰베리는 학교에 가는 대신에 스웨덴 의회 의사당 밖에 앉아 기후 변화에 대한 행동을 촉구했어요. 툰베리의 '기후를 위한 학교 파업' 운동은 세계적으로 알려지며 인정을 받았지요.

얼음호텔
1989년에는 스웨덴 북부의 키루나 근처에 세계 최초의 얼음 호텔이 세워졌어요.

순록
체온을 유지하기 위한 두꺼운 털과 먹이를 파내는 강한 발굽을 가진 순록은 이 나라의 추운 산에 잘 적응해서 살아요. 그래서 원주민인 사미족은 수천 마리의 순록을 기르지요.

크라프트스키바
'가재 파티'라는 뜻처럼 전통적인 스웨덴 여름 축제 때, 가족과 친구들이 모여 가재 그림 모자를 쓰고 가재 요리를 먹으며 즐겨요.

- 450,295㎢
- 1,048만 명
- 스톡홀름
- 스웨덴어, 기타 언어 (+5)

북유럽에 있는 스칸디나비아 국가, 스웨덴은 케브네카이세산과 같이 **눈 덮인 산봉우리**가 있는 산부터 **구불구불한 언덕과 민물 호수와 강**, 발트해의 **섬 수천 개**까지 **다양한 자연 풍경**을 자랑해요.

핀란드

거대 통신 회사
1990년대에 핀란드 회사 노키아는 전 세계 통신의 선구자가 되었어요. 노키아 휴대폰은 수백만 대나 팔렸지요.

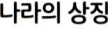
잔 시벨리우스는 우표에 초상이 실리는 영예를 안았어요.

나라의 상징
20세기 핀란드 작곡가 잔 시벨리우스는 「핀란디아」 같은 아름다운 음악 작품을 통해 조국 핀란드가 나라의 정체성을 찾는 데 힘을 보탰어요.

핀란드의 여름
어두침침한 겨울이 지나면, 사람들은 가족과 함께 호숫가의 오두막에서 길고 화창한 여름날을 즐기며 지내요.

유리 장식
핀란드는 고유한 예술과 디자인으로 알려져 있어요. 특히 가구, 조명, 직물 그리고 이 유리 새와 같은 유리 제품 분야가 유명하지요.

북부의 라플란드에는 전설 속 산타클로스가 사는 마을이 있어요.

그랑프리 챔피언
포뮬러 원 드라이버인 키미 래이쾨넨은 그랑프리 경주에서 21회 우승했어요.

2007년 호주 그랑프리에서 키미 래이쾨넨이 우승 트로피를 들어 올렸어요.

개 썰매 몰이꾼들은 목소리만으로 개들을 어르고 달래요.

헬싱키는 반도에 있어요.

개 썰매
겨울철에 핀란드 시골은 개 썰매를 타기에 아주 좋아요. 어른이든 아이든 썰매 타기를 즐길 수 있지요. 예전에는 개들이 눈밭을 달려 물건이나 사람을 나르는 일에 쓰였어요.

- 338,145㎢
- 555만 명
- 헬싱키
- 핀란드어, 스웨덴어, 사미어

핀란드는 **스칸디나비아반도의 동쪽 끝**에 있으며, 러시아와 이웃해요. **영토의 4분의 3**이 숲으로 덮여 있어요. 유럽에서 **가장 숲이 빽빽하게 우거진 나라**예요. 호수도 약 **18만 8,000개**나 있어요.

리투아니아

홍부리황새
리투아니아의 나라새는 홍부리황새예요. 이 황새의 둥지가 전국에 2만 2,000개 넘게 있어요.

성 요나스 축제
6월 24일에 한여름을 맞이하는 하지 축제가 열리면, 리투아니아 사람들은 화관을 머리에 쓰고서 노래하고 춤추며 여름을 즐겨요.

트라카이섬의 성
갈베호 안에 있는 한 섬에는 그림같이 아름다운 성이 있어요. 이 섬은 다리 두 개로 육지와 연결되어있어요.

리투아니아는 **발트해** 남동쪽에서 **가장 큰 나라**예요. 유럽에서 마지막으로 기독교를 받아들인 나라이기도 해요. **1991년**에 에스토니아, 라트비아처럼 러시아로부터 독립했어요.

- 65,300km²
- 283만 명
- 빌뉴스
- 리투아니아어, 러시아어

라트비아

전설에 따르면 라트비아 병사가 흘린 피로 물든 시트를 바탕으로 만들어진 국기예요.

활기찬 리가
수도 리가의 중심지에는 중세 때 만들어진 구시가지가 있어요. 매우 아름다운 건축물과 분주한 시장으로 유명해요.

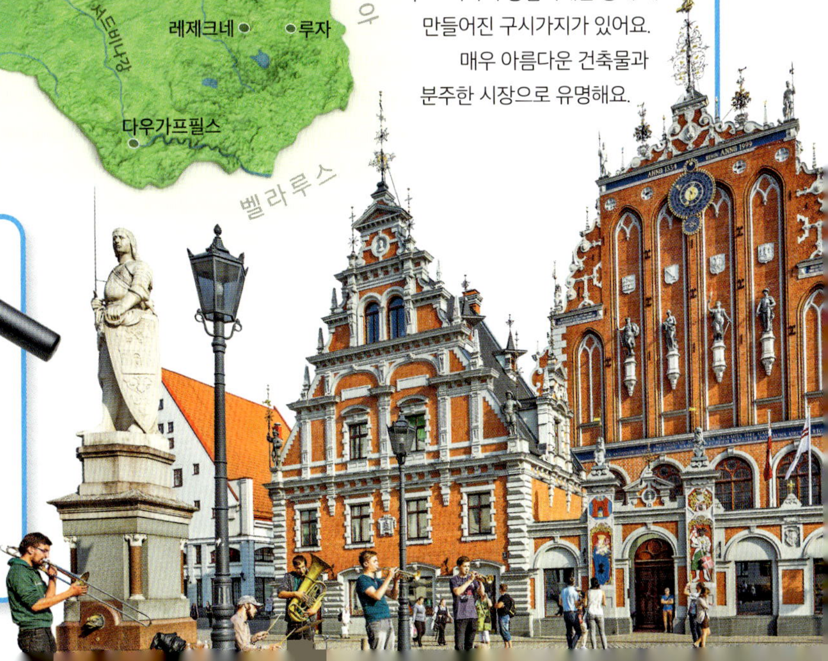

라트비아의 상징
라트비아의 나라꽃은 데이지예요. 여름철 들판에서 자라며, 장식과 꽃다발에 많이 쓰여요.

라트비아는 **숲**, **해변**, 그리고 유럽에서 가장 넓은 **벤타 폭포**(폭 249~275미터)로 유명해요. 북서쪽에 있는 **벤츠필스**는 **발트해**에서 가장 **붐비는 항구 도시** 중 하나예요.

- 64,589km²
- 188만 명
- 리가
- 라트비아어, 러시아어

폴란드

유럽들소
1921년에 유럽들소는 너무 많이 사냥당해 멸종될 지경이었지만, 폴란드에서, 특히 비아워비에자 숲에서 수를 늘리는 데 성공했어요.

흰꼬리수리
폴란드를 상징하는 나라새는 흰꼬리수리예요. 이 큰 바다 독수리는 폴란드의 문장에 왕관을 쓴 모습으로 그려져요.

성체 성혈 대축일
작은 마을인 워비치에서는 가톨릭의 축일인 이날에 성직자들이 십자가를 들고 행진하고, 소녀들은 꽃잎을 던지고, 가족들이 모여 즐거운 산치를 벌여요.

다시 태어난 바르샤바
폴란드의 수도 바르샤바는 제2차 세계 대전 때 혹독하게 파괴되었지만, 유서 깊은 구시가지가 다시 세워지고, 옆에서는 현대적인 신시가지가 북적거리며 발전하고 있어요.

브로츠와프는 오데르강을 끼고 있는 도시예요.

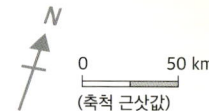

인어
이 인어상은 바르샤바를 대표하는 상징이에요. 전설에 따르면 폴란드어로 인어를 뜻하는 '시렌카'가 비스와강을 거슬러 바르샤바로 갔다가 사로잡혔다고 해요. 이 인어가 칼과 방패를 든 모습으로 바르샤바의 문장에 나와요.

중부 유럽에 있는 큰 나라인 폴란드는 일곱 나라와 발트해에 둘러싸여 있어요. 폴란드의 **북부**와 **중부**에는 **드넓은 평야**가 있지만, **남부**에는 높은 **카르파티아산맥**이 슬로바키아와의 국경을 이루며 솟아 있어요. 폴란드의 **주요 산업**은 **농업**, **광업**, **제조업**과 **조선업**이에요.

- 312,685 km²
- 3,756만 명
- 바르샤바
- 폴란드어

스위빈스키 국립 공원
발트해 연안에 있는 이 국립 공원은 거센 바람 때문에 모래 언덕들이 움직이며, 몇백 년 전의 숲의 흔적을 드러내는 것으로 유명해요.

전통 만두
폴란드에서 인기 있는 피에로기는 삶은 감자와 튀긴 양파 등으로 다양하게 속을 넣어 만드는 매우 맛있는 만두예요.

비엘리치카 소금 광산
크라쿠프 외곽에 있는 비엘리치카 소금 광산에서는 약 700년 동안 식용 소금을 생산했어요. 1996년에 채굴이 중단된 뒤, 지금은 유네스코 세계 문화유산으로 지정되어, 소금을 조각해서 만든 웅장한 성 킹가 성당 등 유서 깊고 멋진 곳을 보러 수백만 명이 찾아오는 관광지예요.

바벨성
14세기에 카지미에시 3세가 살던 성으로, 중세의 중심지이자 유대인 거주지로 유명한 남부 도시 크라쿠프를 내려다보고 있어요.

바벨성에는 바벨 대성당과 지기스문트 예배당이 있어요.

- **지리:** 폴란드에서는 **숲**, **산**, **호수**, **강**, **해변** 등 다양한 풍경을 즐길 수 있어요.
- **역사:** 제2차 세계 대전 후, 폴란드는 공산주의 러시아(소련)와 동맹을 맺었어요. **1989년**에는 **독립 공화국**이 되었지요.
- **문화:** 지역 민속에 바탕을 둔 전통을 지키며, **로마 가톨릭교**와 관련된 종교 축제가 자주 열려요.
- **자연 경관:** 폴란드에는 유럽에서 가장 **크고 오래된** 숲 중 하나인 광대한 **비아워비에자 숲 국립 공원**이 있어요.
- **야생 동물:** 곰은 드물지만 **늑대**, **들소**, **멧돼지**, **큰사슴**, **여우**를 볼 수 있어요. **홍부리황새**와 **독수리** 같은 새들도 있지요.
- **음식 및 음료:** 인기 있는 폴란드 요리는 **만두**, **스튜**, **소시지**예요. 양배추를 소금에 절여 발효시켜 만든 **사워크라우트**를 곁들여 내곤 해요.

독일

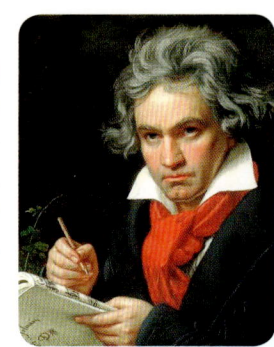

베토벤
18세기 독일의 작곡가 루트비히 판 베토벤은 많은 위대한 음악 작품으로 기억돼요. 요한 제바스티안 바흐와 요하네스 브람스도 유명한 독일 작곡가예요.

검은 숲
상록수와 아름다운 호수들이 있는 슈바르츠발트는 널리 사랑받는 지역이에요. 멀리서 보면 거의 검은색에 가깝게 빽빽한 침엽수에서 '검은 숲'이란 이름이 나왔어요.

축구 팬
독일에서 가장 인기 있는 스포츠는 축구예요. 독일 대표팀은 월드컵에서 네 번이나 우승했어요.

노이슈반슈타인성
19세기에 바이에른 왕국의 루트비히 2세는 작곡가 리하르트 바그너를 기리기 위해 뮌헨 근처에 성을 짓게 했어요. 그 결과 탑과 포탑이 뾰족뾰족 서 있는 동화 속 성 같은 노이슈반슈타인성이 탄생했지요.

디즈니랜드에 있는 '잠자는 숲속의 미녀 성'은 노이슈반슈타인성을 본떠 지은 거예요.

유럽에서 **네 번째로 큰 나라**인 독일은 이 대륙의 북서쪽에 있어요. 자동차, 전자, 기계를 비롯한 많은 상품과 서비스를 수출하며 **번성한 산업** 규모 덕분에 유럽에서 가장 큰 **경제 대국**이에요. 독일에서는 숲과 산에서 강과 계곡까지 다양하고 **아름다운 풍경**을 볼 수 있어요.

- 357,022㎢
- 8,407만 명
- 베를린
- 독일어, 튀르키예어

풍력 발전
독일에는 풍력 발전소가 매우 많아요. 풍력 발전기는 현재 3만 기 넘게 세워졌고, 앞으로 더 늘어날 거예요.

아름다운 베를린
독일의 수도인 이곳은 1961년부터 1989년까지 베를린 장벽으로 나뉘어졌던 격변의 시기를 거쳤어요. 오늘날에는 미술관, 박물관, 식당, 베를린 국립 오페라 극장 등 즐길 거리가 많은 도시로 유명해요.

베를린은 13세기에 세워졌고 오늘날 독일에서 가장 큰 도시예요.

독일 민담
야콥과 빌헬름 그림 형제는 18세기에 『그림 형제 동화집』을 출판했어요. 민담을 모은 이 동화집에는 「백설공주」, 「잠자는 숲속의 공주」, 「헨젤과 그레텔」 등이 실렸어요.

자동차 생산
폭스바겐, BMW, 아우디, 포르쉐, 메르세데스 벤츠 등 유명 자동차 제조사들이 모여 있는 독일은 고급 자동차 제조 분야에서 세계에서 으뜸이에요.

아코디언은 독일에서 인기 있는 전통 악기예요.

옥토버페스트
해마다 9월 말에서 10월 초까지 뮌헨에서 열리는 민속 축제로 전 세계에서 수백만 명이 몰려와요. 옥토버페스트에서는 풍성한 음식과 맥주, 음악, 퍼레이드로 바이에른의 역사를 축하해요.

- **지리:** 북부는 **평지**로 북해에 닿아 있고, 중부와 남부에는 **고원, 숲, 강**들이 있어요.
- **역사:** 독일은 제2차 세계 대전 후에 **동독**과 **서독**으로 나뉘었어요. 두 나라는 1989년에 **통일**을 이루었어요.
- **문화:** '시인과 철학자의 나라'로 알려진 독일은 **예술, 철학, 문학** 분야에서 인정받아요.
- **자연 경관:** 슈베비셰알프 산지에 있는 **우라흐 폭포**와 바이에른에 있는 **쾨니히스제 호수**는 독일에서 가장 경치 좋은 곳으로 꼽혀요.
- **야생 동물:** 남쪽의 자연 보호 구역에는 **들고양이**와 **아이벡스**가 어슬렁거리고, 북쪽 해안은 **물고기**와 **바닷새**들로 가득해요.
- **음식 및 음료:** 소시지와 다양한 **빵**들로 유명하며, 고급 **포도주**와 **맥주**도 빚어요.

벨기에

나토
브뤼셀에 본부를 둔 북대서양 조약 기구(NATO, 나토)는 유럽과 북아메리카 대륙의 29개국이 맺은 군사 동맹이에요.

안트베르펜은 세계의 다이아몬드 원석과 가공한 보석이 거래되는 중심지예요.

벨기에 초콜릿
벨기에는 프랄린과 트러플 같은 종류의 초콜릿을 세계에서 가장 많이 수출하는 나라예요.

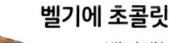

땡땡
『땡땡의 모험』을 그린 벨기에 만화가 에르제의 만화책들은 1930년부터 지금까지 2억 권 넘게 팔렸어요.

높이 걷기
브뤼셀에서는 예전에는 홍수 때문에 죽마를 타고 다녀야 했지만 지금은 축제 때 재미로 타고 행진해요.

아토미움
높이가 102미터에 이르는 아토미움은 브뤼셀의 상징적인 기념물이자 박물관이에요. 아홉 개의 구체는 1,650억 배로 확대한 철의 원자 구조를 나타내요.

- 30,528㎢
- 1,166만 명
- 브뤼셀
- 네덜란드어, 프랑스어, 독일어

벨기에의 대부분은 평평한 **평지**이지만 남쪽은 **바위**가 많고 **숲**이 우거져 있어요. 이 나라는 세계에서 가장 **인구 밀도가 높은 나라** 중 하나이며, **운하**와 **초콜릿** 덕분에 수백만 명의 관광객이 찾아오는 곳이지요.

프랑스

파리는 프랑스 북부를 흐르는 센강을 끼고 있어요.

에드가 드가
이 청동 조각상은 19세기 프랑스 예술가 에드가 드가의 작품이에요. 드가는 파스텔과 회화를 비롯해 발레 무용수들에 대한 사실적인 연구로 유명해요.

카페 문화
프랑스어로 '카페'는 커피라는 뜻이에요. 이 파리 카페는 예술가들과 사상가들이 만나 새로운 생각을 주고받은 곳으로 유명하지만, 대부분의 손님들은 커피를 마시며 지나가는 사람들을 구경해요.

각 구간이 끝나면, 경주가 시작된 뒤로 전체 기록이 가장 빠른 선수가 노란색 저지를 입어요.

투르 드 프랑스
해마다 열리는 이 힘겨운 자전거 경주는 1903년에 처음 열렸어요. 3주 동안 3,500킬로미터에 이르는 21구간을 달려야 해요.

샹보르성
16세기에 왕실의 사냥용 별궁으로 오를레앙 근처에 지어진 이 성은 방이 400개가 넘어요. 프랑스의 귀족들은 전통적으로 이런 성에 살았어요.

프랑스는 서유럽에서 **가장 큰 나라**예요. 프랑스 본토는 생김새를 따라 별명이 **육각형**이며, 코르시카섬은 유명한 지도자 **나폴레옹**이 태어난 곳으로 알려졌어요. 수도인 **파리**에는 약 **2,000만 명의 방문객**이 찾아와요.

- 643,801 km²
- 6,793만 명
- 파리
- 프랑스어, 기타 언어 (+5)

파쿠르
파쿠르는 1980년대에 파리 교외에서 시작된 스포츠예요. 달리고, 점프하고, 기어오르며 도시에서 온갖 장애물을 활용해 자유롭게 이동하는 기술이지요.

헐렁한 옷을 입어야 자유롭게 점프하고 움직일 수 있어요.

코트다쥐르
칸, 니스, 생트로페 같은 아름다운 휴양 도시들이 지중해 연안을 따라 자리해요. 이 지역은 '쪽빛 해안'을 뜻하는 코트다쥐르라는 이름으로 잘 알려져 있어요.

달콤한 간식
크루아상, 에클레어, 마카롱과 같은 프랑스의 페이스트리와 과자는 세계적으로 유명해요.

마카롱은 아몬드 머랭을 구워 가운데에 버터크림이나 잼을 바른 과자예요.

에펠탑
프랑스 엔지니어 귀스타브 에펠이 설계한 에펠탑은 1889년에 파리에 세워졌어요. 높이가 324미터인 이 탑은 1931년까지 세계에서 가장 높은 건축물이었지요.

패션의 수도
파리는 오랫동안 세계 패션의 수도로 불렸어요. 1920년 코코 샤넬(오른쪽)이 세운 샤넬을 비롯해 대형 디자인하우스가 많아요.

프랑스 향수 산업
니스 근처의 작은 도시인 그라스에서 조향사가 처음으로 꽃에서 향을 추출한 뒤부터, 프랑스는 향수로 유명해요.

해바라기 재배
해바라기는 프랑스 남부 전역에서 재배돼요. 커다란 꽃을 따서 씨앗을 털어 기름을 짜지요.

지리: 프랑스는 남쪽의 **피레네산맥**과 남동쪽의 알프스산맥이 국경을 이루며, **대서양**과 **지중해** 연안에 있어요.

역사: 프랑스는 **왕이 다스리는 나라**였지만 1789년 **프랑스 혁명**으로 군주제가 무너지면서 1792년에 처음으로 **공화국**이 되었어요.

문화: 예술, 문학, 영화, 철학 분야에서 **앞서가는** 프랑스에는 파리의 **루브르** 박물관과 같은 세계적인 박물관이 있어요.

음식 및 음료: 요리와 **고급 포도주**를 즐기는 프랑스는 **지역 특산 치즈**가 다양하기로 유명해요.

에스파냐

무어인들의 궁전
알람브라 궁전은 그라나다시에 있는 요새화된 웅장한 궁전이에요. 1491년까지 에스파냐의 일부를 점령했던 북아프리카에서 온 무슬림 정착민인 무어인들이 세웠어요.

카나리아 제도
북서 아프리카 해안에 있는 에스파냐령 군도로서, 7개의 화산섬으로 이루어졌어요.

격렬한 플라멩코
플라멩코 춤은 에스파냐 남부 안달루시아에서 시작되었어요. 부드럽고 복잡한 팔놀림, 리듬 넘치는 발구르기와 손뼉이 특징이며, 캐스터네츠로 장단을 맞추기도 해요.

해산물 요리
동부 발렌시아 지방에서 처음 만들어진 파에야는 이제 에스파냐 어디서나 인기가 있어요. 화덕에 넓고 얕은 팬을 올리고 쌀, 해산물, 채소를 넣어 볶은 뒤 끓이는 요리예요.

라 사그라다 파밀리아 대성당
바르셀로나에 있는 이 독특한 교회는 건축가 안토니 가우디가 설계했어요. 1882년에 첫 삽을 떴는데, 2026년 완공을 목표로 아직도 짓고 있지요.

에스파냐는 북쪽의 **피레네산맥**으로 다른 유럽 지역과 구분돼요. 남쪽으로는 **지브롤터 해협** 너머의 모로코와 겨우 **13킬로미터** 거리예요. 에스파냐는 특색이 있는 **자치주 17개**로 나뉘어요. **670미터** 높이에 있어서 **유럽에서 가장 높은 수도**인 **마드리드**는 나라 한가운데에 자리하지요. 지중해에 있는 **발레아레스 제도**와 남쪽으로 멀리 대서양에 있는 **카나리아 제도**도 에스파냐 영토예요.

테니스 챔피언
에스파냐의 전설 라파엘 나달은 메이저 대회 남자 단식에서 22번 우승했고 그랜드슬램을 달성했어요.

대성당 해변
에스파냐 북서부의 히혼 서쪽에 있는 이 해변에는 암석이 바람과 파도로 침식되면서 장엄한 대성당 아치를 닮은 형태가 된 바위가 있어요.

발렌시아 파야스 축제
해마다 발렌시아 지역에서 열리는 이 축제는 퍼레이드, 음악, 불꽃놀이로 목수들의 수호성인인 성 요셉을 기려요. 동네마다 안에 폭죽을 넣은 '파야스'라는 커다란 조각을 만들고, 축제가 끝날 무렵 모두 태우지요.

파야스의 재료는 종이와 나무예요.

이비사섬
이비사섬은 발레아레스 제도에서 세 번째로 큰 섬으로, 아름다운 해변과 신나는 밤놀이로 유명해요.

올리브기름
에스파냐는 세계 올리브유 생산량의 절반가량을 만들어 왔어요. 올리브유를 세계에서 가장 많이 생산하는 나라예요.

야생 고양이
이베리아스라소니는 에스파냐 남부의 산에서 살아요. 한때 멸종 위기를 겪던 이 외로운 고양이과 동물은 보전 활동 덕분에 위험에서 벗어났어요.

- 505,196㎢
- 4,761만 명
- 마드리드
- 에스파냐어, 카탈루냐어, 갈리시아어, 바스크어

지리: 산악 국가인 에스파냐는 중앙에 **평야**가 있고, **북부**는 습하고 식물이 많이 자라며, **남부**는 덥고 건조해요.

역사: 에스파냐는 **1936년**부터 **1939년**까지 **내전**으로 분열했고, 그 뒤 **독재자**의 지배를 받다가 **1975년**에 **군주제**와 **민주주의**가 회복되었어요.

문화: 에스파냐 어디서나 일 년 내내 **지역 축제**가 열리고 종교 축제도 많아요. **부활절**은 '**성주간**'으로 기념되지요.

음식과 음료: 에스파냐에는 **해산물**과 **고기 요리**가 풍부하지만 간단히 먹기 좋게 **작은 접시에 내는** 다양한 음식 **타파스**도 인기가 높아요.

포르투갈

리스본의 전차
헤모젤라도라고 알려진 밝은 노란색 트램은 1930년대에 처음 운행한 전차예요. 지금도 여전히 승객들을 태워 리스본의 복잡하고 때로 가파른 길들을 오가요.

마데이라 꽃 축제
해마다 봄이면 포르투갈 마데이라섬에서 화려한 꽃 축제가 열려요. 사람들은 곱게 꽃으로 단장하고 꽃마차도 장식해서 푼샬의 거리를 행진해요.

크리스티아누 호날두
포르투갈 마데이라 태생의 이 스트라이커는 세계에서 가장 유명한 축구선수로 손꼽혀요. 그는 유러피언 골든슈를 네 번, 축구 선수라면 누구나 받고 싶어 하는 발롱도르상을 다섯 번 받았어요.

매우 높은 파도
레이리아의 서쪽 해안인 나자레의 해변에는 어마어마하게 큰 파도들이 몰려와요. 해마다 이곳에서 열리는 서핑 대회는 파도타기를 즐기는 서퍼들에게 엄청난 시험대예요.

2018년에는 높이 24미터짜리 파도가 밀려와서 파도타기 역사에 기록되었어요.

리스본은 유럽 대륙에서 가장 서쪽에 있는 수도예요.

유럽의 **이베리아반도**에 에스파냐와 나란히 있는 포르투갈에는 **대서양**을 따라 바람이 몰아치는 기나긴 **해안선**이 뻗어 있어요. **15세기**에서 **16세기**에 **탐험가**들은 **미지의 땅**을 찾기 위해 배를 띄우고 유럽의 남서쪽 끝인 **상비센테곶**(세인트빈센트곶)을 지나 계속 항해했지요. 거의 1,000킬로미터 넘게 떨어진 대서양에도 포르투갈의 영토인 **마데이라 제도**와 **아조레스 제도**가 있어요

- 92,090㎢
- 1,037만 명
- 리스본
- 포르투갈어

포르투갈의 섬들
대서양에 있는 포르투갈령 마데이라 제도와 아조레스 제도는 화산 폭발로 생겼어요.

장식 타일
아줄레주(포르투갈어로 아술레호스)는 포르투갈의 채색 타일이에요. 주로 파란색으로 그려진 이 타일로 건물 안팎을 장식하곤 했어요. 포르투의 상벤투 기차역은 아술레호스로 포르투갈 역사를 묘사한 벽이 유명해요.

카사 다 무지카
2005년 포르투에서 독특하게 생긴 카사 다 무지카 콘서트 홀이 문을 열었어요. 1,300여 명의 관객이 들어갈 수 있어요.

이 건물은 날카롭게 각진 노출 콘크리트 벽이 특징이에요.

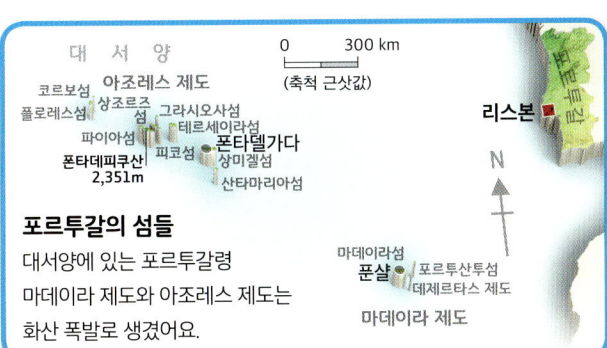

항해왕 엔히크 왕자는 포르투갈이 '대항해 시대'를 여는 데 큰 역할을 했어요.

포르투갈 수탉
포르투갈의 전설에 따르면, 수탉은 행운을 가지고 온다고 해요. 포르투갈 어디에서나 알록달록한 수탉 모양 장식을 기념품으로 팔아요.

대항해 시대 기념비
리스본 해안에 있는 이 유명한 기념비는 탐험가, 지도 제작자, 과학자들이 미지의 땅을 찾기 위해 바다로 떠나기 시작한 15세기 포르투갈의 '대항해 시대'에 활약했던 주요 인물들을 기려요.

팔라시오 다 페나
높은 언덕 위에 세워진 밝고 화사한 색의 페나 궁전은 리스본 서쪽에 있는 도시, 신트라를 내려다보고 있어요.

- **지리:** 포르투갈은 **850킬로미터** 넘는 **해안선**이 있어요. 북쪽은 **바위**가 많고, 남쪽은 대부분 **농경지**예요.
- **역사:** 한때 세계를 호령한 제국을 다스리던 **군주제**는 1910년 **혁명**으로 무너졌고, 포르투갈은 **공화국**이 되었어요.
- **문화:** 애절한 노래를 기타 반주로 부르는 **전통 음악**인 **파두**가 유명해요. 또한 종교와 관련 있는 인기 축제들이 많이 열려요.
- **자연 경관:** 레이리아 근처의 **미라 데 아이르 동굴**과 마데이라섬의 원시 **월계수 숲**은 무척 아름다워요.
- **야생 동물:** 산에서는 **이베리아늑대**와 **스라소니**가, 시골에서는 **멧돼지**와 **사슴**이 돌아다녀요. 대서양에서는 **돌고래**들이 헤엄치지요.
- **음식 및 음료:** 포르투갈은 달콤한 **에그 타르트**와 소금에 절인 대구, **정어리 구이** 같은 **해산물 요리**로 유명해요.

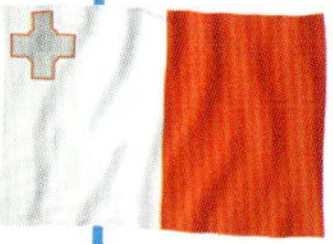

몰타

몰타의 금속 세공
장인들은 매우 가느다란 금실과 은실로 섬세한 보석들을 엮어 장식을 만들어요. 이런 전통 금속 세공 기술을 선조라고 해요.

몰타의 선조 세공품 중에는 뾰족한 부분이 여덟 개인 십자가 모양이 많아요.

알록달록한 배
바다낚시로 인기 있는 어촌인 마르사실로크에 가면 몰타의 알록달록한 고깃배가 있어요. 이 배들은 루주라고 불러요.

블루 라군
작은 섬들 켐무나섬과 켐무네트섬 사이에 있는 맑은 청록색 물이 아름다운 만은 수영이나 스노클링을 하는 사람들에게 인기가 높아요.

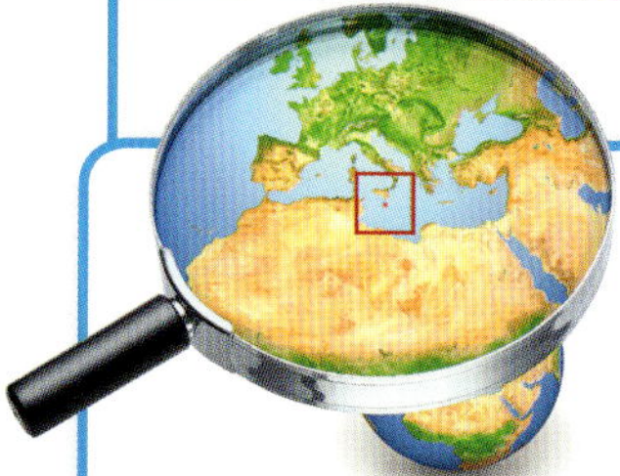

- 316㎢
- 523,000명
- 발레타
- 몰타어, 영어

몰타는 **몰타섬**, **고조섬**, **켐무나섬**과 다른 **작은 섬들**로 이루어졌어요. 이 **군도**는 **페니키아**, **로마**, **영국**과 같은 **외국의 지배**를 받은 역사가 있어요.

룩셈부르크

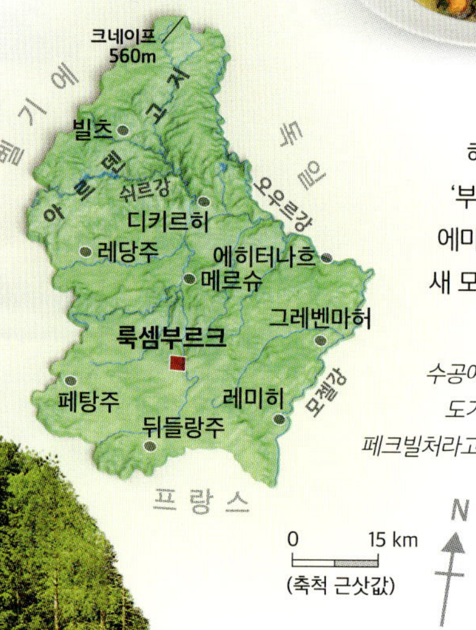

담치 마리니에르
룩셈부르크는 내륙 국가지만, 백포도주와 샬롯을 넣은 마리니에르 소스에 익힌 담치 요리의 인기가 높아요.

바위 위의 요새
11세기에서 14세기 사이에 지어진 이 웅장한 성은 룩셈부르크 북부의 비안덴 마을 위쪽에 우뚝 서 있어요.

새의 휘파람
해마다 부활절 다음 날인 '부활절 월요일'에 열리는 에마이셴 축제를 즐기려면 새 모양의 피리가 필요해요.

수공예로 만든 도기 피리는 페크빌처라고 불러요.

- 2,586㎢
- 65만 명
- 룩셈부르크
- 룩셈부르크어, 독일어, 프랑스어

육지로 둘러싸인 룩셈부르크는 **유럽의 작은 나라**이지만, 세계에서 부유한 나라에 속해요. **금융**과 **보험**, 점점 늘어나는 **온라인 사업**들 덕분에 경제 강국이지요.

안도라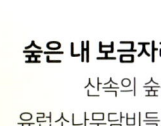

유럽

원형 탑은 12세기에 세워졌어요.

역사가 긴 교회
수도 근처의 산타 콜로마 단도라는 안도라에서 매우 오래된 교회 중 하나예요. 8세기에 세워졌어요.

숲은 내 보금자리
산속의 숲은 유럽소나무담비들의 보금자리예요. 이들은 작은 포유류와 새를 먹고 살아요.

안도라라베야는 해발 1,023미터 높이에 있어요.

마드리우-페라피타-클라로 계곡
안도라라베야 근처에 있는 이 웅장하고 가파른 계곡은 빙하에 깎여 만들어진 곳이에요. 안도라 영토의 거의 10퍼센트를 차지하지요.

- 468㎢
- 79,800명
- 안도라라베야
- 에스파냐어, 카탈루냐어, 프랑스어, 포르투갈어

프랑스와 에스파냐 사이에 있는 **피레네산맥**의 높은 곳에 작은 나라인 안도라가 자리해요. **트레킹**과 **스키**를 즐기고, **오래된 교회들을** 보려는 관광객들이 많이 찾아오는 곳이에요.

모나코

모나코 그랑프리
해마다 모나코에서는 포뮬러 원(F1), GP2 경주와 같은 그랑프리 경기를 열기 위해 거리 일부를 완전히 비워요.

반짝이는 해안
모나코에서 가장 유명한 장소는 몬테카를로예요. 화려한 항구를 끼고 있으며 카지노와 호화로운 호텔들이 늘어선 지역이지요.

- 2㎢
- 36,500명
- 모나코
- 프랑스어, 영어, 모나코 방언, 이탈리아어

프랑스 남동부의 **지중해 연안**인 **리비에라** 지역에 세계에서 **두 번째로 작은 나라**인 모나코가 있어요. 소득세가 없기 때문에 세계의 **대단한 부자**들이 이곳에 많이 살아요.

이탈리아

피자
토마토와 모짜렐라 치즈와 맛있는 토핑을 납작한 반죽에 얹어 구운 이 유명한 음식은 18세기 나폴리에서 시작되었어요.

이탈리아에서 두 번째로 큰 도시인 밀라노는 패션, 디자인, 산업의 중심지예요.

폼페이 유적
기원후 79년, 지금의 나폴리 근처에 있는 베수비오 화산이 분화해서 폼페이를 화산재로 뒤덮었어요. 오늘날 폼페이에 가면 마치 고대 로마에 들어선 듯해요.

베스파 스쿠터
이탈리아, 하면 떠오르는 모터스쿠터는 젊은이들에게 인기가 높아요. 로마와 같은 복잡한 도시의 차들 사이를 요리조리 헤치며 달려요.

콜로세움
로마 제국에서 가장 큰 원형 경기장은 콜로세움이었어요. 검투사들이 피비린내 나는 싸움을 하던 이 웅장한 경기장은 지금도 여전히 로마에 우뚝 서 있어요.

미켈란젤로
이탈리아 르네상스 시대의 예술가인 미켈란젤로는 이 모세상을 조각하여 1515년경에 완성했어요.

안경도롱뇽
이탈리아 남부에서만 발견되는 이 양서류는 천적이 다가오면 붉은 배를 내보이며 자신에게 독이 있다고 경고해요.

- 301,430㎢
- 5,885만 명
- 로마
- 이탈리아어, 기타 언어 (+4)

장화 모양의 이탈리아는 800킬로미터를 뻗어 **지중해**와 만나며, 해안선은 거의 7,500킬로미터에 이르는 반도예요. **로마**, **피렌체**, **밀라노**와 같은 **대도시**들은 **역사적인 예술**과 **건축**의 중심지로 유명해요.

이탈리아 포도밭
이탈리아의 20개 주 어디에나 포도밭이 있고, 그곳에서 자란 포도로 빚은 포도주는 이탈리아의 주요 수출품 중 하나예요.

섬과 운하의 도시
베네치아는 이탈리아 북부의 석호에 있는 섬 118개를 약 400개의 다리로 연결한 도시예요. 사람들은 곤돌라와 모터보트를 타고 이 도시의 운하를 오가요.

레오나르도 다빈치
이탈리아의 예술가인 레오나르도 다빈치는 15세기에 비행기를 고안해서 설계한 과학자이자 발명가이기도 해요.

탬버린은 이 춤에서 매우 중요해요.

타란텔라춤
남녀가 함께 추는 민속춤인 타란텔라는 발동작이 빠르고 신나요. 전설에 따르면, 독거미인 타란툴라에게 물리면 춤을 격하게 춰 독을 빼냈던 데서 유래했다고 해요.

파르미지아노 레지아노
견과류 맛이 나는 것으로 유명한 이 딱딱한 치즈를 갈아서 파스타와 쌀 요리에 뿌리면 풍미가 한층 진해져서 맛있어요.

이탈리아 그랑프리
포뮬러 원 경주로서 1921년부터 밀라노 북쪽에 있는 몬차 근처의 경주로에서 열리고 있어요. 이탈리아의 스쿠데리아 페라리는 20승을 거두어 이 경주에서 가장 많이 승리한 팀이에요.

피사의 사탑
높은 쪽이 55.9미터인 이 상징적인 탑은 1173년부터 약 200년간 지어졌는데, 공사 중에 기울어지기 시작했어요.

- **지리:** 이탈리아반도는 북쪽의 **알프스 산맥**에서 **남쪽**의 **시칠리아섬**까지 길게 뻗어 있어요.

- **역사:** 한때 **로마 제국**의 중심이었던 이탈리아는 **중세** 때 여러 **도시 국가와 왕국으로 분열**되었다가 **1861년**에 **통일 국가**가 들어섰어요.

- **문화:** 고대 및 **르네상스 예술**과 **건축**으로 유명한 이탈리아는 **오페라의 탄생지**이며, 지금은 **영화**와 **패션**으로 유명해요.

- **음식 및 음료:** 이탈리아는 **파스타**, **토마토**, **올리브기름**, **생선**을 재료로 하는 **건강식**이 유명해요. 그 외에도 지역마다 그 땅의 농산물을 이용한 **특색 있는 음식**이 많아요.

바티칸 시국

천장의 이 그림은 신이 최초의 인간인 아담을 창조하는 장면을 나타내요.

바티칸 정원
바티칸 시국 영토의 절반 이상을 차지하는 정원 겸 공원에는 많은 조각상과 분수, 교황과 황제들의 묘가 있는 지하 공간이 있어요.

시스티나 예배당
시스티나 예배당은 15세기에 바티칸 궁전에 지어졌어요. 예배당의 천장에는 이탈리아 예술가 미켈란젤로가 1512년에 완성한 거대한 벽화가 있지요.

스위스 근위대
전통 제복을 입은 무장 경비병들이 16세기부터 교황과 바티칸 시국을 지키고 있어요.

할버드는 스위스 근위대가 드는 제식용 무기예요.

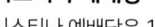

프란치스코 교황
1936년 아르헨티나에서 태어난 프란치스코 교황은 현재 세계 가톨릭교회 전체를 다스려요.

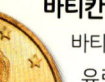
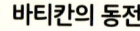
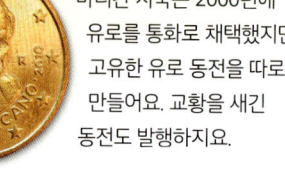

바티칸의 동전
바티칸 시국은 2000년에 유로를 통화로 채택했지만, 고유한 유로 동전을 따로 만들어요. 교황을 새긴 동전도 발행하지요.

성 베드로 광장
성 베드로 광장에는 최대 30만 명이 모여 교황의 연설을 들을 수 있어요. 이 광장은 가톨릭에서 초대 교황으로 여기는 성 베드로의 이름을 땄어요.

성 베드로 대성당은 이탈리아어로는 산 피에트로 대성당이라고 해요.

- 0.44km²
- 1,000명
- 없음.
- 이탈리아어, 라틴어

세계에서 **가장 작은 나라**인 바티칸 시국은 이탈리아의 수도 로마 안에 있어요. 이 도시 국가에는 **로마 가톨릭교회**의 **최고 지도자**인 **교황**이 사는 바티칸 궁전이 있어요.

산마리노

피아디나
산마리노에서는 '피아디나'라는 이탈리아식 플랫브레드를 즐겨요. 얇고 납작한 빵에 맛있는 치즈와 고기를 올리고 반으로 접어 먹지요.

우표
산마리노는 1877년부터 고유의 우표를 만들고 있어요. 수집가들은 산마리노의 우표들을 매우 귀하게 여기지요.

산마리노는 자갈로 포장한 길들이 있는 중세 도시예요.

과이타 요새
티타노산 꼭대기에서는 11세기에 지어진 과이타 요새가 산마리노 시가지를 내려다보고 있어요.

- 61km²
- 34,232명
- 산마리노
- 이탈리아어

산악 국가인 산마리노는 전 국토가 이탈리아에 둘러싸인 **내륙국**이자, 세계에서 다섯 번째로 **작은 나라**예요. 유럽에서 **가장 오래된 공화국**으로, 공화정의 정치 체제를 담은 헌법이 무려 1600년에 채택되었어요.

리히텐슈타인

안드레아스 벤첼
이 나라에서 가장 유명한 운동선수는 올림픽과 월드컵에 참가한 스키 선수 안드레아스 벤첼이에요.

- 160km²
- 39,327명
- 파두츠
- 독일어, 알레만어 방언, 이탈리아어

오스트리아와 스위스 사이에는 **작은 나라**인 리히텐슈타인이 있어요. **산비탈**과 **고산 마을**, **숲**, **중세의 성**들이 있는 곳으로 유명해요.

만발하는 봄꽃
온화한 기후 덕분에 봄과 여름이면 야생화가 피어나 리히텐슈타인 고산 지대의 초원을 수놓아요. 야생화 중에는 푸른색 용담과 노란색 금매화도 있지요.

스위스

알파인 아이벡스
아이벡스는 스위스 알프스산맥의 바위투성이 산비탈에서 살아요. 야생 염소의 친척으로 발굽이 가장자리는 뾰족하고, 안쪽은 부드러워 바위에 잘 붙어서 절벽을 잘 타요.

마테호른
피라미드처럼 위쪽이 뾰족한 마테호른은 높이가 4,478미터예요. 알프스산맥에서 가장 눈에 띄는 산이지요.

제네바호의 절반 이상은 스위스에, 나머지는 프랑스에 있어요.

취리히는 이 나라에서 가장 큰 도시예요.

CERN의 입자 가속기는 '거대 강입자 충돌기'라고 불려요.

핵 연구
제네바 근처에 있는 CERN(유럽 입자 물리학 연구소)은 원자핵 연구의 중심지예요. 총길이가 27킬로미터에 이르는 세계 최대 입자 가속기(원자를 연구하는 기계)가 있는 곳이지요.

베른 구시가지
스위스 수도인 베른의 중심에는 한때 감옥으로 쓰였던 문루인 베른 감옥탑을 비롯해, 중세 시대에 지어진 높은 건축물이 많아요.

스위스 초콜릿
부드럽고 맛있기로 유명한 스위스 초콜릿은 전 세계에서 사랑받아요. 스위스의 많은 회사에서는 산봉우리처럼 뾰족뾰족하게 생긴 토블론 바를 비롯해 초콜릿을 해마다 약 20만 톤씩 생산해요.

- 41,285㎢
- 840만 명
- 베른
- 독일어, 스위스어, 프랑스어, 기타 언어 (+2)

알프스산맥에 자리를 잡고 북서쪽으로 **쥐라산맥**과 맞닿아 있는 이 나라는 **스키 리조트**뿐 아니라 **시계**와 **초콜릿**, **금융**의 **중심지**로도 유명해요.

슬로베니아

스키점프
슬로베니아 북서부의 알파인 계곡에서는 스키 점프의 인기가 매우 높아요. 슬로베니아 스키 점프 선수들은 동계 올림픽에서 세계 신기록을 많이 세웠어요.

스키를 V자 형태로 벌리면 더 멀리 날 수 있어요.

맛있는 음식
슬로베니아의 전통 음식인 포티카예요. 호두 페이스트로 속을 채운 롤케이크로, 부활절을 비롯한 축제 때 즐겨 먹어요.

블레트호
예세니체 남동쪽에 있는 블레트호는 빙하로 생겨난 빙하호예요. 호수 가운데 섬에 있는 성당과 근처 언덕에 세워진 중세 시대의 성이 아름다워서 많은 관광객이 찾아와요.

트리글라브산 2,864m
오스트리아
무르스카 소보타
율리스카산맥
예세니체
라우네나 코로슈쳄
마리보르
보베츠
톨민
벨레네
로가슈카 슬라티나
프투이
크란
사바강
이탈리아
노바 고리차
이드리야
류블랴나
트르보블리에
크라스
크르슈코
헝가리
트리에스테만
세자나
포스토이나
슈코치안 동굴
노보메스토
코페르
일리르스카 비스트리차
츠르노멜
크로아티아
0 25km
(축척 근삿값)

카르니올라 꿀벌
슬로베니아는 전통적으로 벌을 많이 쳐요. 양봉가들은 토종인 카르니올라 꿀벌을 가장 소중하게 여겨요.

신성한 상징

피나무 잎사귀는 슬로베니아의 중요한 상징이에요. 예전에는 마을 회의 장소를 알리려고 피나무를 심어 놓았지요.

아나 데세트니카 축제
수도 류블랴나에서 해마다 열리는 이 야외 공연 축제에서는 서커스 연기자, 음악가, 무용수들이 저마다 솜씨를 뽐내요.

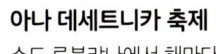

리피자너 말
슬로베니아 남서부에 있는 리피차 종마 목장에서는 400년 전부터 리피자너라는 품종의 말들을 기르고 있어요. 이 아름다운 회색 말들은 승마 쇼에 나가기 위해 훈련을 받아요.

슬로베니아는 유럽에서 **가장 푸르른 나라 중 하나**로 국토의 반 이상이 **숲**이에요. 새하얀 눈이 덮인 북쪽의 **율리이스카산맥**(율리안 알프스)에는 슬로베니아에서 가장 높은 곳이자 이 나라의 상징인 **트리글라브산**이 있지요.

- 20,273km²
- 210만 명
- 류블랴나
- 슬로베니아어

오스트리아

국기
1230년부터 쓰인 오스트리아 국기는 세계의 국기 중 오래된 축에 속해요.

알파인 스키
오스트리아에는 스키 리조트가 400개쯤 있어요. 하넨캄산에 있는 키츠뷔엘은 유명한 활강 경주가 열리는 곳이에요.

쿤스트 하우스 빈
20세기 오스트리아에서 태어난 예술가이자 건축가인 프리덴스라이히 훈데르트바서는 매우 독특한 건물을 설계해서 유명해요. 그중에는 빈의 이 박물관도 포함돼요. 그와 다른 예술가들의 작품을 소장한 곳이지요.

볼프강 아마데우스 모차르트
18세기의 오스트리아 음악가인 모차르트는 5세 때 첫 작품을 작곡했어요. 35세에 세상을 떠날 때까지 620곡이 넘는 클래식 음악을 작곡했지요.

빈은 도나우강 근처에 자리해요.

춤추는 말
역사가 450년이 넘는 빈의 스페인 승마 학교는 세계에서 가장 오래된 승마 학교예요. 말을 훈련시켜 앞다리를 든 채로 뛰는 쿠르베트 같은 곡예 동작을 여러 가지로 할 수 있게 하지요.

- 83,871㎢
- 904만 명
- 빈
- 독일어, 기타 언어 (+3)

오스트리아는 산악 지대가 거의 **3분의 2**에 이르며, 알프스산맥의 **다채로운 봉우리**들과 **빙하**, **경사진 목초지**를 볼 수 있어요. 한편으로 이 나라는 **궁전**, **예술**, **클래식 음악**으로도 이름 높아요.

산의 호수들
빙하가 깎은 오스트리아 알프스산맥의 봉우리들 사이에는 호수가 많이 있어요. 잘츠부르크 근처의 아름다운 포더러 고사우제호는 해발 933미터 높이에 있지요.

체코

스포츠 스타
체코에는 뛰어난 테니스 선수들이 많아요. 페트라 크비토바는 윔블던 선수권 대회 2회 우승을 포함하여 단식에서만 31승을 올렸어요.

천문 시계
이 시계는 중세였던 1410년부터 프라하 사람들에게 시간을 알려 주었어요. 시간뿐 아니라 태양, 달, 별의 움직임도 나타내는 천문 시계예요.

구불구불한 산책로
산악 휴양지인 돌니 모라바에 나무로 만든 산책로 '스카이 워크'가 있어요. 산책로를 따라 55미터 높이까지 올라가면 장엄한 모라바 계곡이 한눈에 들어오지요.

유리 공예
체코는 13세기부터 시작된 뛰어난 품질의 유리 공예로 유명해요. 왼쪽의 꽃병들은 19세기에 만들어졌어요.

카렐교
프라하를 흐르는 블타바강에 놓인 이 유명한 다리에는 조각상들이 늘어서 있어요. 이 다리는 구시가지와 북적이는 말라 스트라나 지역을 이어 주지요.

공식 이름이 체코 공화국인 체코는 **유럽 한가운데**에 있으며, **성**들과 **중세 도시**, **온천**들로 유명해요. 많은 성당과 탑들이 있는 수도 **프라하**는 '**첨탑 100개의 도시**'라는 별명으로 불리곤 해요.

- 78,867㎢
- 1,052만 명
- 프라하
- 체코어, 기타 언어 (+7)

113

슬로바키아

진흙과 석회로 그린 집
슬로바키아 북부에 있는 치치마니 마을의 전통 통나무집들은 특이한 기하학적 장식 때문에 잘 보존되어 있어요. 이 무늬들은 이 지역 여성들이 직접 진흙과 석회로 그려 넣은 거예요.

우뚝 솟은 산봉우리
타트라산맥은 슬로바키아와 폴란드로 나뉘는 국경이에요. 뾰족한 봉우리들과 호수들은 스라소니, 알프스산양(샤무아), 마멋, 독수리 들의 서식지예요.

부활절 달걀
슬로바키아에서는 부활절에 달걀을 장식하는 전통이 있어요. 껍데기에 염색을 하거나, 사진처럼 하나하나 무늬를 그리지요.

푸자라는 똑바로 세워서 연주해요.

푸자라 연주하기
푸자라는 슬로바키아의 양치기들이 불던 전통 관악기예요. 지금은 지역 축제에서도 연주를 들을 수 있어요.

야생화
이 말나리는 1.8미터까지 자라며 줄기에 50개가 넘는 조그만 그릇 모양의 꽃들이 달려요. 카르파티아산맥의 기슭에서 야생으로 자라는 꽃이지요.

활짝 피면 꽃잎이 뒤로 구부러져요.

불곰
타트라산맥에는 1,000마리 넘는 불곰이 어슬렁거려요. 돌투성이 땅을 억센 발톱으로 깨부수며 먹이를 찾지요.

- 49,035㎢
- 543만 명
- 브라티슬라바
- 슬로바키아어, 헝가리어(마자르어), 체코어

슬로바키아는 **1993년**에 **독립국**이 되었어요. **넓은 산지** 곳곳에 **역사 깊은 성**들이 숨어 있어요. **수도 브라티슬라바**에는 잘 보존된 **구시가지**가 있어요.

헝가리

헝가리의 풍미
헝가리의 국민 향신료는 파프리카예요. 매콤하면서도 달콤한 빨간 고추를 갈아서 만들지요. 소고기 수프인 굴라쉬와 같은 전통 요리에 넣어요.

면적이 598제곱킬로미터나 되는 **벌러톤호**는 중부 유럽에서 가장 큰 호수예요

케케시산 1,014m

헝가리인들은 이곳을 나지 마야르 얼필드라고 불러요. 헝가리 대평원이란 뜻이에요.

대담한 꽃무늬가 가장 인기 있어요.

헝가리 자수
19세기에 헝가리에서 나라의 정체성을 찾으면서 민속 예술이 다시 피어났어요. 헝가리 자수를 곱게 놓은 옷은 축제나 명절 때 입어요.

루빅큐브
1974년 헝가리의 발명가 에르뇌 루비크는 여섯 가지 색상으로 구분되는 3D 퍼즐 장난감인 루빅큐브를 만들었어요. 이 큐브는 전 세계에서 4억 개 넘게 팔렸어요.

수구
헝가리 수구 국가대표 팀은 남녀 모두 실력이 매우 뛰어나요. 특히 남자팀은 올림픽에서 메달을 15번이나 땄고, 세계 선수권 대회에서 11번 우승했어요.

- 93,028km²
- 968만 명
- 부다페스트
- 헝가리어(마자르어)

'마자르의 땅'으로 알려진 이 나라는 제1차 세계 대전을 치르고 난 후 국토의 3분의 2를 잃었어요. 오늘날 헝가리는 **민속 예술**, **음악**, **온천**과 **벌러톤호**로 유명해요.

세체니 다리는 부다(다리 왼쪽)와 페스트(다리 오른쪽)를 잇는 다리 여덟 개 중 하나예요.

부다페스트
두너강(다뉴브강)은 이 도시를 둘로 나누어요. 서쪽 기슭에는 부다성과 구시가지가 있는 조용한 부다가 있어요. 건너편에는 의회와 쇼핑 지구가 있는 활기찬 페스트가 있지요.

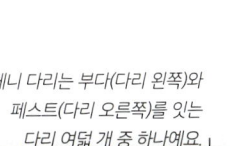

세르비아

국기 왼쪽 문장에는 빨간 방패 위에 머리가 두 개인 독수리가 그려져요.

회색 늑대
세르비아의 나라 동물은 회색 늑대예요. 이 나라의 시와 신화에 자주 나와요.

약 9,000년 전에 만들어진 물고기 모양 여신상이에요.

레펜스키 비르
두나브강(다뉴브강) 기슭에 있는 레펜스키 비르 유적지는 유럽에서 가장 오래된 거주지 중 하나예요. 이 유적지에서는 잘 보존된 조각상들과 건축물의 흔적이 나왔어요.

수도인 베오그라드는 언덕이 많은 땅에 세워졌어요.

라즈베리
세르비아는 세계에서 라즈베리를 가장 많이 생산해요. 주로 서부 지역에서 재배하지요.

2011년 US(전미) 오픈 테니스 챔피언십에서 우승한 후 트로피를 들고 있는 조코비치.

그랜드 슬램
세르비아 테니스 스타인 노박 조코비치는 2024년 1월까지, 24개의 그랜드 슬램 대회에서 우승했어요. 그는 겨우 네 살 때 이미 테니스에 재능을 보였어요.

세르비아 국립 공원
세르비아에는 국립 공원이 다섯 개 있어요. 우지체 서쪽에는 드리나강 협곡으로 유명한 타라 국립 공원이 있어요.

- 77,474km²
- 676만 명
- 베오그라드
- 세르비아어, 헝가리어(마자르어)

중부 유럽의 세르비아는 **옛 유고슬라비아 공화국**에 속하는 **다섯 나라** 중 하나였어요. 수도인 **베오그라드**는 **7,000년 전부터** 사람들이 살아온 곳이며, 세르비아에서만 588킬로미터를 흐르는 **두나브강**(다뉴브강)을 끼고 있어요.

크로아티아

풀라 아레나
기원전 1세기에 풀라에 지어진 이 로마 시대의 원형 경기장에서는 검투 경기가 열렸어요. 관중이 2만 3,000명까지 들어갈 수 있었어요.

윈드서핑
크로아티아 해안선을 따라 부는 강한 바람은 윈드서핑에 아주 좋아요. 그래서 이곳에서 국제 윈드서핑 대회가 많이 열려요.

플리트비체 호수 국립 공원
이 드넓은 자연 보호 구역에는 크고 작은 폭포가 많아요. 그중에서 으뜸은 16미터 위에서 떨어지는 갈로바치키 폭포예요.

수도인 **자그레브**는 사바강을 끼고 있어요.

- 56,594km²
- 385만 명
- 자그레브
- 크로아티아어

크로아티아는 6,000킬로미터에 이르는 **아드리아해의 해안선**, 소박하고 평화로운 **섬**들, **국립 공원**들이 있어 관광객이 많이 찾는 곳이에요. 이 나라는 **1991년**까지 **유고슬라비아**에 속해 있었어요.

그리폰독수리
날개를 편 길이가 2.65미터에 이르러 세계에서 가장 큰 새 중 하나예요. 츠레스섬, 크르크섬을 비롯한 북쪽 섬에 둥지를 틀어요.

성벽 도시
크로아티아 남쪽에 있는 두브로브니크는 아드리아해를 굽어보고 있어요. 돌을 쌓아 만든 성벽, 붉은 지붕 건물들, 구시가지의 유서 깊은 요새들과 사람들이 즐겨 찾는 해변으로 유명해요.

보스니아 헤르체고비나

자연이 만든 샘
브렐로 부네는 절벽의 동굴에서 솟아나 부나강으로 흘러드는 샘이에요. 모스타르 남동쪽으로 수도원이 있는 명승지인 블라가이 마을에 있지요.

- 📐 51,197㎢
- 👥 323만 명
- ⭐ 사라예보
- 🗣 보스니아어, 세르비아어, 크로아티아어

이 나라는 **보스니아**와 **헤르체고비나**라는 **두 지역**으로 이루어졌어요. 사람들이 즐겨 찾는 **스키 슬로프**, **웅장한 폭포**, 오스만 건축과 현대 거리 예술이 어우러진 **역사 도시**인 **모스타르**가 있지요.

야외 체스
사라예보의 거리와 공원에는 거대한 체스판들이 여기저기 놓여 있어서 주민들이 여기에서 체스를 두곤 해요.

175미터 높이의 아바즈 트위스트 타워는 사라예보에서 가장 높은 건물이에요.

수도를 연결하는 트램
1885년에 만들어진 사라예보의 트램은 유럽에서 꽤 오래된 전차예요. 총 95량의 트램이 이 도시를 거미줄처럼 연결해요.

멋진 풍경을 굽어보는 다리
'오래된 다리'를 뜻하는 스타리 모스트는 두 지역으로 나뉜 도시 모스타르를 잇는 다리예요. 용감한 다이버들은 다리에서 23미터 아래에 있는 네레트바강 속으로 첨벙 뛰어내려요.

몬테네그로

래프팅
거센 물살이 18킬로미터 넘게 흐르는 타라강은 급류 래프팅으로 인기가 높아요.

몬테네그로의 국기에 있는 머리가 둘 달린 독수리는 교회와 국가의 통합을 나타내요.

수도인 **포드고리차**는 모라차강과 리브니차강이 만나는 곳에 자리해요.

코토르만
아드리아해 연안에 있는 그림같이 아름다운 이 만에는 깎아지른 듯한 석회암 절벽과 중세 마을들이 있어요.

- 13,812㎢
- 616,100명
- 포드고리차
- 몬테네그로어, 세르비아어, 기타 언어 (+3)

매우 작은 나라인 몬테네그로에는 험준한 **디나르알프스산맥** 안에 **중세 도시**들이 숨어 있어요. 강들은 웅장한 **석회암 협곡** 사이를 흘러가요. 깊이가 1,300미터에 이르는 **타라강 협곡**은 유럽에서 **가장 깊은 협곡**이에요.

코소보

코소보 국립 도서관
크로아티아 건축가 안드리야 무트냐코비치가 설계한 프리슈티나의 이 돔형 건물에는 책, 원고, 지도 등이 200만 점 넘게 있어요.

맛있는 음식
코소보에서 인기 있는 요리는 치즈, 시금치, 다진 고기와 같은 소를 넣어 구운 페이스트리인 뷔렉이에요.

유도 챔피언
스포츠 스타 마일린다 켈멘디(흰색 도복)는 유도 세계 선수권 대회에서 두 번 우승했고, 코소보 선수로서 처음으로 올림픽 금메달을 받았어요.

- 10,887㎢
- 176만 명
- 프리슈티나
- 알바니아어, 세르비아어, 기타 언어 (+4)

코소보는 세르비아에 속해 있다가 **2008년**에 **독립**을 선언했어요. 이 나라는 가파른 산에 둘러싸여 있고, 가장 높은 곳은 **지에라비차봉**이에요. **사람들은 대체로** 비옥한 **중앙 평야**에 살고 있어요.

키프로스

키레니아성
항구 도시인 키레니아를 수백 년 동안 굽어보는 성이 있어요. 무려 16세기에 지어진 것이지요.

구리 냄비
정교하게 장식된 이 구리잔에는 커피를 담아내요.

구리는 키프로스에서 6,000년 전부터 채굴되고 있어요. 예로부터 요리 도구와 커피잔(위쪽) 같은 구리 그릇을 만드는 데 쓰이고 있어요.

포도 사탕
포도와 견과류로 만드는 슈슈코는 키프로스의 전통 간식이에요. 끓인 포도즙에 여러 번 담가 말려 쫄깃쫄깃해요.

고양이의 섬
예로부터 키프로스는 고양이로 넘쳐났어요. 이 섬에는 사람보다 고양이가 30만 마리쯤 더 많아요.

북키프로스는 1974년부터 튀르키예의 지배를 받고 있어요.

분단된 도시
수도인 니코시아는 그리스 지역과 튀르키예 지역으로 나뉘어요. 역사적으로 중요한 셀리미예 모스크의 첨탑들이 튀르키예 지역에 우뚝 솟아 있어요.

파포스의 모자이크
1962년에 파포스에서 그리스 신화의 장면을 묘사한 고대의 아름다운 바닥 모자이크가 발견되었어요. 파포스 고고학 유적지에 가면 볼 수 있어요.

그리스 신화 속 태양과 음악의 신, 아폴론이 제 악기인 리라를 들고 있는 모습이에요.

- 9,251㎢
- 125만 명
- 니코시아
- 그리스어, 튀르키예어

지중해에 있는 섬나라, 키프로스는 곳곳에 **석기 시대 정착지**, **고대 로마 유적**, **비잔틴 교회** 등 과거의 흔적이 남아 있어요. **1974년**에 **분할**된 뒤부터 키프로스의 **북쪽**은 **튀르키예**가 지배해요.

북마케도니아

마트카 협곡
스코페의 서쪽에 있는 이 협곡은 많은 동굴과 중세 수도원들, 그리고 인공호수인 마트카호로 유명해요.

- 25,713㎢
- 205만 명
- 스코페
- 마케도니아어, 기타 언어 (+4)

북마케도니아는 **1991년 유고슬라비아가 분리**될 때 새로운 국가로 **독립**했어요. **맑고 아름다운 오흐리드호**를 구경하고 **산지 트레킹**을 하러 오는 사람들이 많아요.

호숫가 극장
오흐리드호 기슭에 있는 이 원형 경기장은 로마 시대의 유산이에요. 기원전 200년쯤 지어졌고 1980년대에 다시 발견되었어요. 지금은 이곳에서 공연과 콘서트가 열리지요.

알바니아

테트 국립 공원
프로클레티예산맥에 있는 국립 공원은 샬라강, 그루나스 폭포, 테트 마을(왼쪽)의 아름다운 풍경 때문에 여행자에게 매혹적인 곳이에요.

스타 운동선수
루이자 게가는 2015년 유럽 선수권 대회 1,500m 달리기에서 알바니아의 첫 번째 금메달을 따며 놀라운 역사를 썼어요.

- 28,748㎢
- 277만 명
- 티라나
- 알바니아어, 그리스어

유럽 남동부에 있는 알바니아는 **디나르알프스산맥(프로클로티예산맥)**의 끝자락에 위치한 **산악 국가**이자, 해안을 따라 세워진 **역사적인 성들**의 나라예요. 수도인 **티라나**는 **색이 화려한 건물**들로 유명해요.

그리스

성화를 들고 달리는 첫 번째 사람은 평화의 상징인 올리브 가지도 함께 들어요.

올림픽 성화
올림픽은 고대 그리스에서 시작됐어요. 오늘날에는 피르고스 근처의 올림피아에서 성화에 불을 붙인 뒤 여러 사람이 차례로 들고 뛰면서 그리스 전국을 돌아요. 그다음에 올림픽 개최국과 개최 도시로 넘기고 이어서 돌지요.

칼라마타 올리브
그리스 남부의 칼라마타에서는 보라색 올리브가 열리는 올리브나무를 키워요. 올리브가 익으면 손으로 따서 올리브기름에 담가 보존하지요.

아테나의 도시
그리스의 수도인 아테네는 고대 그리스 여신 아테나에서 이름을 땄어요. 오늘날 이 현대 도시에는 옛 문명의 유적이 여전히 남아 있어요.

파르테논 신전은 고대 유적지인 아크로폴리스 꼭대기에 우뚝 서서 아테네를 내려다보고 있어요.

고대 그리스는 **유럽**에서 **처음**으로 피어난 **위대한 문명** 중 하나로, 당시 사람들은 **올림포스산**의 **신들**에게 기도했어요. 오늘날에는 전 세계의 **관광객들**이 **고대 유적**과 **수천 개**의 **아름다운 섬**을 보기 위해 **지중해**의 이 **나라**로 몰려들어요. 그리스의 **경제**는 관광업과 해운업에 기대고 있어요.

- 131,957㎢
- 1,056만 명
- 아테네
- 그리스어, 기타 언어 (+2)

해운업
그리스는 관광업과 더불어, 운송업이 아주 중요한 해양 국가예요. 피레아스항(위쪽)을 비롯해 붐비는 항구가 많아요.

저지불나방
'나비들의 계곡'으로 알려진 그리스 로도스섬의 페탈루데스 계곡에는 때가 되면 저지불나방 수천 마리가 날아와 머물지요.

이 화려한 나방은 앞날개에 줄무늬가 있고, 뒷날개에 반점이 있어요.

그리스 도자기
수천 년 동안 그리스 장인들은 뛰어난 솜씨로 아름다운 도자기를 빚었어요. 많은 도자기가 그리스 신화의 장면들로 장식되었어요. 이 항아리에는 그리스 영웅 테세우스가 미노타우로스를 죽이는 장면이 그려졌어요.

그리스 샐러드
그리스 어디서나 토마토, 오이, 양파, 올리브, 페타치즈, 올리브기름으로 만든 간단한 샐러드를 즐겨 먹어요.

산토리니섬
수많은 섬이 무리를 지으며 그리스 주위 바다에 흩어져 있어요. 에게해의 화산섬 산토리니섬은 푸른 바다와 대비되는 새하얀 건물들로 유명해요.

민속 축제
그리스에서는 거의 일 년 내내 전국적인 행사와 지역 축제가 열려요. 해마다 페프코호리 마을에서 열리는 이 민속 축제처럼 특별 행사 때는 전통 음악과 춤, 야외 잔치가 흥을 돋워요.

0 50 km
(축척 근삿값)

- **지리**: 그리스의 지형은 **험준**해요. 섬이 **6,000여 개**에 이르지만, **사람이 사는 섬**은 약 **227개**뿐이에요.

- **역사**: 약 **2,500년 전**, 고대 그리스 사람들은 **정치**, **철학**, **과학** 분야에서 앞서 나갔어요.

- **문화**: 전 세계 어디를 가든 **고대 그리스**에서 **영감을 받은** 건축물을 찾을 수 있어요. 이를테면 많은 건물에 **그리스식 기둥**이 쓰이지요.

- **자연 경관**: 그리스의 멋진 **풍경** 중에 **메테오라의 암석층**과 **크레타섬**의 **사마리아 협곡**이 있어요.

- **야생동물**: 이 나라에는 **곰**, **염소**, **스라소니**, **늑대**, **사슴** 들이 살아요.

- **음식 및 음료**: 그리스 사람들은 **구운 고기**와 **생선**, **신선한 과일**과 **채소**, **치즈**, 그리고 올리브기름으로 건강한 지중해식 식사를 즐겨요.

123

불가리아

바르나의 황금 보물
바르나의 선사 시대 무덤에서 출토된 황금 보물은 이제까지 발굴된 황금 유물 중 가장 오래됐어요. 무려 기원전 4600년경에 만들어진 거예요.

장미의 계곡
발칸산맥 기슭의 계곡에서는 희귀한 다마스크장미를 재배해요. 꽃잎을 따서 향유를 만들지요.

숍스카
불가리아 어디서나 사랑받는 음식인 숍스카는 토마토, 오이, 양파, 치즈를 재료로 만든 샐러드예요.

전통의 쿠케리
겨울에 열리는 수르바 축제 때면 악령을 쫓기 위해 남자들이 동물 가죽과 털을 두르고 가면을 써 분장하는 전통이 있어요.

릴라 수도원
불가리아의 수호성인인 이반 릴스키(릴라의 성 요한)는 릴라산맥에 다섯 개의 돔이 있는 이 수도원을 세웠어요.

불가리아는 **산악 국가**이면서 **흑해 연안**에는 긴 모래 해변이 있어요. 북쪽에는 **두나브강 (다뉴브강)**이 흐르며 루마니아와 국경을 이뤄요.

- 110,879㎢
- 646만 명
- 소피아
- 불가리아어, 기타 언어 (+2)

일곱 개의 호수, 세븐릴라호
소피아 남쪽의 릴라산맥에서 가장 높은 봉우리인 무살라산 근처에는 '물고기', '눈', '눈물' 등 다양한 모양에서 이름을 딴 호수가 일곱 개 있어요.

루마니아

벽화
수체아바 근처의 부코비나 지역에 있는 수도원들은 성경 이야기를 그린 다채로운 15세기 프레스코 벽화들로 장식되어 있어요.

브란성
카르파티아산맥에 있는 14세기의 성이며, 아일랜드 작가인 브램 스토커가 소설 드라큘라를 쓸 때 배경이 된 것으로 유명해요.

마르치쇼르 부적
봄이 시작되는 3월마다 루마니아인들은 사랑하는 사람들에게 행운의 부적, 마르치쇼르('작은 3월'이란 뜻)를 선물해요.

3월 초에 빨간색과 흰색 장신구를 목이나 손목에 장식해요.

분홍사다새
여름마다 툴체아 동쪽에 있는 다뉴브강 삼각주에는 분홍사다새 수천 마리가 번식하기 위해 모여들어요.

나디아 코마네치는 1976년 올림픽 체조 경기에서 세계 최초로 10점 만점을 받으며 역사를 썼어요. 당시 겨우 14세였어요.

체조
오래전부터 루마니아는 체조에서 늘 빛나는 성과를 얻어 왔어요. 루마니아 체조 선수들은 하계 올림픽에서 70개가 넘는 메달을 땄지요.

- 238,391㎢
- 1,895만 명
- 부쿠레슈티
- 루마니아어, 기타 언어 (+3)

유럽 남동부에 있는 루마니아는 유럽에서 **매우 큰 나라**에 속해요. 이곳은 **카르파티아산맥**, **트란실바니아 숲**, 그리고 수많은 **성**으로 유명하지요.

우크라이나

황금 돔
키이우의 성 미하일로 황금 돔 대성당은 우크라이나 정교회 대성당이자 수도원이에요.

항공기 산업
수십 년 동안, 우크라이나는 안토노프 An-225와 같은 대형 화물기를 비롯해, 많은 종류의 항공기를 생산한 산업 강국이에요.

항공기 제조 회사인 '안토노프 시리얼 프로덕션 플랜트'는 1920년부터 키이우에서 항공기를 만들고 있어요.

유럽노루
이 포유동물은 흰색 엉덩이와 짧은 꼬리가 특징이며, 주로 홀로 다녀요. 숲에서 많이 볼 수 있어요.

수컷 유럽노루의 머리 위에 있는 뿔 한 쌍은 해마다 새로 돋아나요.

농작물
우크라이나는 드넓고 비옥한 평야와 온화한 기후 덕분에 밀, 옥수수, 보리, 대두를 많이 생산해요. 2021년에 거둔 곡물은 거의 8,600만 톤에 이르지요.

- 603,550㎢
- 3,800만 명
- 키이우
- 우크라이나어, 러시아어, 타타르어

지금은 해체된 **소비에트 연방**(소련)에 속했던 우크라이나는 **1991년**에 **독립 공화국**이 되었어요. **비옥한 토지** 덕분에 '**유럽의 빵 바구니**'라는 별명이 있어요.

젊은 음악가들
우크라이나에서는 전통 민속 음악의 인기가 높아요. 사랑 노래부터 정치 노래까지 다양하게 만들어요.

반두라는 류트를 닮은 현악기예요.

벨로베즈스카야 푸슈차 국립 공원
해묵은 이 숲에는 오래된 참나무와 소나무와 전나무가 무성해요. 거의 1,500제곱킬로미터 넓이인 이 국립 공원의 반은 이웃 나라인 폴란드 땅에 있어요. 이곳은 폴란드에서 비아워비에자 국립 공원으로 불려요.

벨라루스

현대적인 민스크
수도이자 산업 중심지인 민스크에는 스비슬라치강과 냐미하강이 흘러요.

- 207,600㎢
- 920만 명
- 민스크
- 벨라루스어, 러시아어

국토의 대부분이 **숲**과 **습지**로 이루어진 벨라루스는 **러시아와 폴란드 사이**에 있는 **내륙 국가**예요. 도시 외곽 지역에서는 **멧돼지**, **말코손바닥사슴**, **늑대**, **유럽들소**로 더 알려진 희귀한 '주브르'가 살아요.

소로카 요새
15세기에 외적을 막고자 처음 지어진 이 요새는 16세기에 석조로 다시 지어졌어요. 다섯 개의 보루는 대포의 공격을 잘 견딜 수 있게 설계되었어요.

몰도바

라벤더 수확
몰도바는 기후가 건조하고 따뜻하며 땅이 비옥해서 라벤더가 잘 자라요. 꽃을 증류해 향기로운 에센셜 오일을 만들지요.

- 33,851㎢
- 259만 명
- 키시너우
- 몰도바어, 우크라이나어, 러시아어

언덕이 많은 고원에 있는 이 내륙 국가는 **1991년 소비에트 연방**으로부터 **독립**을 선언했어요. 구불구불한 언덕에 흩어진 **과수원**과 **포도원**들은 **과일**과 **포도주**를 풍부하게 생산해요.

러시아

우주로 처음 날아간 사람
1967년, 소련 우주 비행사 유리 가가린이 우주선 보스토크 1호를 타고 지구 주위를 108분 동안 도는 데 성공했어요. 이로써 러시아는 처음으로 사람을 우주로 보낸 나라가 되었지요.

모스크바의 초고층 건물들
러시아의 가장 큰 도시는 모스크바강을 끼고 있는 수도 모스크바예요. 모스크바 상업 지구에 있는 현대식 초고층 건물들은 붉은 광장의 역사적인 건물들과 뚜렷하게 대비되지요.

마트료시카 인형
'작은 마트론'을 뜻하는 마트료시카는 1980년대부터 만들어 온 러시아 전통 목각 인형이에요. 큰 인형 안에 작은 인형이 들어가기를 반복해서 한 세트를 이루어요.

상트페테르부르크
옛 러시아 제국의 수도인 이 도시에 우뚝 솟은 성 이삭 대성당의 황금 돔이 아름답게 반짝이고 있어요. 역사적인 항구 도시이고, 이곳의 옛 궁전들은 오늘날 세계적인 박물관으로 쓰여요.

러시아는 세계에서 **가장 큰 나라**예요. 표준 **시간대가 11개**에 이르며, **동유럽**에서 **아시아**의 **태평양 연안**까지 두 대륙에 걸쳐 있지요. **우랄산맥**은 러시아를 둘로 나누어요. 동쪽의 **시베리아 황야**에는 지구에서 **가장 추운 곳**이 있어요. 바로 야쿠츠크 동쪽의 **오이먀콘**으로, 이곳은 **겨울**에 기온이 **-50℃** 아래로 떨어져요.

- 17,098,242 ㎢
- 1억 4,355만 명
- 모스크바
- 러시아어, 타타르어, 우크라이나어, 추바슈어, 기타 언어

네네츠족
네네츠족은 시베리아 깊숙한 야말반도에 살고 있어요. 순록을 치며 유목 생활을 하는 이들은 두꺼운 털옷을 입고 영하의 날씨를 버텨 내요.

바이칼호
세계에서 가장 큰 민물 호수는 시베리아 남부의 바이칼호예요. 약 2,500만 년 전에 생겨난 가장 오래된 호수이기도 해요. 이 호수는 지구 표면의 담수 중 약 20퍼센트를 차지해요.

모스크바 볼쇼이 발레단의 무용수들이「돈키호테」를 공연하는 모습이에요.

러시아 발레
러시아는 전통적으로 고전 발레가 유명해요. 러시아에서 탄생한 발레「백조의 호수」는 고전 발레의 대표작으로 꼽혀요.

기나긴 여정
시베리아 횡단 철도의 본선을 달리는 열차가 서쪽의 모스크바에서 동쪽의 블라디보스토크까지 9,289킬로미터를 가는 데 7일이 걸려요.

시베리아호랑이
시베리아호랑이 또는 아무르호랑이는 러시아 동부의 추운 숲에서 살아요. 몸을 따뜻하게 유지하기 위해 매우 굵은 털이 나요. 이 큰 고양이과 동물은 야생에는 약 500마리만 남아 있어요!

- **지리**: 산, 숲, 나무가 없는 **툰드라**, 풀이 자라는 **스텝**, **사막** 등 다양한 **지형**이 있어요. 유럽에서 가장 긴 강인 볼가강이 흘러요.
- **역사**: 황제인 **차르가 다스리던** 러시아는 **1917년 혁명**으로 무너지고 **공산주의자들**이 권력을 잡아 **소비에트 연방**(소련)을 세웠어요. 소련은 1991년에 해체되었어요.
- **문화**: 러시아는 **풍부한 문화**를 자랑해요. **톨스토이의 문학**, **차이콥스키의 음악**이 대표적이며, **테니스 스타 마리야 샤라포바** 같은 뛰어난 운동선수도 많아요.
- **야생동물**: 러시아의 다양한 서식지에서 **스라소니**, **시베리아호랑이**, **붉은사슴**, **불곰**, **흰고래**(벨루가), **황새**가 살아요.

튀르키예

파타라 해변
물라 남쪽에 18킬로미터쯤 뻗어 있는 파타라 해변은 튀르키예의 아름다운 곳으로 유명해요. 근처의 페티예에는 고대 도시 유적이 있어요.

맛있는 과자
튀르키예는 페이스트리에 꿀과 견과류를 넣어 만든 전통 과자인 바클라바로 유명해요. 달콤해서 인기가 높아요.

술레이만 대제
튀르키예는 오스만 제국의 심장부였어요. 술탄 술레이만 1세의 통치 기간(1520~1566년)에는 유럽에서 북아프리카, 서아시아까지 오스만 제국의 세력을 펼쳤어요.

장엄한 모스크
17세기에 지은 장엄한 술탄 아흐메트 모스크는 이스탄불의 구시가지에서 눈에 잘 띄는 건축물 중 하나예요. 안의 벽이 일정한 무늬로 된 파란색 타일로 장식되어 있어서 블루 모스크라고 불리기도 해요.

미너렛이라는 뾰족한 첨탑이 여섯 개 있는데 기도 시간을 알려 줘요.

튀르키예는 **동유럽**에서 **서아시아**까지 뻗어 있어요. 두 대륙에 걸쳐 있는 나라로 **이슬람**과 **서양**의 전통을 이어받았어요. 튀르키예에서 가장 큰 도시인 **이스탄불**은 한때 **비잔틴 제국의 수도**였어요. 그 뒤 **오스만 제국**이 600년 넘게 다스리던 튀르키예는 1923년에 공화국이 되었어요.

- 783,562㎢
- 8,534만 명
- 앙카라
- 튀르키예어, 기타 언어 (+7)

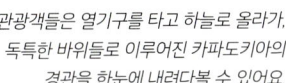

관광객들은 열기구를 타고 하늘로 올라가, 독특한 바위들로 이루어진 카파도키아의 경관을 한눈에 내려다볼 수 있어요.

요정의 굴뚝
카파도키아의 건조한 풍경에 초현실적인 모양의 바위 첨탑들이 우뚝우뚝 서 있어요. 화산 분화로 생긴 암석층이 수백만 년 동안 침식을 거치면서 이런 모양이 빚어졌지요.

양탄자의 무늬, 색상, 상징에는 각 지역의 전통과 문화가 스며 있어요.

손으로 짠 카펫
튀르키예는 예로부터 평탄하게 짠 직물인 킬림과 직물에 매듭을 지어 단단함과 부피감을 더한 아름다운 카펫으로 유명해요.

켈수스 도서관
셀추크 근처에 고대 유적지인 에페소스가 있어요. 한때 번영을 누리던 로마 제국의 도시였던 이곳에는 유적이 잘 보존되어 있는데, 그중 하나가 2세기 때 지은 이 아름다운 도서관이에요.

그랜드 바자르
이스탄불의 유명한 그랜드 바자르는 세계에서 가장 오래된 시장 중 하나예요. 수많은 상점에는 향신료부터 보석까지 없는 게 없어요.

빙글빙글 데르비시
튀르키예에서 이슬람교 신비주의자를 데르비시라고 해요. 데르비시는 빙그르르 돌면서 춤추고 찬송하고 기도하며 자신들의 믿음을 나타내요.

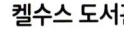

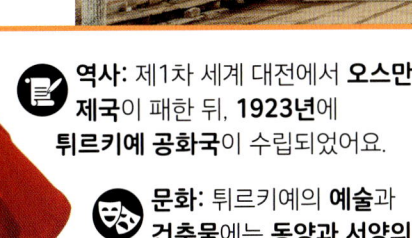

역사: 제1차 세계 대전에서 **오스만 제국**이 패한 뒤, **1923년**에 **튀르키예 공화국**이 수립되었어요.

문화: 튀르키예의 **예술**과 **건축물**에는 동양과 서양의 **영향**이 독특하게 어우러져 있어요.

자연 경관: 물라와 안탈리아 사이의 **청록색** 물이 아름다운 **해변**, **튀르키예 리비에라**와 기묘한 암석 지형의 **카파도키아** 등 멋진 풍경이 많아요.

음식 및 음료: **케밥**과 고기 완자 **쾨프테**, 전채 요리인 **메제**까지, 튀르키예 요리는 **아랍**, **그리스**, **서양의 요리** 재료를 이용해요.

133

아제르바이잔

민속 음악, 무감
이 음악가들과 시인들은 즉흥성을 특징으로 하는 아제르바이잔 전통 민속 음악인 무감을 공연하기 위해 모여 있어요.

진흙 화산
바쿠의 남서쪽에 있는 고부스탄 국립 공원에는 거의 300개의 진흙 화산이 있어요. 용암이 분출하며 만들어진 진짜 화산이 아니라 진흙과 가스 분출로 만들어진 산들이에요.

도시의 랜드마크
바쿠의 헤이다르 알리예프 센터는 아제르바이잔 문화의 중심지예요. 너울거리는 파도 느낌의 디자인으로 유명해요.

- 86,600㎢
- 1,017만 명
- 바쿠
- 아제르바이잔어, 러시아어

아제르바이잔은 **석유**와 **천연가스**가 **풍부**하게 매장되어 있어요. 땅 밑에 묻혀 있던 가스가 땅 밖으로 새어 나와 몇 년째 **계속 불타는 곳**도 있어요. 그래서 아제르바이잔은 '**불의 땅**'이라고 불려요.

시리아

물레방아
하마시 주변의 관개 시설에서는 노리아라는 거대한 물레방아로 물을 끌어 올려요. 이 물레방아 바퀴들(아래)은 14세기에 만들어졌어요.

이 물레방아는 오론테스강에 설치되어 있어요.

북적이는 시장
다마스쿠스에 있는 알 하미디야 수크는 시리아에서 가장 큰 시장이에요. 수공예품, 옷, 식료품을 사고팔지요.

- 187,437㎢
- 2,212만 명
- 다마스쿠스
- 아랍어, 기타 언어 (7+)

시리아에는 **풍요로운 역사**가 있어요. 수도인 다마스쿠스는 **기원전 8000년 전부터 사람이 살던 흔적이 발견된 곳**이지요. 그러나 **2011년**에 일어난 **내전** 때문에 수백만 명이 고국을 떠나는 등 **격변**을 겪고 있어요.

조지아

산악 국가
장엄한 캅카스산맥은 조지아의 등줄기예요. 외딴 마을인 우쉬굴리(아래)는 캅카스산맥의 일부이자 조지아에서 가장 높은 시하라산 기슭에 있어요.

치다오바
이 소년들은 조지아의 전통 레슬링인 치다오바를 하느라 일대로 겨루고 있어요. 경기 시간인 5분 동안 함께하는 활기찬 민속 음악과 춤도 이 무술의 한 부분이에요.

아시아와 유럽의 **교차로**에 자리하는 조지아는 흑해의 **동쪽 해안**에 있는 작은 나라예요. 화려한 색을 자랑하는 수도 **트빌리시**에는 **현대적인 건물**들과 **역사적인 장소**들이 어우러져 있어요.

- 69,700㎢
- 371만 명
- 트빌리시
- 조지아어, 기타 언어 (+6)

아르메니아

에치미아진 대성당
예레반의 서쪽에 있는 이 성당은 아르메니아 기독교 예배당의 심장부예요. 안은 꽃무늬와 기하학적 무늬로 장식되었어요.

황금빛 과일
아르메니아의 나라 과일은 살구예요. 적어도 3,000년 전부터 이 나라에서 자랐지요.

수도인 예레반은 아르메니아고원에 있어요.

아르메니아의 **산악 지형**에는 물살이 빠른 **강**, **협곡**, **사화산**이 많아요. 내륙 국가인 이 나라는 많은 사람들이 종사하는 **농업**이 주요 산업이지만, 지금은 **광업**과 **관광업**도 성장하고 있어요.

- 29,743㎢
- 278만 명
- 예레반
- 아르메니아어, 아제르바이잔어, 러시아어

돌들의 교향곡
예레반 남동쪽의 가르니 협곡에 있는 주상절리예요. 길게 쭉쭉 뻗은 현무암 기둥들이 파이프 오르간의 파이프들을 닮아서, '돌들의 교향곡'으로 불러요.

아시아

레바논

삼나무는 레바논의 상징이에요.

오래된 포도주 생산지
레바논의 베카 계곡은 세계에서 가장 오래된 포도주 생산지 중 하나예요. 이곳의 포도주는 거의 3,000년 전부터 유명해 성서에도 등장하는데, 최근 다시 인기가 있어요.

베이루트는 지중해 연안에서 가장 붐비는 항구 중 하나예요.

비둘기 바위
베이루트 앞바다에 거대한 석회암 바위 한 쌍이 우뚝 솟아 있어요. 주민들과 관광객들에게 인기 있는 지역 명물이에요. 한때 비둘기가 많이 살았어요.

농부가 갓 수확한 포도를 가득 담은 바구니를 들고 있어요.

고기로 만든 국민 요리
'키베'는 밀을 찌고 말린 불구르와 간 고기, 다진 양파, 잣, 향신료, 허브를 반죽해서 굽거나 튀긴 음식이에요.

- 10,400㎢
- 548만 명
- 베이루트
- 아랍어, 프랑스어, 아르메니아어, 아시리아어

지중해에 있는 레바논은 수천 년 동안 **무역의 중심지**였어요. 인구 구성이 중동 국가 중에서 독특해요. **마론파 기독교도**, **드루즈인**을 비롯해 이슬람교를 믿지 않는 **비무슬림**과 이슬람교도인 **무슬림**이 섞여 있거든요.

이스라엘

서안과 가자 지구에 팔레스타인 사람이 500만 명 넘게 살고 있어요.

나무 심기 축제
유대인의 '나무를 위한 새해'는 과일나무를 심고, 포도, 무화과, 대추, 석류 등 과일과 견과류를 먹는 날이에요.

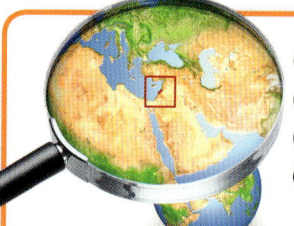

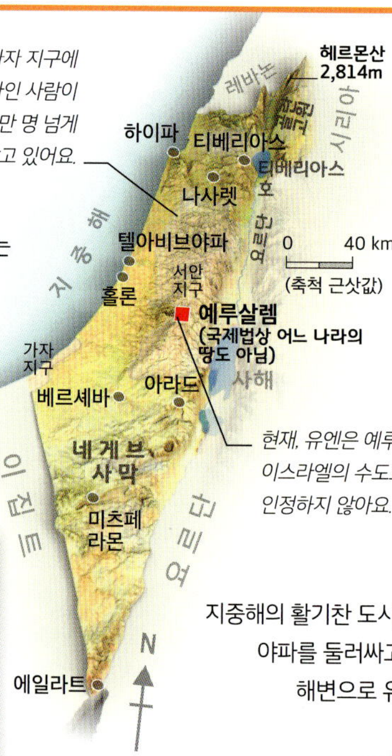

현재, 유엔은 예루살렘을 이스라엘의 수도로 인정하지 않아요.

고대 예루살렘
기원전 2000년부터 있었던 예루살렘의 구시가지는 유대교, 기독교, 이슬람교의 성지예요. 유대교의 '통곡의 벽'과 이슬람교의 '바위 사원'이 있어요.

활기찬 텔아비브
지중해의 활기찬 도시인 텔아비브는 고대 항구인 야파를 둘러싸고 있어요. 현대식 건물과 해변으로 유명해요.

- 21,937㎢
- 955만 명
- 예루살렘
- 히브리어, 아랍어, 기타 언어 (+6)

이스라엘은 1948년 **유대인**을 위해 **건국**했어요. 그 뒤로 고향에서 **쫓겨난** 팔레스타인 사람들이 머무는 요르단강 **서안 지구**와 **가자 지구**에서 갈등이 계속되고 있어요.

요르단

야생 사냥꾼
요르단의 반사막 지대(사막보다 강수량이 많은 지역)에 사는 카라칼은 고양이과 동물로 민첩한 포식자예요. 힘센 뒷다리와 예민한 청각을 이용해 새나 설치류와 같은 먹이를 잡아요.

20개가 넘는 근육으로 귀를 움직여, 카라칼은 아주 작은 소리도 잘 들을 수 있어요.

전통 머리 장식
케피예는 문양을 넣은 아랍식 머리 장식으로, 중동에서 남자들이 주로 써요. 뜨거운 햇빛을 막아 줘요.

빨간색과 흰색은 요르단을 상징하는 색이에요.

베두인족의 화려한 음식
베두인족 요리에서 시작되어 요르단에서 인기 있는 만사프는 밥과 함께 먹는 양고기 요리로, 요거트 소스를 곁들여 내요.

잃어버린 도시
고대 도시 페트라는 2,000년 전에 번성했어요. 이곳에는 사암 절벽을 파서 만든 사원과 무덤들이 남아 있어요. 바위를 깎아 만든 거대한 방들로 이루어진 수도원인 알데이르가 특히 유명해요.

- 89,342㎢
- 1,128만 명
- 암만
- 아랍어

지금의 **요르단**은 **1921년**에 **세워진 나라**예요. 국토는 대부분이 **사막 지대**이고, 사막에서는 **베두인족**이 **유목 생활**을 하며 살고 있어요. 수백만 명의 요르단 사람들은 **암만**과 같은 **현대 도시**에 살아요.

역사가 깃든 암만
원래 일곱 개의 언덕 위에 지어진 암만은 아랍 세계에서 가장 큰 도시 중 하나예요. 가운데 언덕에 있는 로마 시대의 신전을 비롯한 고대 암만 성채(요새)의 유적이 구시가지를 내려다보고 있어요.

사해
사막 한가운데 있는 이 유명한 호수는 세계에서 가장 짠 호수예요. 바닷물보다 거의 10배 더 짜지요. 높은 염분 농도 때문에 물의 밀도가 너무 높아서 사람들이 물에 둥둥 떠요.

이라크

강들의 땅
유프라테스강과 티그리스강, 두 강에서 갈라져 나온 지류들이 큰 수계를 이루고 있어요. 이 물길들이 땅에 물을 공급하고 토양을 비옥하게 해서 농사짓기에 좋아요.

물 위의 삶
이라크 남동부 습지에 사는 습지 아랍인들은 그곳에서 나는 갈대로 집과 배를 만들어요. 5,000년 전부터 이라크의 습지에서 공동체를 이루며 살고 있어요.

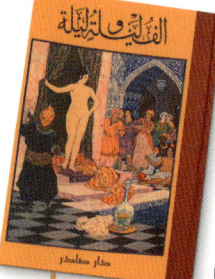

천일야화
아라비아와 페르시아의 민간에 전해 오는 설화를 모은 『천일야화』는 '아라비안나이트'라고도 알려졌어요. 이야기의 배경은 대부분 바그다드예요.

고대의 성문
기원전 575년에 세운 이슈타르의 문은 메소포타미아의 도시인 바빌론의 성문 중 하나였어요. 이 작은 복제품은 카르발라 동쪽에 있는 이 고대 도시의 폐허에 서 있어요.

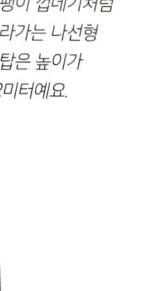

종교 유물
고대 메소포타미아 사람들은 뛰어난 장인들이었어요. 기원전 2500년 무렵부터 장신구와 예배를 드리기 위한 작은 인물상 같은 조각상을 만들었지요.

달팽이 껍데기처럼 올라가는 나선형 첨탑은 높이가 52미터예요.

사마라 대모스크
한때 세계에서 가장 큰 이슬람교 사원이었던 사마라의 대모스크는 서기 9세기에 세워졌어요. 지금은 돌을 쌓아 만든 첨탑만 남아 있어요.

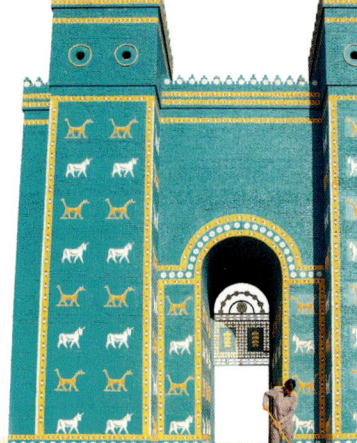

서남아시아에서 **이라크**가 위치한 곳은 오래전 크게 번성했던 **메소포타미아**라는 지역이에요. **티그리스강과 유프라테스강의 비옥한 계곡**에서 **세계 최초의 문명**이 꽃을 피우며 농업과 문자를 발전시켰지요. 오늘날 이라크는 **많이 매장되어 있는 원유**를 채굴해 많은 나라에 수출해요.

- 438,317㎢
- 4,449만 명
- 바그다드
- 아랍어, 기타 언어 (4+)

이란

테헤란 그랜드 바자르
수백 년 동안 사람들이 물건을 사러 온, 테헤란의 역사 깊은 오래된 시장의 길 위에는 화려한 아치 천장이 있어요.

천국의 정원
고대 페르시아에서 처음 설계된 조경 정원들은 이슬람 건축의 한 가지 특징으로 자리를 잡게 되었어요. 시라즈에 있는 엘람 정원은 이란에서 가장 아름다운 정원으로 꼽혀요.

별이 이끄는 길
고대 페르시아인들은 황동으로 만든 천문 도구인 아스트롤라베를 이용해서 태양과 별의 위치를 측정하고, 성스러운 도시 메카의 방향을 찾곤 했어요.

테헤란은 북쪽의 눈 덮인 엘부르즈산맥의 보호를 받아요.

고대 도시 수사는 자그로스산맥 기슭에 있어요.

제리쉬 폴로우
향기로운 사프란과 매자라는 열매로 향과 색을 낸 이 이란식 쌀 요리는 보통 닭고기와 함께 내요.

정예 전사들
고대 도시 수사의 이 모자이크는 페르시아 제국 최초의 정예 전사들을 나타내요. 이 부대는 '불멸의 부대'로 불렸어요. 전사 한 명이 죽으면 예비로 있던 사람이 빈자리를 채워서, 인원을 늘 1만 명으로 유지했거든요.

하나하나 따서 모아요
세계에서 가장 비싼 향신료인 사프란은 대부분 이란에서 생산해요. 사프란 크로커스의 섬세한 보라색 꽃을 손으로 따고 안쪽 붉은 암술대를 말려서 만들지요.

- ⬜ 1,648,195㎢
- 👥 8,850만 명
- ⭐ 테헤란
- 🌐 페르시아어, 아제르바이잔어, 기타 언어 (+7)

이란의 옛 이름은 **페르시아**예요. 기원전 6세기에 **시**, **양탄자 직조**, **금속 세공**으로 알려진 문명이 발달한 곳이지요. 이란의 풍부한 문화유산은 여러 **민족 집단**과 **건축 양식** 및 **지역 풍습**이 어우러진 모습에 담겨 있어요.

사우디아라비아

문화 축제
사우디아라비아에서는 해마다 리야드 근처의 알자나드리아에서 2주간 문화 축제를 열어요. 수천 명이 이곳에 모여 춤과 잔치를 즐기지요.

오릭스의 뿔은 76센티미터까지 자라요.

이 정유소는 원유 매장량이 많기로 세계에서 손꼽히는 담맘에 있어요.

아라비아오릭스
사막에 사는 영양으로 1972년에는 야생에서 멸종 위기였지만 동물원 번식에 성공해서 1980년대에 원래 서식지로 돌려보내졌어요. 오늘날에는 1,000마리가 넘는 아라비아오릭스가 룹알할리 사막을 돌아다녀요.

석유 수출
사우디아라비아의 유전에는 지금까지 알려진 세계 석유 매장량의 5분의 1이 있어요. 이 나라는 세계에서 원유를 가장 많이 수출하는 나라예요.

우기에만 생기는 물길
사우디아라비아는 강수량이 적어서 일 년 내내 물이 흐르는 강이 없어요. 그 대신 마른 강바닥이나 낮은 땅에 짧은 우기가 되면 물길이 생겨요. 와디라고 하지요.

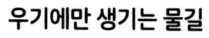

- 2,149,690km²
- 3,640만 명
- 리야드
- 아랍어

아라비아반도에 있는 사우디아라비아는 이슬람 신앙의 중심지이자 **성지**인 **메카**와 **메디나**가 있는 나라예요. **원유**와 **천연가스**가 **풍부하게 매장**되어 있어 세계의 **부유한 나라**들 중 하나지요.

신성한 도시
이슬람교의 창시자인 예언자 무함마드는 메카에서 태어났어요. 수백만 명의 무슬림이 이 신성한 도시로 하지(순례)를 떠나요.

사람들이 카바 신전을 향해 기도해요. 이슬람교에서 가장 신성한 성소로서, 메카의 대모스크 중앙에 있어요.

바레인

생명의 나무
이 나무는 온갖 역경을 넘으며 400년 넘게 바레인 남부에서 자라고 있어요. 마나마 남쪽으로 40킬로미터 떨어진 메마른 땅에서 말이에요.

바레인 진주
바레인은 페르시아만 해저의 굴 양식장에서 채취한 품질 좋은 천연 진주로 유명해요. 진주를 채취해서 품질과 크기를 확인하고 분류한 뒤 전 세계로 수출하지요.

- 760㎢
- 150만 명
- 마나마
- 아랍어

바레인은 카타르만에 있는 작은 섬나라로, **30개가 넘는 자연 섬**과 **인공 섬**으로 이루어졌어요. 땅은 대부분 **평평하고, 저지대** 사막 지대예요. 매장량이 **어마어마한 원유**와 **천연가스, 은행업** 및 **관광업**에 **경제**를 기대고 있어요.

쿠웨이트

쿠웨이트 타워
1979년부터 쿠웨이트시티 해안가에 랜드마크 같은 타워들이 서 있어요. 이 도시 곳곳에 있는 급수탑 34개 중 일부예요.

아라비아 사막이 쿠웨이트 땅의 대부분을 차지해요.

구의 아래쪽은 물을 저장해 두는 곳이고, 위쪽은 식당이에요.

게 사냥꾼
쿠웨이트의 해안은 게물떼새 수천 마리가 얕은 물에서 게를 잡아먹고 살아가는 서식지예요.

- 17,818㎢
- 426만 명
- 쿠웨이트시티
- 아랍어, 영어

쿠웨이트는 나라는 작아도 **원유**가 **풍부**해서 세계에서 **부유한 나라**에 속해요. 사람들은 대부분 현대적인 **초고층 건물**들이 가득한 수도 쿠웨이트에서 살아요. **낙타 경주**는 인기 있는 **여가 활동**이에요.

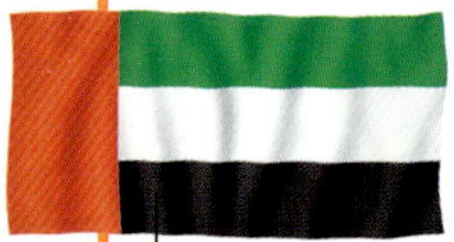

아랍 에미리트

아랍 에미리트 국기의 네 가지 색은 각각 다른 아랍 왕조를 뜻해요.

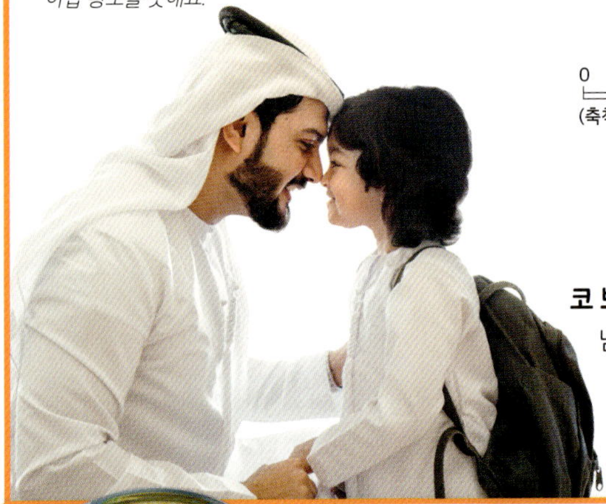

코 뽀뽀

남자들끼리 하는 아랍식 전통 인사법이 있어요. 서로 코를 맞대고 살짝 두 번 문지르는 거예요.

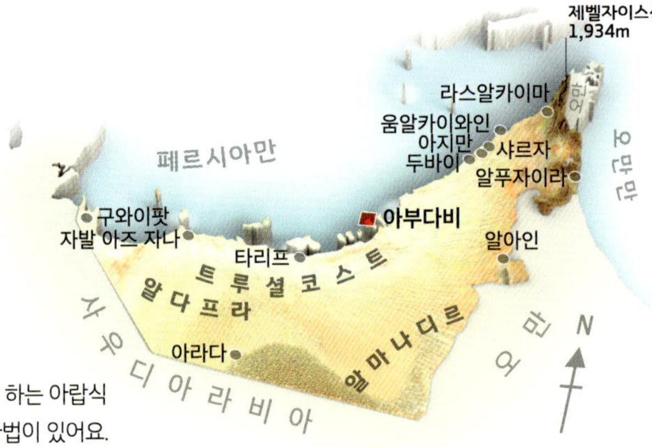

0 50 km
(축척 근삿값)
페르시아만
제벨자이스산 1,934m
라스알카이마
움알카이와인
아지만
두바이
샤르자
알푸자이라
오만
오만만
구와이팟
자발 아즈 자나
아부다비
타리프
트루셜코스트
알다프라
알아인
아라다
알마나디르
사우디아라비아
오만
N

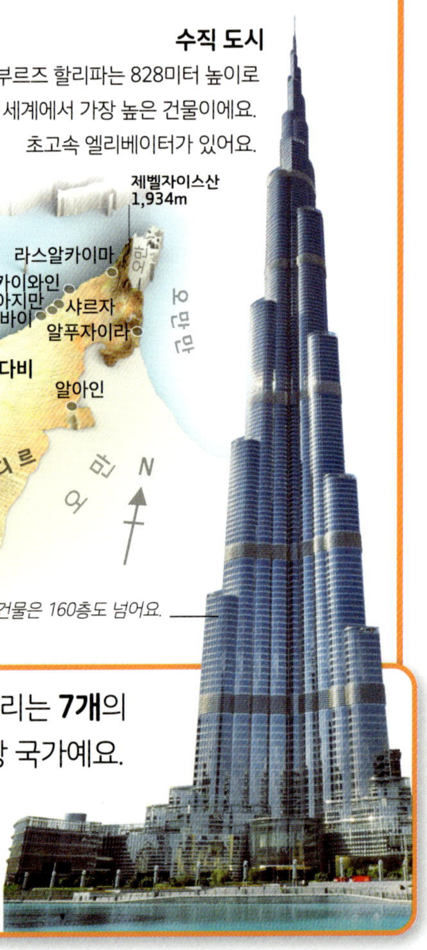

수직 도시

두바이의 부르즈 할리파는 828미터 높이로 전 세계에서 가장 높은 건물이에요. 초고속 엘리베이터가 있어요.

이 건물은 160층도 넘어요.

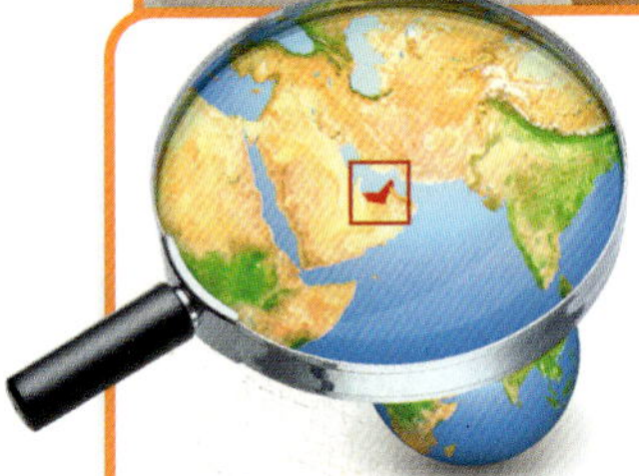

- 83,600㎢
- 944만 명
- 아부다비
- 아랍어, 기타 언어 (+7)

아랍 에미리트(UAE)는 '**에미르**'가 다스리는 **7개**의 **에미리트**, 즉 토후국들로 이루어진 연방 국가예요. 아부다비, 두바이, 샤르자, 아지만, 움알쿠와인, 라스알카이마, 푸자이라로 이루어져요.

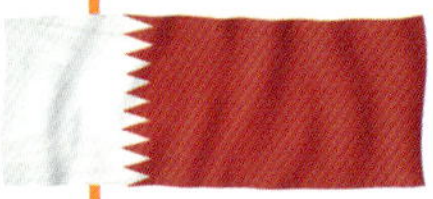

카타르

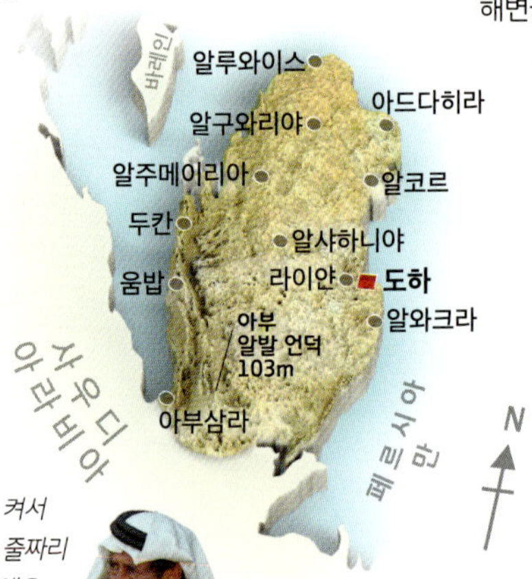

0 40 km
(축척 근삿값)
바레인
알루와이스
아드다히라
알구와리야
알주메이리아
알코르
두칸
알샤하니야
움밥
라이얀
도하
알와크라
아부 알발 언덕 103m
아부삼라
사우디아라비아
페르시아만
N

해안가의 수도

도하는 카타르에서 가장 붐비는 도시예요. 페르시아만에 있는 상업 지구에는 해변을 따라 매우 멋진 초고층 건물들이 늘어서 있지요.

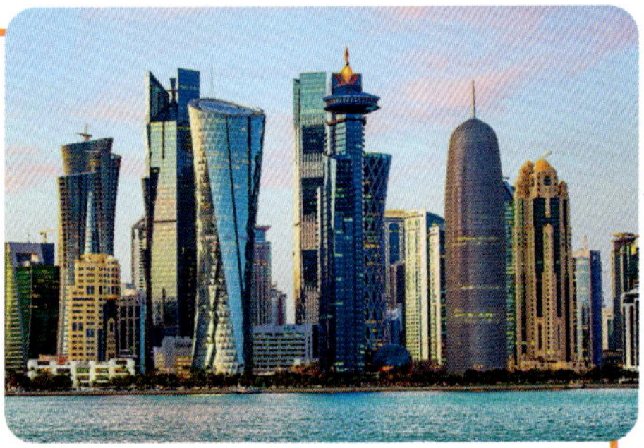

베두인족

야영지처럼 꾸미고 음악을 연주하며 노래를 부르는 등 카타르의 많은 전통들은 사막에서 유목 생활을 하는 베두인족에게서 이어져요.

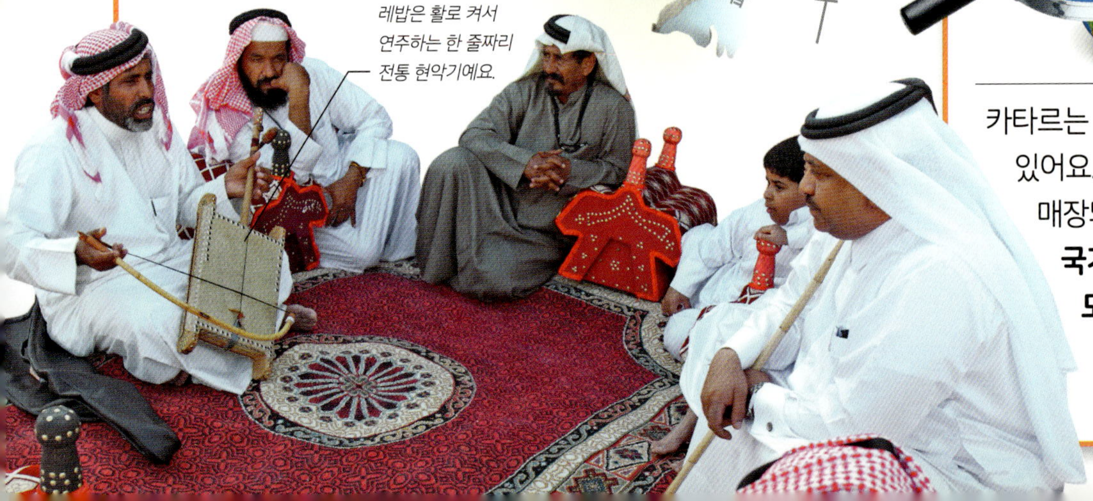

레밥은 활로 켜서 연주하는 한 줄짜리 전통 현악기예요.

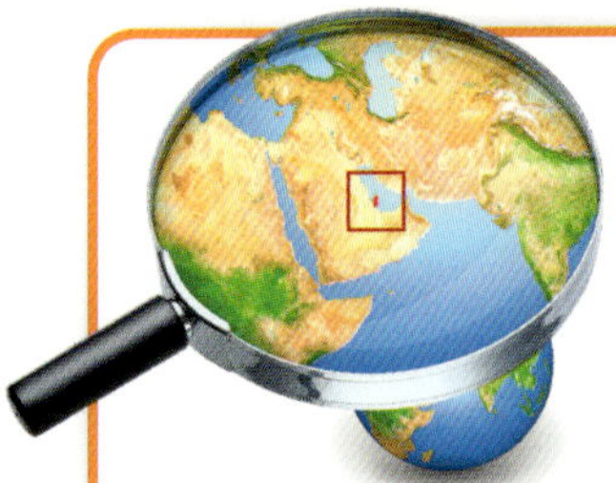

- 11,586㎢
- 269만 명
- 도하
- 아랍어

카타르는 **페르시아만**의 **작은 반도**에 있어요. **천연가스**와 **석유**가 많이 매장되어 있어 경제적으로 **부유한 국가**예요. 국토는 대부분 **모래 사막**과 **모래 언덕**으로 이루어졌어요.

오만

아시아

산골 마을
알하자르산맥의 기슭에 있는 마을인 발라드사야트는 비옥한 계단식 밭으로 유명해요. 오만에서는 많은 사람들이 보다 시원한 산지에서 살아요.

물을 대는 관개 시설
아플라즈는 고대부터 내려오는 오만의 관개 수로예요. 높은 지대의 우물이나 지하수에서 물을 끌어와 아래쪽의 농토와 마을에 대지요.

오만의 튜닉
디쉬다샤는 긴소매에 발목까지 내려오는 튜닉이에요. 의식을 치를 때는 튜닉 위에 전통 단검인 칸자르를 차요.

- 309,500㎢
- 457만 명
- 무스카트
- 아랍어, 기타 언어 (+4)

오만은 아라비아반도에서 가장 **다양한 지형**을 보여요. 구불구불 이어지는 모래 언덕, 높이 솟은 산, 우거진 오아시스, 험준한 해안선이 있어요. 수도인 **무스카트**는 **알하자르산맥**과 **오만만** 사이의 **비옥한 땅**에 자리해요.

예멘

사막의 방어 시설
알하자라는 12세기에 가파른 절벽에 지어진 마을이에요. 높은 요새처럼 지은 집들은 오래전 침입자들을 막는 데 큰 역할을 했지요.

용혈수
소코트라섬에서만 자라는 이 특이한 나무는 줄기에서 나오는 수액이 빨간색이어서 용의 피가 흐르는 나무라는 뜻의 이름을 얻었어요.

- 527,968㎢
- 2,990만 명
- 사나
- 아랍어

예멘은 국토 대부분이 산지인 나라예요. **홍해**와 만나는 **위치** 덕분에 **고대**에는 **커피, 유향, 몰약**을 교역하는 중요한 나라였어요. 2015년에 시작된 예멘 **내전** 때문에 큰 어려움을 겪고 있어요.

우즈베키스탄

목화 재배
목화 생산은 아주 큰 사업이에요. 목화를 따는 사람만 해도 백만 명이 넘어요.

납작한 빵
둥글넓적한 빵 오비논은 전통적으로 점토로 만든 화덕인 탄두르 안에서 구워요.

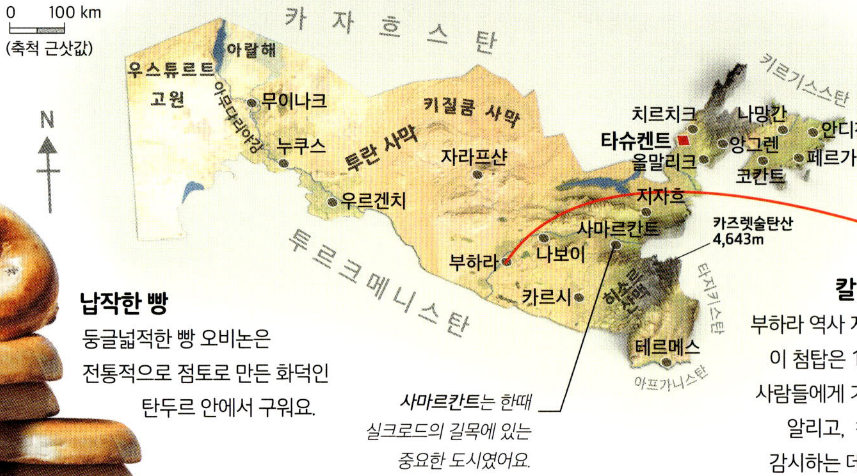

*사마르칸트*는 한때 실크로드의 길목에 있는 중요한 도시였어요.

칼리안 첨탑
부하라 역사 지구에 있는 이 첨탑은 12세기부터 사람들에게 기도 시간을 알리고, 침입자들을 감시하는 데 쓰였어요.

- 447,400㎢
- 3,060만 명
- 타슈켄트
- 우즈베크어, 러시아어, 타지크어, 카자흐어

우즈베키스탄은 대부분 **사막**이에요. 한때 세계에서 손꼽히게 컸던 **아랄해**도 거의 말라 버렸어요. 사마르칸트와 부하라 같은 고대 **무역로의 도시**에는 모자이크 타일로 장식한 모스크들이 많이 있어요.

투르크메니스탄

전통 거주지
예전에 투르크메니스탄 사람들은 대부분 유목민의 생활 방식을 따라서 펠트로 만든 전통 천막인 유르트에서 살았어요.

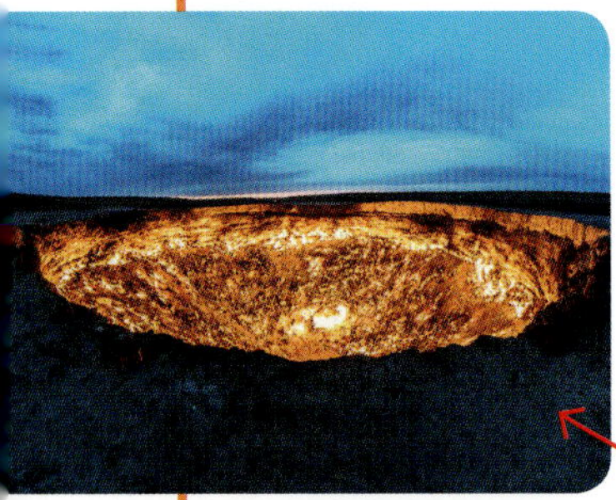

다르바자 분화구
1971년부터 불타고 있는 이 가스 분화구는 천연가스를 연구하다 땅이 붕괴되면서 생겨났어요. 깊이가 20미터쯤 돼요.

*가라쿰 사막*은 이 나라 전체 면적의 3분의 2 이상을 차지해요.

- 488,100㎢
- 643만 명
- 아시가바트
- 투르크멘어, 기타 언어 (+4)

투르크메니스탄은 **카스피해**와 닿아 있지만 국토는 대부분이 메마른 사막이에요. 이 나라는 **석유**와 **가스** 매장량이 풍부하며, **천연가스**를 주로 수출해요. 오아시스 도시인 **마리**와 **테젠**은 **목화 재배**의 **중심지**예요.

투르크멘족의 장신구
이 머리 장식과 목걸이처럼, 원주민 장인이 보석을 넣어 만든 화려한 장신구는 예로부터 부의 상징이었어요.

카자흐스탄

최초의 우주선 발사 기지
세계 최초이자 가장 큰 우주선 발사 기지는 카자흐스탄의 바이코누르 근처에 있는 바이코누르 우주 기지예요. 이곳은 2050년까지 러시아가 임대해 써요.

2013년 소유즈 우주선을 실은 소유즈-FG 로켓이 우주 비행장에서 발사되었어요.

복슬복슬한 여우
카자흐스탄을 비롯하여 중앙아시아의 여러 나라에서 볼 수 있는 코사크여우는 평탄하고 건조한 스텝 지대에서 살아요. 굵고 빽빽한 털 덕분에 혹독하게 추운 기후도 견딜 수 있지요.

카자흐스탄의 수도인 누르술탄은 이심강을 끼고 있어요.

독수리 사냥꾼
검독수리를 길들여 짐승을 잡게 하는 사냥법은 4,000년 전에 시작되었어요. 지금도 카자흐족 사냥꾼은 검독수리와 함께 말을 타고 여우와 토끼 사냥에 나서요.

사냥꾼의 목소리만 알아들을 수 있도록 훈련받은 검독수리는 매우 충성스러워요. 사냥감을 죽인 뒤 반드시 주인에게 돌아오지요.

야생 사과
오늘날 전 세계에서 먹는 사과들은 알타이산맥의 기슭에서 발견된 조상 사과나무의 후손들이에요.

- 2,724,900㎢
- 1,962만 명
- 누르술탄
- 카자흐어, 기타 언어 (+6)

세계에서 **가장 큰 내륙 국가**인 카자흐스탄은 서쪽으로 **카스피해**에서 동쪽으로 중국까지 펼쳐져요. **석유**와 **가스** 등 **풍부한 자원**을 바탕으로 **중앙아시아**의 **경제 대국**으로 성장하고 있어요.

아프가니스탄

헤라트의 대모스크
화려한 무늬의 타일로 장식한 대모스크는 800년 전부터 헤라트 도심에 우뚝 서 있어요.

굽 있는 잔 모양으로 생긴 이 북은 뼈, 가죽, 금속, 나무로 만들어요.

전통 북
전통 북인 제르바갈리의 흥겨운 소리는 지금도 아프가니스탄 음악가들의 민속음악 연주에서 들을 수 있어요.

카불은 힌두쿠시산맥의 계곡에 위치하며 궁전, 공원, 시장 들이 있는 큰 도시예요.

청금석
라피스라줄리라고도 불리는 이 준보석은 아프가니스탄에서 6,000년 넘게 채굴되어 왔어요. 실크로드를 따라 거래되었으며, 지금도 중요한 수출 품목이에요.

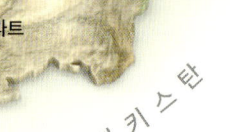

석류를 따서 검사하고 포장해서 그대로 팔거나 주스로 짜서 팔아요.

진홍색 과일
아프가니스탄은 다른 어떤 나라보다 석류 품종이 다양해요. 남아시아를 비롯한 여러 곳에 수출하지요.

놀며 배우기
스케이트스탄은 2007년에 카불에 세워진 단체예요. 아이들은 이곳에서 스케이트보드를 비롯한 스포츠뿐 아니라 영어와 컴퓨터도 배울 수 있어요.

- 652,230㎢
- 4,112만 명
- 카불
- 파슈토어, 타지크어, 기타 언어 (+4)

아프가니스탄은 아시아와 유럽을 잇는 **고대 무역로**인 **실크로드**의 교차로에 있어요. **비단**, **보석**, **금속**은 여러 도시를 거쳐 나가서 아프가니스탄에 **막대한 부**를 가져다주었지요. 지금은 **과일**과 **양탄자**로 유명해요.

키르기스스탄

세계 유목민 대회
중앙아시아의 민족 스포츠를 기리기 위해 키르기스스탄은 2014년부터 2년에 한 번씩 세계 유목민 대회를 열어요. 경기 종목 중에는 곡예 활쏘기도 있어요.

이 십자 문양은 이동식 천막인 유르트 지붕 한가운데의 매듭을 나타내요.

비슈케크는 나무와 공원이 많아서 중앙아시아에서 가장 푸른 도시 중 하나예요.

알라쿨호
이 청록색 호수는 키르기스스탄 동부에 있는 테르스케이알라타우산맥에서 해발 3,530미터 높이에 있어요.

산악 국가인 키르기스스탄은 농사를 지을 수 있는 땅이 **8퍼센트**도 안 돼요. 많은 사람들이 말과 소를 길러요. 여름이면 가축들을 **산의 목초지**로 몰고 올라가, **유르트**라는 둥근 천막에 살지요.

- 199,951㎢
- 680만 명
- 비슈케크
- 키르기스어, 러시아어, 기타 언어 (+3)

타지키스탄

루다키 공원
두샨베 중심지에 있는 넓고 아름다운 이 공원의 이름은 타지키스탄에서 태어난 9세기 페르시아 시인 루다키의 이름에서 왔어요.

루다키의 동상이 공원 한가운데에 세워져 있어요.

파미르 사람들
파미르인은 '세계의 지붕'으로 알려진 타지키스탄의 파미르고원에서 사는 민족 집단이에요.

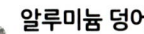

알루미늄 덩어리
타지키스탄에는 중앙아시아에서 가장 큰 알루미늄 제조 공장이 있지만, 천연 알루미늄 광석이 없어서 원광석을 수입해서 만들어요. 이 금속으로 캔, 포일, 요리 도구를 만들어요.

- 144,100㎢
- 995만 명
- 두샨베
- 타지크어, 우즈베크어, 러시아어

이 산악 국가는 **봄의 첫 꽃**을 맞이하는 **축제** 등, 많은 **전통**을 지키고 있어요. 타지키스탄의 **이스모일소모니봉**은 **중앙아시아**에서 매우 **높은 봉우리** 중 하나예요.

파키스탄

아시아

말랄라는 2014년 17세 때 노벨상을 받았어요. 이제까지 가장 나이 어린 수상자예요.

이슬라마바드는 1967년에 해안 도시인 카라치 대신 수도가 되었어요.

인더스강은 파키스탄 동부를 가로지르며 약 3,200킬로미터를 흘러요. 파키스탄에서 가장 긴 강이에요.

산두르 축제
해마다 열리는 이 폴로 축제에 참가하는 팀들은 세계에서 가장 높은 폴로 경기장에서 실력을 겨뤄요. 경기장이 무려 3,700미터 높이의 산두르 패스에 있거든요.

말랄라 유사프자이
세계적인 인권 운동가 말랄라는 여자아이의 교육을 금지하는 스왓 계곡에서 무장 세력의 총격을 받은 뒤, 어린이와 여성의 교육을 위해 활동하고 있어요.

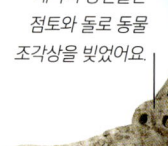

계곡의 장인들은 점토와 돌로 동물 조각상을 빚었어요.

인더스 계곡 문명
이 고대 문명은 5,000년 전에 인더스강을 따라 발달했어요.

K2봉
카라코람산맥에 있는 케이투(K2)봉은 세계에서 두 번째로 높은 봉우리예요.

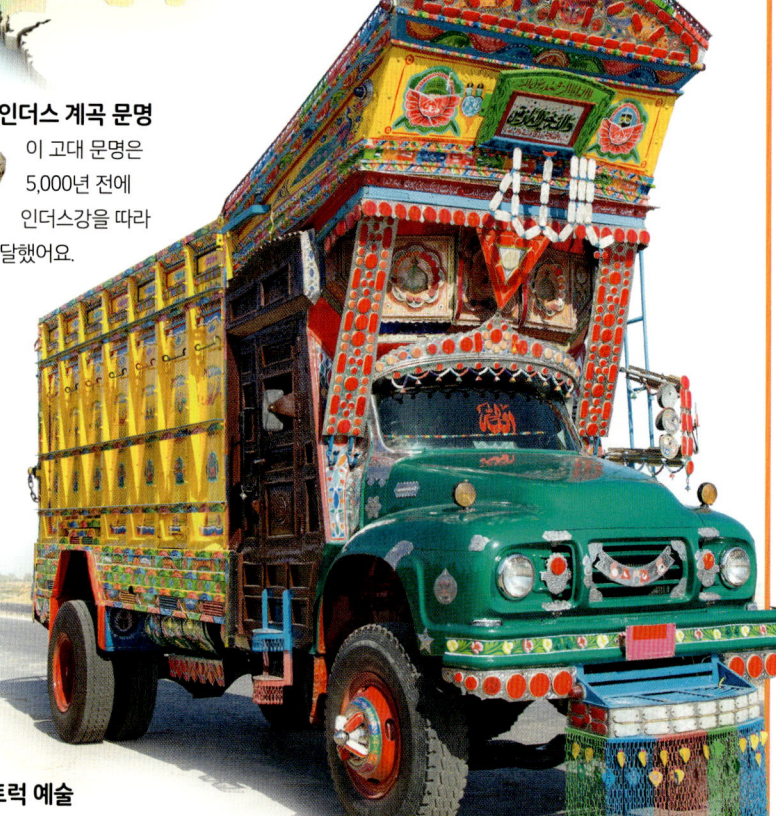

트럭 예술
화려한 트럭들이 파키스탄의 도로를 환히 밝히며 달려요. 종교적 상징들, 유명한 사람들, 시를 아름다운 디자인으로 트럭에 그려 넣는 거예요.

- 796,095 km²
- 2억 3,582만 명
- 이슬라마바드
- 펀자브어, 신디어, 파슈토어, 기타 언어 (+3)

파키스탄은 **카라코람산맥**과 **파미르고원** 같은 **산지**와 **비옥한 평원**, **사막** 등 다채로운 풍경이 펼쳐져요. 이 나라는 **1947년** 옛 영국령 인도가 분할되면서 **독립국**이 되었어요.

스리랑카

캔디 에살라 페라헤라 축제
해마다 캔디에서는 부처의 치아 사리를 옮기는 의식을 재현하는 축제가 열려요. 화려하게 장식한 코끼리들이 무용수와 곡예사와 함께 행진해요.

장대 낚시
이 스리랑카 어부들은 얕은 물 위로 높이 솟은 나무 말뚝에 올라앉아 물고기를 잡고 있어요. 이 기술로 대를 이어 고기를 잡아 왔지요.

사자는 이 나라의 힘을 상징해요.

아시아

- 65,610㎢
- 2,218만 명
- 스리자야와르데네푸라코테, 콜롬보
- 싱할라어, 타밀어, 싱할라-타밀어, 영어

섬나라인 스리랑카는 **인도의 남쪽 끝**에 있어요. **인도양**에서 좋은 위치에 있어, 고대부터 **무역하는 상인**들의 관심을 끌었어요. 오늘날, 이 나라는 **차 플랜테이션**과 **야생 동물**로 유명해요.

몰디브

수중 내각 회의
2009년 몰디브 정부는 수위 상승과 기후 변화에 대한 대처를 촉구하기 위해 역사에 남는 행사를 열었어요. 세계 최초로 수중에서 열린 내각 회의에 참석한 농·어업부 장관을 보세요!

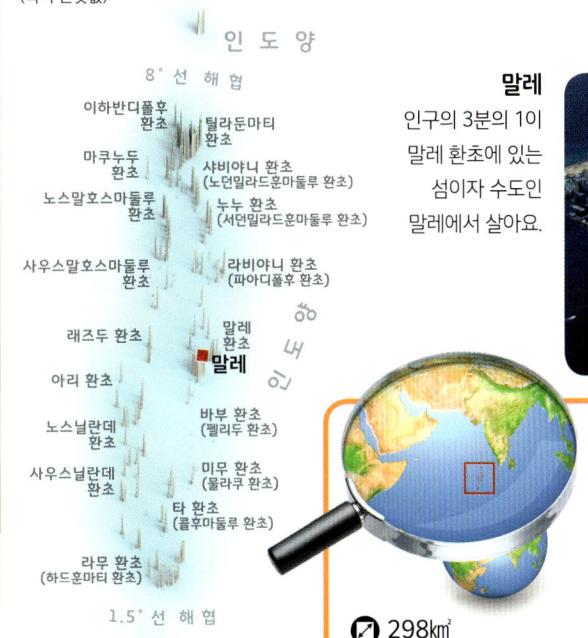

말레
인구의 3분의 1이 말레 환초에 있는 섬이자 수도인 말레에서 살아요.

- 298㎢
- 52만 명
- 말레
- 디베히어, 기타 언어 (+3)

몰디브는 매우 아름다운 **열대 해변**과 **맑은 물**로 유명해요. 하지만 **낮고 평평한 땅**은 **해수면이 올라가면서** 점점 물에 잠기고 있어요. 이 나라는 **26개의 환초**에 속하는 **1,000개 넘는 산호섬**으로 이루어진 군도예요.

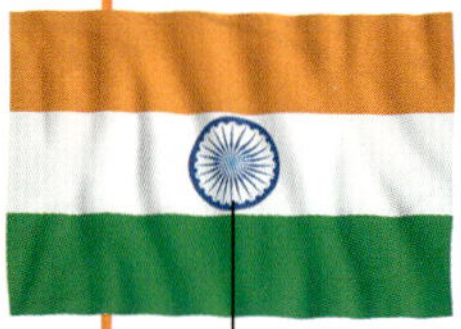

인도

'바퀴'를 뜻하는 차크라는 불교 신앙의 상징이에요.

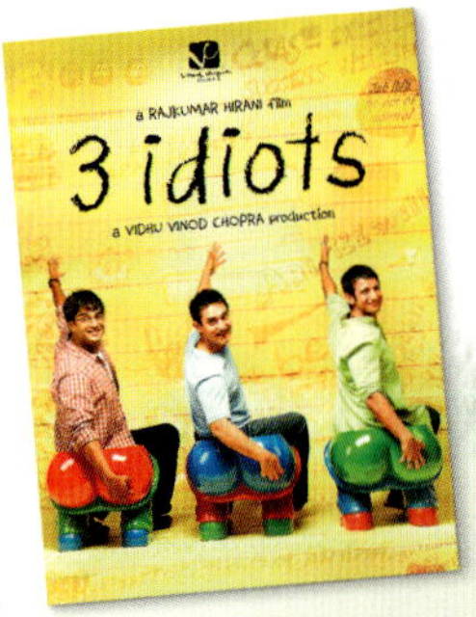

인도 영화

인도는 해마다 거의 25개 언어로 1,500편 넘는 영화를 제작해요. 발리우드에서는 「세 얼간이」 같은 코미디에서 뮤지컬과 드라마까지 다양한 힌디 영화를 만들어요.

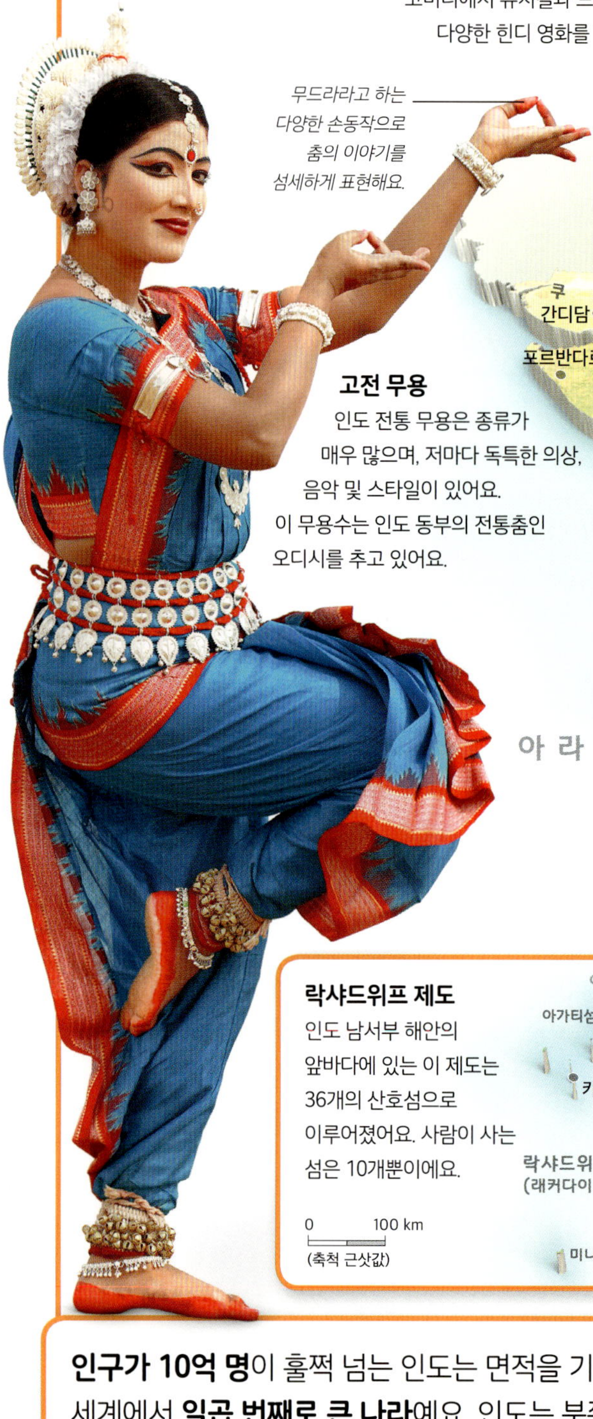

무드라라고 하는 다양한 손동작으로 춤의 이야기를 섬세하게 표현해요.

고전 무용

인도 전통 무용은 종류가 매우 많으며, 저마다 독특한 의상, 음악 및 스타일이 있어요. 이 무용수는 인도 동부의 전통춤인 오디시를 추고 있어요.

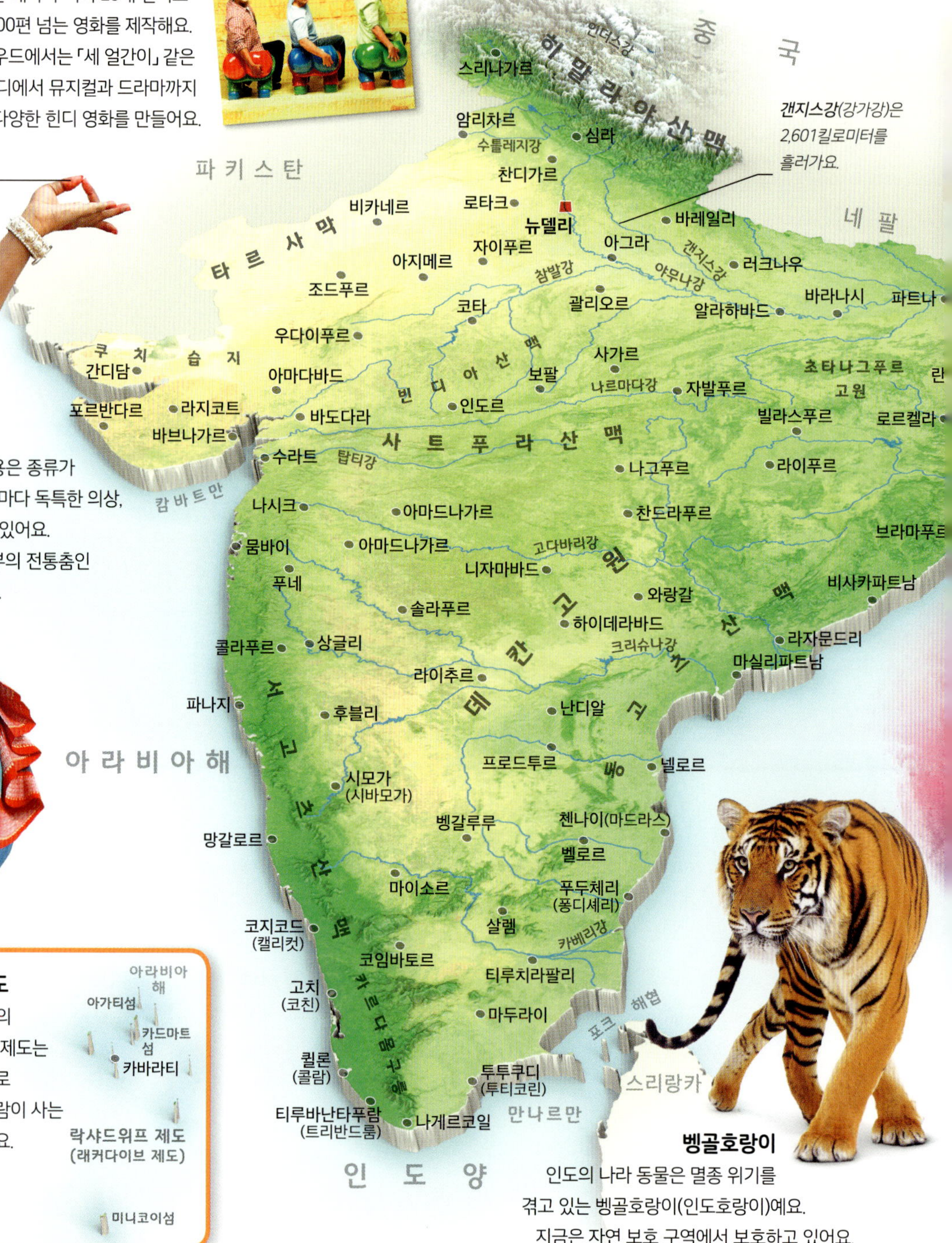

0 150 km
(축척 근삿값)
N

갠지스강(강가강)은 2,601킬로미터를 흘러가요.

락샤드위프 제도

인도 남서부 해안의 앞바다에 있는 이 제도는 36개의 산호섬으로 이루어졌어요. 사람이 사는 섬은 10개뿐이에요.

벵골호랑이

인도의 나라 동물은 멸종 위기를 겪고 있는 벵골호랑이(인도호랑이)예요. 지금은 자연 보호 구역에서 보호하고 있어요.

인구가 10억 명이 훌쩍 넘는 인도는 면적을 기준으로 세계에서 **일곱 번째로 큰 나라**예요. 인도는 북쪽의 높은 **히말라야산맥**부터 대부분의 사람들이 사는 **비옥한 강**과 **해안 평야**까지 뻗어 있어요. **문화**, **종교**, **언어**가 매우 다채로운 인도는 세계에서 **다양성이 가장 큰 나라**로 손에 꼽혀요.

- 3,287,263㎢
- 14억 명
- 뉴델리
- 힌디어, 영어, 기타 언어 (+12)

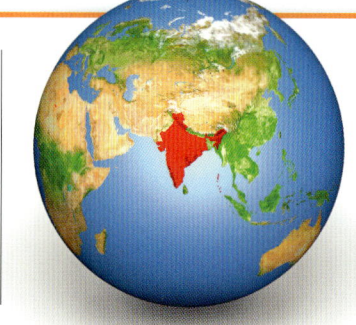

망고 마니아
인도의 망고는 1,500종이 넘어요. '망고 철'인 4월에서 6월에, 인도 사람들은 달콤한 과일 망고를 마음껏 먹어요.

킬라 이크나 마스지드
델리에는 장엄한 건축물과 기념물들이 많아요. 이 모스크는 1541년 무렵 델리의 요새 중 하나인 푸라나 킬라 안에 지어졌어요.

건물의 정면은 대리석과 붉은 사암으로 지어졌어요.

전통적으로 크리켓 공은 빨간색 가죽으로 만들어요.

크리켓
인도는 1983년과 2017년에 크리켓 월드컵에서 우승했어요. 크리켓은 인도 어디서나 즐기는 스포츠예요.

힌두교의 신들
피리를 불고 있는 크리슈나는 힌두교의 많은 신들과 여신들 중 중요한 신이에요.

콜카타는 1772년부터 1911년까지 영국령 인도의 수도였어요.

관광객을 실어 나르는 하우스보트의 모습이에요.

움직이는 집
사람들은 인도 남서부의 물길을 따라 케투발람이라는 전통 배에 물건을 실어 날라 왔어요. 이 배들은 관광객의 숙소로 쓰는 하우스보트로 많이 바뀌었어요.

홀리 축제
봄을 맞이하며 열리는 홀리 축제에는 사람들이 색색 가루를 서로에게 던지며 즐겨요.

안다만 제도는 모래 해변과 열대 우림이 있는 300여 개의 섬으로 이루어졌어요.

위성 발사 중
1969년부터 인도 우주 연구 기구(ISRO)는 수많은 위성을 거대한 로켓에 실어 발사했어요. GSLV-마크3가 대표적인 위성 발사용 로켓이에요.

지리: 인도에는 **숲, 사막, 산, 평야**가 모두 있어요. 대체로 **무더운 열대성** 기후예요.

역사: 이 지역에 있던 **많은 왕국**은 **대영 제국의 지배**를 받았어요. **1947년** 마침내 **독립국**인 **인도**가 세워졌지요.

문화: 인도의 **문화적 다양성**은 다양한 **음악, 춤, 축제, 예술**에서 잘 나타나요.

자연 경관: 히말라야는 세계에서 **가장 높은 산맥**이에요. 인도의 10개 주에 걸쳐 있지요.

야생 동물: 인도에서는 전 세계에서 **가장 인기** 있고, **두려움**의 대상인 동물들이 있어요. 바로 **호랑이, 코끼리, 악어, 코브라** 등이지요.

음식 및 음료: 다양한 향신료로 맛을 낸 **쌀, 밀가루, 렌즈콩**이 주식이에요.

방글라데시

순다르반
갠지스강과 메그나강이 만나는 삼각주에 있는 맹그로브 숲을 벵골어로 '슌도르본'이라고 해요. '순다르반'이란 이름으로 더 잘 알려져 있지요. 희귀한 벵골호랑이와 액시스사슴(왼쪽) 같은 동물들이 살아요.

찻잎 따기
실헷의 넓은 차 농장에서 사람이 손으로 찻잎을 한 장 한 장 따서 수확하고 있어요. 방글라데시는 세계 10대 차 생산국이에요.

- 148,460㎢
- 1억 7,118만 명
- 다카
- 벵골어, 기타 언어 (+8)

남아시아의 **작은 나라**인 방글라데시는 **벵골만**에 있어요. **언덕**들이 구불구불 이어지다가 물이 차 있는 **맹그로브 숲**과 **강변 마을**이 보이는 등 다양한 풍경이 나타나요.

릭샤 운전
삼륜차를 뜻하는 릭샤는 방글라데시에서 흔한 교통수단이에요. 자전거에 바퀴 달린 의자를 연결하거나 소형 엔진을 장착해서 만들어요. 복잡한 도로에서도 재빠르게 차들 사이로 다니지요.

달콤한 쌀떡
쌀가루와 우유, 코코넛을 반죽해 튀기거나 쪄서 만드는 피타는 특별한 간식이에요.

새해 가면
포헬라 보이샤크는 방글라데시의 중요한 새해 축제예요. 새해를 맞아 사람들은 행진을 하고 화려한 가면도 만들어요.

축제 가면에는 방글라데시 민담 속 인물들을 화려하게 그려요.

연꽃 수확
방글라데시의 많은 호수와 강에는 야생 수련이 자라요. 수련은 꽃뿐 아니라 줄기도 수확해서 음식 재료로 쓰지요.

부탄

불교의 기도 깃발
절이나 마을 입구를 비롯해 부탄 어디에서나 불교도의 기도 깃발이 펄럭이는 모습을 볼 수 있어요.

팀푸는 히말라야산맥 높은 곳에 있어요.
강카르 푼섬 7,570m

웃음이 넘치는 나라
부탄은 1972년부터 국민의 행복과 복지에 중점을 둔 정책을 펼쳐 오고 있어요. '행복의 왕국'이란 별명으로 불리곤 해요.

호랑이의 보금자리, 탁상 사원
파로 계곡의 높은 절벽에 17세기에 지어진 이 절은 부탄 불교에서 가장 신성한 사원으로 여겨져요.

- 38,394㎢
- 782,000명
- 팀푸
- 종카어, 네팔어, 아삼어

부탄은 **히말라야산맥** 동부에 있는 작은 왕국이며, **불교 국가**예요. 이 나라에서는 **가파른 계곡**을 따라 흐르는 **강물**로 **수력 발전**을 해서 생산된 **전력**을 **수출**해요.

네팔

카트만두는 네팔에서 가장 큰 도시예요.
에베레스트산 8,848m

바이라바나트는 힌두교 신, 시바의 다른 모습인 바이라바를 모시는 사원이에요.

세계의 지붕
네팔 남동부에 있는 에베레스트산은 세계에서 가장 높은 봉우리예요. 많은 등산가들이 이 산의 가파른 능선을 오르지만, 정상에 이른 사람들은 1만 명에 못 미쳐요.

사원과 왕궁들의 도시
찬란한 옛 문화의 중심지인 박타푸르의 넓은 광장에는 장엄한 사원들과 옛 왕궁이 늘어서 있어요.

- 147,181㎢
- 3,054만 명
- 카트만두
- 네팔어, 마이틸리어, 보즈푸리어

네팔은 국토의 **4분의 3**이 **산**으로 덮여 있고, 세계에서 가장 **장엄한 봉우리**들이 우뚝우뚝 늘어선 나라이지요. **아시아코끼리**, **인도코뿔소**, 그리고 매우 희귀한 **눈표범** 같은 야생 동물들이 살고 있어요.

미얀마

바간의 스카이라인
바간은 11세기부터 지배자들이 세운 불교 사원과 탑들이 촘촘히 서 있어서 매우 멋진 스카이라인이 펼쳐지는 아름다운 도시예요.

바간은 하늘로 떠올라 풍경을 감상할 수 있는 열기구 투어로 유명해요.

전통 양산은 대나무로 만든 우산살에 기름을 먹인 면이나 비단을 발라 만들어요.

미얀마의 승려들은 적갈색 옷을 입어요.

어린 승려들
미얀마 사람들은 대부분 불교를 믿어요. 승려의 수가 약 50만 명에 이르지요. 남자아이들은 일곱 살 때부터 승려가 되기 위한 교육을 받아요.

카가보라지산 5,885m

차우크세 축제
해마다 열리는 이 축제에서는 거대한 대나무 코끼리가 주인공이에요. 코끼리 의상을 뒤집어쓴 전통 예술단이 춤을 추며 거리를 행진해요.

차 먹기
많은 나라에서는 차를 마시지만, 미얀마 사람들은 차를 먹기도 해요. 발효시킨 찻잎 샐러드인 라페 톳은 미얀마 어디서나 즐기는 음식이에요.

최대 도시 양곤
미얀마에서 가장 크고 붐비는 도시는 양곤이에요. 1948년부터 2006년까지 미얀마의 수도였어요.

- 676,578㎢
- 5,417만 명
- 네피도
- 미얀마어(버마어), 기타 언어 (+7)

옛 이름이 **버마**였던 미얀마는 **동남아시아에서 두 번째로 큰 나라**예요. **수천 개의 장엄한** 불교 **사원**이 남아 있어 '황금 탑의 나라'로 알려졌어요.

라오스

자연의 재료
라오스에서는 대나무가 많이 자라요. 대나무 잎과 줄기를 이용해서 다양한 도구를 만들어 써 왔어요. 밥을 담는 그릇부터 악기와 집까지 만들었지요.

아침 시장
라오스의 시장에서는 쌀국수와 같은 다양한 토산물을 팔아요. 좌판마다 직물, 수공예품 및 전통 요리를 사고파는 사람들로 북적이지요.

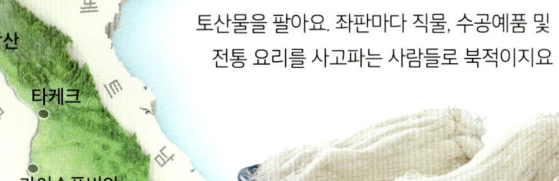

비엔티안은 메콩강을 끼고 있어요.

메콩강
메콩강은 라오스의 젖줄이에요. 작물에 물을 대고, 운송에 필수적인 교통로지요.

- 236,800km²
- 752만 명
- 비엔티안
- 라오스어, 기타 언어 (+5)

라오스는 **산**과 **숲**, **폭포**를 볼 수 있는 동남아시아의 **내륙 국가**예요. **메콩강**이 이 나라의 북쪽에서 남쪽으로 길게 흘러요.

아시아

캄보디아

압사라 춤
우아한 손동작과 화려한 의상으로 유명한 압사라 춤은 크메르 전통 춤이자 캄보디아 왕실의 춤극이에요. 압사라는 힌두교 신화에 나오는 춤추는 여신의 이름에서 왔어요.

프놈펜은 '아시아의 진주'로 알려져 있어요.

앙코르 와트
세계에서 가장 큰 종교 건축물인 앙코르 와트는 12세기 초에 바라문교 사원으로 세워졌어요. 캄보디아 국기에도 그려져 있을 만큼 중요한 유적이에요.

캄보디아의 **산**에는 울창한 **열대 우림**이 빽빽이 우거져 있어요. 사람들은 대부분 **저지대**에서 살아요. 쌀 같은 **농작물**을 많이 재배하며 **소**를 기르고 **관광업**이 발달했어요.

- 181,035km²
- 1,690만 명
- 프놈펜
- 크메르어, 기타 언어 (+4)

태국

도이 인타논
도이 인타논 국립 공원에서는 폭포와 숲, 사원, 태국에서 가장 높은 산을 모두 볼 수 있어요.

열대 해변
태국 남쪽에는 배를 타야 갈 수 있는 외딴섬과 맑고 깨끗한 해변이 무척 많아요. 푸켓 근처의 라일라이 해변은 암벽 등반과 수영을 하려는 사람들이 즐겨 찾는 곳이에요.

콘 춤극
수백 년 전부터 전해 내려온 태국의 가면 춤극인 콘은 세련된 공연 예술이에요.

전통 서사시인 「라마키엔」의 주인공 라마가 악마와 싸우는 장면이에요.

과일의 여왕
보라색 열대 과일인 망고스틴의 속에는 달고 보드라우며 즙 많은 과육이 몽실몽실 들어 있어요.

무에타이
태국의 전통 무술은 권투와 비슷한 무에타이예요. 주먹, 팔꿈치, 무릎 및 정강이를 써서 상대방과 겨루지요.

수상 시장
태국에서는 상인들이 삼판이라는 배에 신선한 농산물을 가득 싣고서 현지인과 관광객에게 팔아요. 랏차부리의 담넌사두억 수상 시장은 태국에서 가장 큰 수상 시장이에요.

- 513,120㎢
- 7,169만 명
- 방콕
- 태국어, 기타 언어 (+6)

붐비는 수도 방콕과 **열대의 남쪽 섬**들에 이끌려 해마다 수백만 명이 태국을 찾아와요. 태국에서 가장 **큰 종교**는 **불교**이며, **사원**과 **불상**이 수없이 많아 어디를 가나 눈에 띄지요.

베트남

두크마른원숭이
눈에 잘 띄는 이 원숭이는 밝은 빨간색 다리 때문에 '붉은정강이두크'라는 별명이 있어요. 베트남 열대 우림의 나무 꼭대기에서 살아요.

골든 브릿지
다낭 근처 언덕에서 돌을 조각한 커다란 두 손이 다리를 떠받치고 있어요. 사람들은 1,400미터 높이의 이 산책로에서 산책할 수 있어요.

계단식 논
쌀은 동남아시아에서 중요한 작물이에요. 쌀을 얻기 위해 산비탈이나 언덕에 계단식 논을 일구어 벼를 재배하기도 해요. 베트남은 세계 5대 쌀 생산국이에요.

하노이 기차 거리
하노이 구시가지에서는 기차가 좁은 골목길을 지나는 모습을 볼 수 있어요. 기찻길 바로 옆에 상점과 주택들이 있어요.

쌀국수
미리 끓여 둔 국물과 고기, 향신채를 재료로 만든 전통 쌀국수 요리를 포라고 해요. 포의 조리법은 지역마다 다양해요.

하롱베이
베트남 북동부의 하이퐁 근처에 있는 만에 열대 우림이 우거진 크고 작은 석회암 섬들이 점점이 떠 있어요. 이 아름다운 경치를 보려는 관광객들을 태운 배들이 날마다 들어와요.

- 331,210㎢
- 9,818만 명
- 하노이
- 베트남어, 기타 언어 (+8)

베트남은 **동남아시아반도의 동쪽 끝**에 있어요. 북쪽에 높은 **산악 지대**가 있고, **중부 고원**이 이어져요. 동남아시아를 거쳐 4,500킬로미터를 흘러 온 **메콩강**이 호치민 남쪽에 펼쳐진 **너르고 비옥한 메콩강 삼각주**에 도착해요.

필리핀

아시아

눈이 커다란 안경원숭이
야행성이고 곤충을 먹는 필리핀안경원숭이는 영장류 중에서 매우 작은 종이에요. 이 원숭이들은 남동쪽의 여러 섬에 흩어져 살아요.

매끄러운 청록색 꽃이 달리는 꽃줄기는 90센티미터까지 자라요.

옥덩굴꽃
색이 강렬한 옥덩굴꽃은 필리핀의 열대 우림에서 자라요. 햇빛을 받으려고 나무줄기를 타고 올라가지요.

마닐라는 세계에서 가장 인구 밀도가 높은 도시예요.

껍질에 난 가시가 부드러운 속살을 보호해요.

달콤한 마랑
즙이 많은 열대 과일인 마랑은 필리핀에서 인기가 높아요. 냄새가 좋지는 않지만, 맛은 달콤하지요.

초콜릿 언덕
보홀섬에는 특이한 원뿔형 언덕이 늘어서 있어요. 평소에는 초록색 풀로 덮여 있지만, 건기에는 초콜릿색으로 변해요.

티니클링 춤
티니클링은 무용수들이 리듬에 맞춰 움직이는 대나무 막대기 두 개의 안팎을 오가며 추는 필리핀 민속춤이에요. 대나무 막대기는 양쪽 끝에서 두 사람이 붙잡고 바닥에 치면서 움직여요.

- 📐 300,000㎢
- 👥 1억 1,155만 명
- ⭐ 마닐라
- 🗣 타갈로그어, 영어, 기타 언어 (+4)

필리핀은 **7,000개가 넘는 섬**들로 이루어진 동남아시아의 섬나라예요. **20개가 넘는 활화산**이 이곳저곳에 있어요. 1991년에 루손섬의 **피나투보 화산**이 엄청난 규모로 크게 분화한 사건은 20세기의 **대분화**로 꼽혀요.

몽골

아시아

모래와 눈
고비 사막에 우뚝 솟은 모래 언덕들에 비하면 줄지어 가는 쌍봉낙타가 무척 작아 보여요. 몽골 유목민들에게 낙타는 이동 수단이면서 털, 젖, 고기를 주는 귀중한 가축이에요.

나담 축제
몽골에서는 해마다 7월이면 나담 축제를 열어 전통 레슬링, 말타기, 활쏘기를 겨뤄요. '나담'은 놀이, 축제를 뜻해요.

부흐는 몽골식 레슬링이자 씨름으로, 상대방을 바닥에 쓰러뜨리면 이겨요.

나이람달봉(후이텐봉) 4,374m

베르게니아
생김새는 연약해 보이지만, 추운 몽골에서 잘 자라는 생명력 강한 꽃이에요.

마두금
머리에 말머리 조각이 달린 찰현악기인 마두금(몽골어로 머릉 호르)는 수백 년 전부터 연주된 전통 악기예요.

유목 생활
몽골인 중에서 약 100만 명이 전통적인 유목 생활을 해요. 임시 숙소인 게르를 세우고, 말을 타고 이동하며 가축 떼를 돌보지요.

- 1,564,116㎢
- 339만 명
- 울란바토르
- 몽골어, 기타 언어 (+3)

몽골은 **중앙아시아**에 넓게 펼쳐진 광대한 나라예요. 서쪽의 눈 덮인 **알타이산맥**에서 남쪽의 드넓고 추운 **고비 사막**까지 멋진 풍경을 볼 수 있지요.

중국

월병
추석인 중추절에 둥글게 만들어 달에 바치고 나눠 먹는 전통 과자예요.

만리장성
외적의 침입을 막기 위해 쌓은 성벽이에요. 돌을 쌓아 짓는 데 수백 년이 걸렸어요. 오늘날 남아 있는 성벽은 대부분 15세기에 쌓은 것이에요.

행운의 상징인 용을 만들어 거리에서 용춤을 춰요.

대왕판다
멸종 위기를 겪은 이 곰들은 중국 중부의 숲에서 대나무를 먹고 살아요. 현재 야생에는 대왕판다 성체가 1,800마리 정도 있어요.

음력설
음력으로 새해와 봄맞이를 축하하는 춘절은 중국에서 가장 중요한 명절이에요. 아시아의 다른 여러 나라에서도 음력설을 기념해요.

산업과 무역
중국은 세계에서 가장 규모가 크고 성장이 빠른 경제 대국으로 꼽혀요. 많은 제품을 수출하고, 수입하기도 해요.

세계 인구의 **5분의 1** 이상이 사는 중국은 전 세계에서 **가장 인구가 많은 나라**예요. 공식 이름은 **중화 인민 공화국**이며, 세계에서 **세 번째로 큰 나라**이기도 해요. 사막, 산, 평야 등 **다양한 지형**이 있지만, 사람들은 주로 **도시**에서 살고 있어요.

- 9,596,960㎢
- 14억 1,217만 명
- 베이징
- 표준 중국어, 기타 언어 (+6)

아시아

중국의 등불
음력설을 맞이해 장식하는 붉은색 등불은 행복을 의미하고, 금색은 부를 뜻해요.

현대적인 상하이
중국 중부 해안에는 산업과 상업의 중심지인 상하이가 점점 더 뻗어 나가고 있어요. 중국에서 가장 큰 도시이지요.

전통 가극
중국의 전통 연극인 경극은 음악과 노래, 대사, 동작, 무술 동작이 어우러진 공연 예술을 보여 주고 있어요.

경극의 머리 장식은 등장인물에 대한 정보를 나타내요. 이것은 귀족 여성의 머리 장식이에요.

판젠동
탁구는 1950년대부터 중국에서 가장 인기 있는 스포츠예요. 올림픽에서 금메달을 딴 판젠동이 최고의 선수로 손꼽혀요.

지리: **양쯔강**과 **황허강**은 중국에서 가장 긴 강이에요. 북쪽에는 **고비 사막**이 있어요.

역사: 중국은 **4,000년** 넘게 **황제들이 다스리다**가, 1949년에 공산혁명이 일어났어요.

문화: 이 나라는 오래전부터 **철학**, **건축**, **무술**, **시각 예술** 분야에서 뛰어났어요.

음식 및 음료: 중국에서는 **쌀**, **국수**, **고기**, **야채**를 주로 먹고 **차**를 많이 마셔요.

대만

아시아

버블티
버블티는 1980년대에 대만에서 처음 시작된 음료예요. 홍차나 우롱차 등의 차에 우유, 설탕, 타피오카 펄, 과일 등을 넣어 만들어요.

교통 혼잡 시간대
타이베이는 출퇴근 시간대에 교통량이 매우 많아요. 자동차보다 오토바이가 더 많아요!

- 35,980㎢
- 2,395만 명
- 타이베이
- 민남어, 기타 언어 (+2)

태평양의 **산지**가 많은 **섬**에 자리한 대만은 중국 남동쪽 해안에서 약 160킬로미터 떨어져 있어요. **아름다운 자연**과 **다양한 문화**가 어우러져 있지요.

뛰어난 학생들
대만에서는 수학과 과학을 중요하게 여겨요. 이 분야에서 대만 학생들의 학업 성취도는 세계 상위권에 들어요.

북한

사람이 없는 땅
1953년에 전쟁을 멈추면서 한반도 중간에 휴전선을 따라 4킬로미터 폭으로 비무장 지대가 만들어졌어요. 수십 년간 사람이 살지 않은 생태계의 보고예요.

홍은정은 올림픽과 세계 선수권 대회 도마 종목에서 금메달을 받았어요.

빛나는 체조 선수들
북한은 올림픽 체조 경기 도마, 안마 종목에서 금메달을 3개 땄어요.

- 120,538㎢
- 2,606만 명
- 평양
- 한국어

제2차 세계 대전 이후 소련과 미국이 들어오면서 **한반도**는 중앙을 가로지르는 **북위 38도선**을 따라 둘로 나뉘었어요. 6·25 전쟁 후 휴전선을 경계로 **분단**되었어요.

대한민국

글로벌 팝 음악
케이팝은 전 세계에서 엄청난 인기를 누리고 있어요. 수천만 장의 싱글과 앨범을 판매한 BTS가 대표적이죠.

세종 대왕
한국 역사에서 가장 존경받는 인물로 꼽히는 세종 대왕은 15세기에 조선을 다스린 4대 왕이자 뛰어난 학자였어요.

한글은 세종 대왕이 만든 문자예요.

맛있는 요리
밥에 야채, 고기, 달걀을 비벼 먹는 비빔밥은 인기 있는 한국 음식이에요. 15세기 때 처음 시작되었어요.

연꽃 화병
한국에는 뛰어난 도자기의 전통이 있어요. 고려(918~1392년) 시대의 이 화려한 연꽃무늬 화병을 비롯해 수많은 도자기가 만들어졌어요.

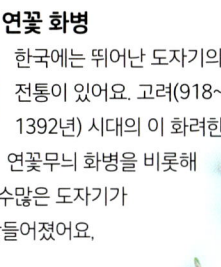

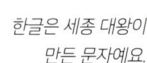

경기에서 점수를 얻으려면 상대방의 몸통 보호구나 머리 보호대의 채색 부분을 때려야 해요.

태권도
태권도는 한국의 나라 무술이에요. 선수는 경기 중에 손과 발을 모두 사용할 수 있어요. 이 전통 무술은 군인들을 단련시키기 위해 시작되었어요.

전통 행진곡
대취타는 나발, 태평소, 징, 북, 장고 같은 악기로 연주하는 행진곡풍의 전통 군악이에요. 왕이나 귀인의 행차, 궁궐의 근위병 교대식에서 연주하지요.

전통 군악대의 모자에 새털을 높이 꽂아요.

용고는 용 그림으로 장식한 통북이에요.

- 100,444km²
- 5,150만 명
- 서울
- 한국어

동해와 **황해** 사이로 뻗어 나온 한반도의 남쪽에 있는 대한민국은 **전자**와 **자동차** 제조 분야에서 번창한 **아시아의 경제 강국**으로 꼽히고 있어요.

일본

빨간색 원은 태양을 뜻하며, 히노마루라는 국기 이름은 '태양의 원'을 뜻해요.

후지산
높이가 3,776미터인 후지산은 일본에서 가장 높은 봉우리예요. 1707년에 분화한 활화산으로 이 나라 사람들이 신성한 장소로 여겨요.

종이접기
종이를 접어 상상의 모양을 만드는 종이접기 기술이 발달했어요. 수백만 명이 종이접기를 즐기지요.

지진 대피 훈련
일본에는 활화산이 75개가 넘게 있어요. 세계 주요 지진의 5분의 1이 이곳에서 일어나요. 아이들은 학교에서 정기적으로 지진 대피 훈련을 하며 비상 상황에 대처하는 법을 배우지요.

전통 과자
일본 사람들은 과일, 곡물, 설탕으로 만든 수제 과자인 와가시(화과자)를 즐겨 먹어요.

도리이 문은 나쁜 기운을 쫓기 위해 주로 밝은 빨간색으로 칠해요.

도리이 문
일본 어디서나 볼 수 있는 이 붉은 문은 신사의 입구를 나타내요. 도리이 문이 여러 개 있는 신사들도 있어요.

태평양에 흩어진 영토
일본의 영토 중에는 태평양과 동중국해의 너른 바다에 흩어진 수십 개의 유인도와 무인도도 있어요.

섬나라 일본은 옛것과 새것을 모두 잘 지켜요. 일상생활에서 **오랜 전통**을 존중하면서, 자동차와 전자 등 **첨단 기술** 분야에도 **앞장서는 나라**이지요. 일본은 세계에서 **부유한 나라**로 꼽히며, 사람들은 **높은 생활 수준**을 누리고 있어요.

- 377,915㎢
- 1억 2,550만 명
- 도쿄
- 일본어

벚꽃
일본에서는 해마다 봄이면 피어나는 예쁜 분홍색 벚꽃을 보기 위해 많은 사람들이 공원에 모여들지요.

일본 로봇 아시모는 문을 열고, 물건을 들고, 축구도 할 수 있지요.

기모노
결혼식이나 절에 가는 특별한 날에는 기모노를 입어요. 남녀 모두 격식을 차릴 때 이 전통 의상을 입지요.

로봇 공학
일본 과학자들은 사람처럼 움직일 수 있는 로봇을 개발했어요.

수도
도쿄는 세계에서 가장 큰 도시권이에요. 이곳에 사는 사람들은 3,500만 명이 넘어요.

서도
붓이나 펜으로 글자나 장식 기호를 써 내는 서예를 일본에서는 서도라고 불러요. 수백 년 동안 이어져 내려왔어요.

일본원숭이
눈이 많이 내리는 일본 북부에 사는 마카크원숭이는 빽빽하고 긴 털 덕분에 체온을 따뜻하게 유지해요. 꽁꽁 얼어붙는 날에는 따뜻한 온천에 몸도 담그지요!

- **지리**: 일본은 태평양에 있는 무수히 많은 **섬**으로 이루어졌어요. 국토의 4분의 3은 **산지**예요.
- **역사**: 약 **3만 년 전**에 사람들이 정착해 살기 시작했어요. 중세에는 군부인 막부가 다스리는 나라였고, 19세기에는 **제국주의 국가**였어요.
- **문화**: 일본 문화는 **서도, 시, 연극, 분재, 종이접기, 무술** 등 다양한 관습과 전통이 있어요.
- **자연 경관**: 100개가 넘는 **화산**이 곳곳에 있어요. **후지산**이 가장 유명해요.
- **야생 동물**: 일본은 **숲**이 많아요. **원숭이, 곰, 다람쥐, 멧돼지**와 같은 야생 동물들이 살아요.
- **음식 및 음료**: 일본 사람들은 **쌀**과 **생선**을 즐겨 먹어요. 차에 우유를 넣지 않고 마시는 **녹차**로 유명해요.

말레이시아

아시아

방어술
말레이시아의 전통 무술인 실랏트 멜라유를 연습하면 자기방어를 잘할 수 있어요. 많은 아이들이 학교에서 이 무술을 배워요.

연날리기
연날리기는 말레이시아에서 즐기는 놀이예요. '달 연'을 뜻하는 와우 불란은 대나무 살에 꽃무늬 장식을 대서 만드는 큰 연이에요.

이 무술은 맨손으로 하거나 무기를 써요.

엄청나게 큰 꽃
세계에서 가장 큰 꽃은 라플레시아라는 식물의 꽃인데, 말레이시아 일부 지역에서 볼 수 있어요. 이 꽃은 너비가 1미터에 이르고 악취를 풍기며 곤충을 유인해요.

울림통이 큰 새
말레이시아의 나라 새인 코뿔새는 부리가 밝은 빨간색과 노란색이에요. 나팔처럼 생긴 머리 위 돌기가 울림통 역할을 해서 울음소리가 매우 크다는 특징이 있어요.

인도네시아

다양한 바다 생물들
뉴기니섬의 소롱 북쪽에 있는 라자 암팟 산호초에는 고래와 돌고래, 500종 넘는 산호와 수천 종에 이르는 물고기들이 살고 있어요.

그림자 인형극
인도네시아 전통 이야기를 들려주는 인형극에 쓰이는 이 인형(와양)들을 스크린 앞에서 들고 뒤에서 조명을 비추면 매우 멋진 그림자가 생겨요. 인형을 조종하는 사람들은 줄과 막대기로 움직이지요.

- 1,904,569km²
- 2억 7,550만 명
- 자카르타
- 자바어, 순다어, 기타 언어 (+3)

동남아시아에서 **가장 넓은 나라**인 인도네시아는 5,000킬로미터 거리에 펼쳐진 **1만 3,466개의 섬**으로 이루어졌어요. 사람들은 대부분 **자바섬**에 살아요.

타만 네가라 공원
말레이반도에 있는 국립 공원이에요. 세계에서 가장 오래되고 넓은 낙엽수 열대 우림에서 나무와 나무를 잇는 출렁다리를 걸어가며 숲을 탐험할 수 있어요.

악취 나는 과일
두리안은 지독한 냄새가 나는 특이한 과일이에요. 말레이시아에서 대중교통을 이용할 때 가지고 탈 수 없어요.

가시처럼 뾰족한 겉껍질이 부드러운 노란색 과육을 보호해요.

페트로나스 타워
세계에서 가장 높은 쌍둥이 빌딩은 쿠알라룸푸르의 페트로나스 타워예요. 이 고층 빌딩은 88층이고, 높이는 452미터예요.

- 329,847㎢
- 3,260만 명
- 쿠알라룸푸르
- 말레이시아어, 말레이어, 기타 언어 (+3)

동남아시아의 이 **열대 국가**는 **말레이반도**와 **보르네오섬의 일부**로 이루어졌어요. 말레이시아는 인기 있는 **해변**, 울창한 **열대 우림**, **다문화**가 융성한 **대도시**들로 유명해요.

꼬치구이 사테
인도네시아에서는 재료를 꼬치에 꿰어 지글지글 구운 사테를 즐겨 먹어요. 맛있는 땅콩 소스를 곁들이지요.

열대 우림의 방랑자
수마트라섬은 멸종 위기를 겪는 영장류인 수마트라오랑우탄의 보금자리예요. 이들은 대체로 나무에서 살며, 나뭇가지로 엮은 둥지에서 잠을 자요.

오랑우탄은 긴 팔로 가지를 붙잡으며 나무와 나무 사이를 자유롭게 건너다녀요.

대나무 음악
앙클룽은 인도네시아에서 시작된 악기예요. 대나무 틀에 대나무 관들을 끼우고 등나무 끈으로 묶어서 만들어요. 연주자가 손으로 두드리거나 흔들어서 소리를 내지요.

싱가포르

아시아

마리나 베이 샌즈는 고급 호텔을 갖춘 리조트예요.

범보트 여행
화려한 색의 범보트가 싱가포르강을 나아가고 있어요. 이 배들은 관광 유람선이나 수상 택시로 쓰여요.

길거리 음식
활기 넘치는 싱가포르의 거리는 다양한 향토 음식과 세계 각국의 음식을 파는 노점상들로 유명해요.

작은아기사슴
키가 45센티미터 남짓한 싱가포르의 아기사슴은 발굽이 있는 포유류 중 가장 작은 동물이에요.

- 719㎢
- 620만 명
- 싱가포르
- 표준 중국어, 말레이어, 타밀어, 영어

동남아시아의 이 **열대 섬나라**는 말레이시아 본토와 **다리**로 이어져요. 싱가포르는 **도시 국가**이자 **금융**과 **산업**의 중심지예요.

가든스 바이 더 베이
2012년에 문을 연 이 인공 공원은 친환경 정원들과 온실들로 꾸며져 무척 인기가 높지요.

부처는 불교의 창시자 석가모니를 일컬어요.

부처 치아 유물 사원
이 부처상은 부처의 치아라고 믿는 송곳니를 소장한 불아사라는 절에 모셔져 있어요.

50미터 높이에 달하는 나무 조형물들이 아름다운 조명으로 멋지게 빛나요.

브루나이

- 5,765㎢
- 464,480명
- 반다르스리브가완
- 말레이어, 영어, 중국어

브루나이는 아주 작지만, **석유**와 **천연가스**가 풍부하게 매장되어 있어 세계의 **부유한 나라** 중 하나예요. **브루나이 국왕**인 **술탄**은 세계에서 **가장 부유한 사람** 중 몇 손가락 안에 들어요.

코주부원숭이
브루나이의 숲속 나무 위에는 멸종 위기종인 긴코원숭이가 살아요. 코가 커서 금방 알아볼 수 있어요.

왕궁 지붕의 돔과 첨탑들을 금으로 장식했어요.

왕궁
브루나이의 술탄은 이스타나 누룰 이만 왕궁에 살고 있어요. 이곳은 실제로 사람이 살고 있는 궁전 중 세계에서 가장 커요.

동티모르

전통 의상
이 아이들은 금색 두건을 쓰고 타이스로 만든 화려한 사롱(허리에 둘러 입는 통 모양 옷)을 입었어요. 타이스는 동티모르의 전통 직물이에요.

신성한 오두막
동티모르 사람들은 나라 곳곳에 있는 신성한 집을 찾아가서 기도하고 조상을 기려요.

- 14,874㎢
- 134만 명
- 딜리
- 테툼어, 인도네시아어, 포르투갈어

동티모르는 **티모르섬**의 동쪽에 있어요. **수도**이자 **가장 큰 도시**는 **딜리**예요. 열대 기후이며 **산**, **초원**, **산호초**로 이루어졌어요. 2002년에 독립했어요.

오세아니아

오스트레일리아

하늘을 나는 의사들
아웃백의 외딴곳에 사는 사람들에게 필요한 응급 치료를 위해 의사들은 경비행기를 타고 하늘로 날아올라요.

해변을 즐기는 사람들의 낙원
수백만 명의 서퍼들이 파도타기를 하려고 동쪽의 골드코스트와 선샤인코스트로 몰려들어요.

도로 열차
'도로 열차'라고 불릴 만큼 아주 긴 트럭들이 드넓은 오스트레일리아를 달리며 필요한 물건들을 운반해요. 어떤 트럭은 길이가 무려 50미터도 넘어요.

신성한 바위
오스트레일리아 중심부의 외딴 마을 앨리스스프링스 근처에는 원주민들이 신성하게 여기는 오래된 사암 바위인 울룰루가 있어요. 해돋이와 해넘이 때면 햇빛을 받아 붉은색으로 빛나지요.

원주민 예술
몇백 년 동안, 원주민 예술가들은 고대의 신성한 꿈의 시대의 이야기들을 그림으로 표현해 왔어요. 예술가 준 스미스가 자신의 작품 「비 온 뒤 꽃들」 앞에 서 있어요.

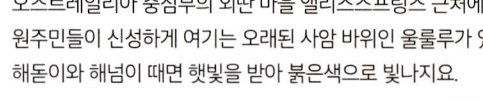

오스트레일리아(호주)는 지구에서 **가장 큰 섬**이에요. 남반구에 있으며 오세아니아에서 **가장 크고**, 세계에서 **여섯 번째로 큰 나라**이지요. 국토의 대부분이 사막이어서, 사람들은 **해안가 마을**과 **도시**에서 살아요. 내륙의 **뜨겁고 건조한 지역**을 **아웃백**이라고 해요.

- 7,741,220 km²
- 2,597만 명
- 캔버라
- 영어, 기타 언어 (+6)

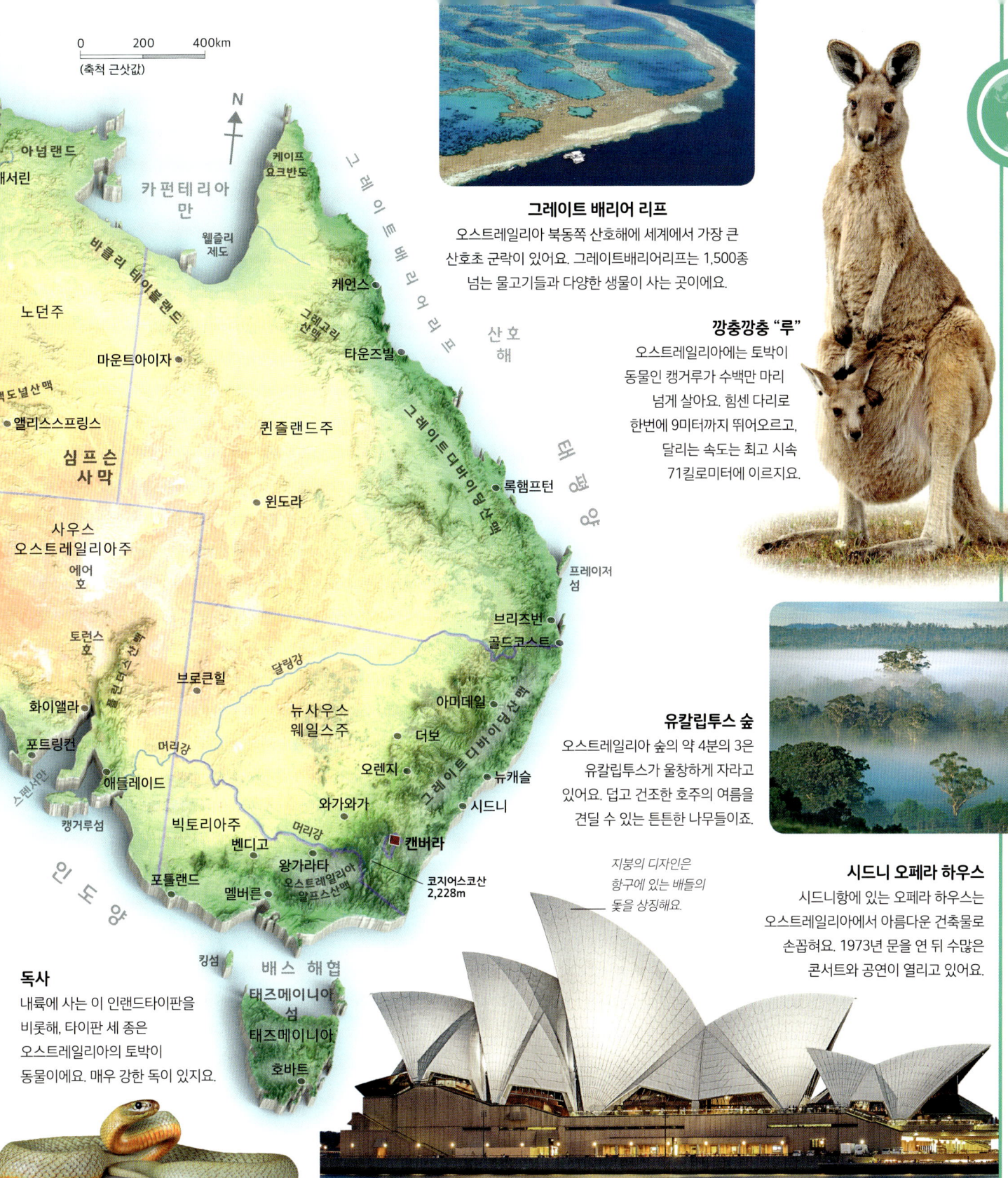

오세아니아

그레이트 배리어 리프
오스트레일리아 북동쪽 산호해에 세계에서 가장 큰 산호초 군락이 있어요. 그레이트배리어리프는 1,500종 넘는 물고기들과 다양한 생물이 사는 곳이에요.

깡충깡충 "루"
오스트레일리아에는 토박이 동물인 캥거루가 수백만 마리 넘게 살아요. 힘센 다리로 한번에 9미터까지 뛰어오르고, 달리는 속도는 최고 시속 71킬로미터에 이르지요.

유칼립투스 숲
오스트레일리아 숲의 약 4분의 3은 유칼립투스가 울창하게 자라고 있어요. 덥고 건조한 호주의 여름을 견딜 수 있는 튼튼한 나무들이죠.

시드니 오페라 하우스
시드니항에 있는 오페라 하우스는 오스트레일리아에서 아름다운 건축물로 손꼽혀요. 1973년 문을 연 뒤 수많은 콘서트와 공연이 열리고 있어요.

지붕의 디자인은 항구에 있는 배들의 돛을 상징해요.

독사
내륙에 사는 이 인랜드타이판을 비롯해, 타이판 세 종은 오스트레일리아의 토박이 동물이에요. 매우 강한 독이 있지요.

- **지리**: 중앙의 **사막** 지역은 **초원**, **열대 우림**, **산**, **해변**으로 둘러싸여 있어요.
- **역사**: 오스트레일리아의 **토착 원주민**은 5만 년 전에 처음으로 와서 정착한 사람들이에요.
- **문화**: 오스트레일리아 사람들은 **대자연의 땅과 물**에서 모험을 즐기고, **스포츠**를 매우 좋아해요.
- **자연 경관**: **그레이트배리어리프**에서 **그레이트디바이딩산맥**까지 엄청나게 멋진 풍경이 펼쳐져요.
- **야생 동물**: **유대류**(주머니에서 새끼를 키우는 동물)인 **캥거루**, **코알라**는 오스트레일리아에서만 발견돼요.
- **음식 및 음료**: 오스트레일리아 음식에는 이곳 사람들만큼 다양한 **문화**가 어우러져 있어요. **향토** 음식부터 **아시아** 및 **지중해** 음식이 섞여 있어요.

파푸아 뉴기니

주요 작물
파푸아 뉴기니에서는 탄수화물이 많은 뿌리식물인 토란이 주식이에요. 토란은 수천 년 동안 이곳 섬들에서 재배되었어요.

화려한 깃털
이곳의 열대 우림에 넓게 살고 있는 화려한 라기아나극락조는 금방 눈에 띄어요. 파푸아뉴기니의 국기에도 이 새가 그려져 있어요.

진흙 가면
동부 고원 지대의 아사로족은 적들이 겁에 질려 도망가도록 온몸에 진흙을 바르고 진흙으로 만든 괴물 가면을 쓰는 전통이 있어요.

나무타기캥거루
파푸아뉴기니의 깊고 울창한 열대 우림에는 나무타기캥거루가 살아요. 등산가처럼 잘 오르는 동물로 주로 나무 위에서 잎과 과일을 먹으며 지내요.

신성한 건축물
포트모르즈비에 있는 국회 의사당은 '하우스 탐바란'이라고 하는 전통적인 신성한 집회소의 양식으로 지어졌어요.

높고 넓은 건물 정면은 화려한 모자이크로 장식되어 있어요.

- 462,840㎢
- 1,014만 명
- 포트모르즈비
- 파푸아어, 영어, 기타 언어 (+800)

파푸아 뉴기니는 **600개**의 **열대 섬**으로 이루어졌어요. 많은 사람들이 **지방의 마을**에 살고 있고, 부족 고유의 생활방식을 지키는 사람들이 많아요.

팔라우

팔라우는 서태평양의 **300개가 넘는 섬**으로 이루어진 나라예요. 팔라우 사람들은 거의 **관광업, 농업, 어업**을 하며 살아요.

- 459㎢
- 18,050명
- 응게룰무드
- 팔라우어, 영어, 기타 언어 (+4)

1890년에 지어진 아이라이의 전통 가옥 바이는 팔라우 남자들의 전통 집회소예요.

마셜 제도

태평양의 **적도** 바로 **북쪽**에 있는 산호 환초와 1,000여 개의 **아주 작은 섬들이** 늘어선 이곳은 **해양 생물**로 가득해요.

- 181㎢
- 77,900명
- 마주로
- 마셜어, 영어, 기타 언어 (+2)

이 섬에서는 코코넛의 과육이나 배젖을 말린 코프라와 코코넛 기름을 수출해요.

나우루

바위가 많은 이 **섬나라**는 식량과 물뿐 아니라 **다른 상품들도** 대부분 해외에서 들여와야 해요.

- 21㎢
- 11,000명
- 야렌
- 나우루어, 키리바시어, 기타 언어 (+3)

나우루의 역도 선수 이테 데테나모는 국제 경기에서 메달을 땄어요.

미크로네시아 연방

600개의 섬이 모인 이 열대의 나라는 **숲이 우거진 화산섬**과 **산호 환초**, 이렇게 두 가지 유형으로 나뉘어요. 미크로네시아 사람들은 대부분 **어업**과 **농업**을 하며 살아요.

- 702㎢
- 102,450명
- 팔리키르
- 추크어, 기타 언어 (+4)

폰페이섬에서는 향이 강한 후추를 재배해요.

솔로몬 제도

열대 우림이 우거진 솔로몬 제도에서는 사람들이 대부분 농촌 지역에서 살아요. 남태평양의 다른 나라들과 마찬가지로 이곳에도 **화산**이 많고 **지진**과 열대성 저기압인 **사이클론**이 자주 발생해요.

솔로몬 제도에서 한 밴드가 대나무로 만든 악기로 전통 음악을 연주하고 있어요.

- 28,896㎢
- 685,100명
- 호니아라
- 영어, 피지 영어, 기타 언어 (+121)

투발루

투발루의 섬들은 흰제비갈매기들의 보금자리예요.

투발루는 **태평양**의 **아주 작은 섬 9개**로 이루어졌어요. **인구의 절반** 정도가 수도인 **푸나푸티**에 살고 있지요.

- 26㎢
- 11,350명
- 푸나푸티
- 투발루어, 키리바시어, 영어

키리바시

키리바시를 이루는 **섬 33개**는 낮은 지대에 있어요. **기후 변화**로 해수면이 높아지면서 나라가 점점 **물에 잠기는 위험**을 겪고 있지요.

- 811㎢
- 111,800명
- 타라와
- 영어, 키리바시어

키리바시와 남태평양의 많은 섬에서는 라발라바(사롱처럼 천을 허리에 둘러 앞섶을 여며 입는 옷)를 입어요.

오세아니아

사모아

사모아에서는 전통적으로 **농업**이 발달했지만, **관광업**이 성장하면서 **새하얀 모래 해변**에서 휴가를 즐기려는 사람들이 많이 찾아오고 있어요.

- 2,831㎢
- 203,800명
- 아피아
- 사모아어, 영어

파우타시는 사모아의 긴 배예요.

바누아투

작은 섬 80개로 이루어진 바누아투는 대부분 **산악 지대**이며, **열대 우림**으로 덮여 있지요. 섬 이곳저곳에 **9개의 활화산**이 있어요.

- 12,189㎢
- 298,350명
- 포트빌라
- 비슬라마어, 영어, 프랑스어, 기타 현지 언어들

바누아투의 야수르 화산은 361m 높이로 우뚝 솟아 있어요.

피지

피지에서 인기 있는 스포츠는 럭비예요.

피지는 **300개가 넘는 섬**으로 이루어진 나라예요. **관광업**과 **설탕** 생산이 피지 경제에서 중요한 산업이에요. 사람들은 대부분 주요 섬인 **비티레부섬**과 **바누아레부섬**에서 살아요.

- 18,274㎢
- 936,000명
- 수바
- 피지어, 영어, 기타 언어 (+4)

통가

170개의 섬 중 대부분이 무인도인 통가는 왕이 다스리는 왕국이에요. **바나나, 호박, 바닐라콩**을 생산해요.

- 747㎢
- 106,100명
- 누쿠알로파
- 영어, 통가어

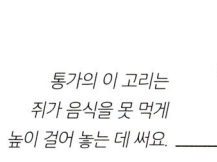

통가의 이 고리는 쥐가 음식을 못 먹게 높이 걸어 놓는 데 써요.

177

남극 대륙

공식 깃발
남극 대륙은 남극 조약에 따라 어떤 나라도 소유할 수 없어요. 회원국들은 2002년에 남극 대륙을 흰색으로 나타내는 깃발에 동의했어요.

지도의 배경이 되는 파란색은 중립을 뜻해요.

- 14,200,000㎢
- 영구 거주자 없음
- 없음
- 알려진 공식 언어 없음

남극은 지구에서 가장 **춥고 건조하며 바람이 가장 많이 부는 대륙**이에요. 이 **광대한 얼어붙은 땅덩어리에 세계 얼음의 90퍼센트**가 있어요. 이 대륙은 **남극해**로 둘러싸여 있지요.

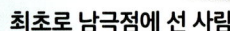

아문센-스콧 기지
남극점 근처에 있는 미국 기지로 남극의 많은 영구적인 과학 연구 기지 중 하나예요. 여름에 남극에서 지내며 연구하는 연구원은 4,000명에 이르러요.

최초로 남극점에 선 사람
인류 최초로 남극점에 닿으려고 치열한 경쟁을 벌이던 1911년 노르웨이 탐험가 로알 아문센(위)이 영국 탐험가 로버트 F. 스콧보다 먼저 남극점에 깃발을 꽂았어요.

에러버스산
이 산은 세계에서 가장 남쪽에 있는 활화산이에요. 높이가 3,794미터인 에러버스산의 정상에는 용암 호수가 부글부글 끓고 있어요.

펭귄 무리
펭귄 중에서 가장 크고 무거운 황제펭귄 약 50만 마리가 남극에 살아요. 황제펭귄은 남극 대륙 안쪽에 거대한 집단을 이루고 알을 낳아 새끼를 길러요. 먹이를 구하러 머나먼 바다까지 얼음 위를 뒤뚱뒤뚱 걸어 다녀오지요.

참고 자료

해외 영토

세계에는 멀리 떨어진 나라에 속하는 지역이 있어요. 이런 해외 영토들은 대부분 예전에 제국의 식민지였던 곳이지요. 지금은 자체 정부를 가지는 독립국도 있지만, 본국과의 무역 관계를 탄탄히 유지하거나 강력한 경제적 지원이나 군사적 보호를 받을 수 있도록 독립하지 않기로 결정한 곳도 많아요. 많은 해외 영토가 사람이 살지 않는 무인도예요. 영국이 가장 많은 해외 영토를 관리하며, 프랑스, 미국, 네덜란드가 그 뒤를 잇고 있어요.

오스트레일리아

애쉬모어 카르티에 제도
- 인구: 0명
- 면적: 5㎢

오스트레일리아 북서쪽으로 약 320킬로미터 떨어진 이 지역은 사람이 살지 않는 작은 산호섬 네 개로 이루어졌어요. 1800년 카르티에호를 이끄는 내시 선장, 1811년 새뮤얼 애쉬모어 선장이 처음으로 이곳을 발견하면서 지금의 이름이 지어졌어요.

크리스마스섬
- 인구: 2,200명
- 면적: 135㎢

오스트레일리아 서북쪽 인도양에 있는 이 섬의 이름은 1643년 크리스마스에 발견한 영국인 선장이 지었어요. 섬 주민들은 대부분 항구가 있는 플라잉피쉬코브에 살아요.

해마다 크리스마스섬에서는 붉은 게 수천 마리가 숲에서 바닷가로 이동하는 장관이 펼쳐져요.

코코스 제도
- 인구: 600명
- 면적: 14㎢

인도양에 있는 코코스 제도의 작은 섬 27개 중 두 곳에 사람들이 살고 있어요. 이 섬들은 낚시, 스노클링, 조류 관찰을 즐길 수 있는 곳이에요.

산호해 제도
- 인구: 0명
- 면적: 3㎢

오스트레일리아 그레이트배리어리프의 가장자리에 있는 작은 섬들로 바닷새들이 즐겨 찾는 곳이에요.

허드 맥도널드 제도
- 인구: 0명
- 면적: 412㎢

인도양 남쪽에 있는 이 영토는 남극에서 약 1,700킬로미터 떨어져 있어요. 화산섬으로 이루어진 이곳은 야생 동식물의 보금자리로 세계자연유산이에요.

노퍽섬
- 인구: 1,800명
- 면적: 36㎢

시드니에서 북동쪽으로 약 1,600킬로미터 떨어진 노퍽섬은 한때 영국에서 죄수들을 추방하여 보낸 감옥이 있었어요.

덴마크

페로 제도
- 인구: 51,600명
- 면적: 1,393㎢

페로 제도는 북대서양에 있는 화산섬 18개로 이루어졌어요. 약 1,200년 전에 바이킹 전사들이 살던 곳이에요. 고유한 페로어를 써요.

그린란드
- 인구: 57,600명
- 면적: 2,166,000㎢

그린란드는 세계에서 가장 큰 섬이에요. 덴마크에 속하며, 영토의 3분의 2가 북극권에 포함돼요.

프랑스

클리퍼턴섬
- 인구: 0
- 면적: 6㎢

태평양 동쪽 끝에 있는 외딴섬으로 18세기에 이곳에 숨어 있었다고 하는 영국인 해적 존 클리퍼턴의 이름을 땄어요. 이 섬 가운데에는 영양분이 풍부한 큰 석호가 우거진 식물에 둘러싸여 있지요.

프랑스령 기아나주
- 인구: 290,000명
- 면적: 91,000㎢

남아메리카의 북동쪽 해안에 있는 프랑스령 기아나는 90퍼센트가 빽빽한 밀림이에요. 사람들은 대부분 가장 큰 도시인 카옌이나 해안가 마을에서 살아요.

프랑스령 폴리네시아
- 인구: 295,100명
- 면적: 4,167㎢

118개의 섬으로 이루어진 프랑스령 폴리네시아는 남태평양의 섬 무리(군도)인 오스트랄 제도, 강비에 제도, 마르키즈 제도, 소시에테 제도, 투아모투 제도에 흩어져 있어요. 수많은 해변과 석호와 폭포를 자랑해요. 가장 큰 섬은 산악 지대가 대부분인 타히티섬이에요.

프랑스령 남방의 땅과 남극 지역
- 인구: 0명
- 면적: 439,781㎢

인도양 남쪽에 있는 케르겔렌 제도를 비롯한 작은 섬들이에요. 남극 대륙의 아델리랜드에 프랑스의 과학 연구 기지가 있지만 국제적으로 인정받는 영토는 아니에요.

과들루프섬
- 인구: 406,000명
- 면적: 1,628㎢

카리브해의 소앤틸리스 제도에 있는 군도예요. 큰 섬인 바스테르섬과 그랑드테르섬은 살레강에 놓인 다리로 연결되어 있지요.

바스테르섬에 있는 라수프리에르 화산은 소앤틸리스 제도에서 가장 높은 산이에요.

마르티니크
- 인구: 376,000명
- 면적: 1,128㎢

카리브해의 소앤틸리스 제도에 포함되는 화산섬으로 프랑스에서 약 7,000킬로미터 떨어져 있어요. 주도인 포르드프랑스의 건물들은 프랑스풍이에요.

마요트섬
- 인구: 270,300명
- 면적: 374㎢

마요트섬은 인도양에서도 마다가스카르의 북서쪽에 있어요. 그림처럼 아름다운 섬들은 산이 많고 열대 우림이 우거져 있어요. 또한 산호초는 스쿠버다이버들에게 큰 사랑을 받고 있지요.

누벨칼레도니섬
- 인구: 290,000명
- 면적: 18,575㎢

전 세계 니켈의 약 4분의 1이 남태평양의 누벨칼레도니섬 땅속에 있어요.

레위니옹섬
- 인구: 859,000명
- 면적: 2,512㎢

이 섬에는 전 세계에서 가장 활발하게 화산 활동이 일어나는 화산 중 하나인 피통드라푸르네즈 화산이 있는데, 프랑스어로 '용광로 꼭대기'를 뜻해요.

생바르텔레미섬
- 인구: 7,100명
- 면적: 25㎢

'생바르트'라고도 하는 카리브해의 섬으로 새하얀 모래 해변과 멋진 호텔들이 있는 고급 휴양지예요.

생마르탱
- 인구: 32,600명
- 면적: 54㎢

카리브해의 북동쪽에 있는 세인트마틴섬의 북쪽은 프랑스령인 생마르탱이고, 남쪽은 네덜란드령인 신트마르턴이에요.

생피에르미클롱
- 인구: 5,300명
- 면적: 242㎢

캐나다 동쪽과 맞닿은 대서양 앞바다에 여러 섬으로 이루어진 프랑스령 군도가 있어요. 사람들이 많이 사는 생피에르섬은 복잡한 곳이고, 미클롱섬은 고래와 물개들이 조용하게 편히 쉬는 곳이지요.

월리스 푸투나 제도
- 인구: 15,900명
- 면적: 142㎢

남태평양 저 멀리 작은 화산섬 월리스, 푸투나, 그밖의 작은 섬들을 포함해요. 이 섬들은 프랑스의 지배를 받고 있지만, 폴리네시아의 전통은 그대로 남아 있으며, 다양한 공동체가 있어요.

네덜란드

아루바
- 인구: 119,400명
- 면적: 180㎢

아름다운 아루바는 카리브해의 베네수엘라 해안에 있는 섬이에요. 네덜란드에 속하는 자치 국가예요.

보네르
- 인구: 20,000명
- 면적: 294㎢

산호초와 다양한 해양 생물 및 모래 해변이 있는 카리브해의 보네르섬은 스쿠버 다이빙과 스노클링으로 인기가 많아요.

퀴라소
- 인구: 151,400명
- 면적: 444㎢

카리브해의 길고 평평한 섬으로 해안에 수도 빌렘스타트가 있어요. 이 도시의 구도심에 오래된 네덜란드풍의 건물이 많이 있지요.

알록달록한 건물이 늘어선 퀴라소의 수도 빌렘스타트

사바
- 인구: 1,900명
- 면적: 13㎢

카리브해에 있는 작은 섬으로 휴화산인 시너리산이 있어요. 사바 해양 공원은 이 섬의 산호초와 해초대를 낚시, 다이빙, 마구 버린 쓰레기로부터 보호하지요.

신트외스타티위스
- 인구: 3,000명
- 면적: 21㎢

사바에서 26킬로미터 떨어진 작은 화산섬 신트외스타티위스는 사화산 두 개로 이루어졌어요. 이곳의 해변은 거북이들의 보금자리예요. 카리브해에 있어서 열대성 폭풍이 몰아치기도 해요.

신트마르턴
- 인구: 43,800명
- 면적: 34㎢

신트마르턴은 세인트마틴섬의 남쪽에 있어, 북쪽의 생마르탱(프랑스령)과 이웃해요. 북적이는 수도인 필립스뷔르흐는 크루즈 유람선 관광객들이 들르는 인기 정박지예요.

뉴질랜드

쿡 제도
- 인구: 8,600명
- 면적: 236㎢

쿡 제도를 이루는 섬 15개는 남태평양에 200만 제곱킬로미터에 걸쳐 넓게 흩어져 있어요. 뉴질랜드의 자치국이며 진주와 물고기를 주로 수출해요.

니우에섬
- 인구: 2,000명
- 면적: 260㎢

'폴리네시아의 바위'로 알려진 니우에는 뉴질랜드 해안에서 약 2,400킬로미터 떨어져 있어요. 섬의 지형은 험준하며 절벽, 협곡, 숲으로 이루어졌지요.

토켈라우 제도
- 인구: 1,600명
- 면적: 12㎢

남태평양에 있는 아타푸, 파카오푸, 누쿠노누 등 작은 환초 세 개로 이루어졌어요. 환초는 고리 모양의 산호초를 뜻해요. 이곳 사람들은 코코넛 농사를 지어 코프라를 만들거나 어업을 많이 해요.

붉은발얼가니새는 태평양의 섬들에 둥지를 틀어요.

노르웨이

부베섬
- 인구: 0명
- 면적: 49㎢

대서양 남쪽에 있는 부베섬은 얼음으로 덮인 화산섬이에요. 펭귄과 물개들이 많이 살고 있는 자연 보호 구역이에요.

얀마웬섬
- 인구: 0명
- 면적: 377㎢

그린란드와 노르웨이 사이에 얀마웬이라는 작은 화산섬이 있어요. 과학자들은 빙하 지형과 폭풍우가 치는 날씨를 연구하기 위해 사람이 살지 않는 이곳까지 찾아가요.

페테르1세섬
- 인구: 0명
- 면적: 180㎢

19세기 러시아 탐험가 벨링스하우젠이 이 화산섬에 당시 러시아의 차르였던 표트르 1세의 이름을 붙였어요. 벨링스하우젠해에 있는 이 무인도에는 슴새, 제비갈매기, 펭귄, 물개 들이 찾아와요.

스발바르 제도
- 인구: 2,900명
- 면적: 62,045㎢

노르웨이 북쪽의 북극해에 있는 아홉 개의 섬으로 이루어졌어요. 눈 덮인 산봉우리와 빙하로 유명하며, 북극곰, 순록, 북극여우의 보금자리예요.

영국

앵귈라섬
- 인구: 18,100명
- 면적: 91㎢

카리브해의 아름다운 산호섬으로 폭이 좁고 긴 모양 때문에 '장어'를 뜻하는 프랑스어 '앙기유(anguille)'와 에스파냐어 '앙귈라(anguila)'에서 이름을 따왔어요. 새하얀 모래 해변과 작고 예쁜 섬들이 있어 관광객들의 사랑을 받고 있어요.

앵귈라 여름 축제에서 돛단배들이 경주를 벌여요.

항해는 앵귈라의 나라 스포츠예요.

어센션섬
- 인구: 800명
- 면적: 91㎢

대서양에서 브라질과 아프리카 중간쯤에 있는 작은 화산섬으로 영국 박물학자 찰스 다윈이 들른 적이 있어요. 859미터 높이의 그린마운틴이 가장 높은 곳이에요.

버뮤다 제도
- 인구: 71,700명
- 면적: 54㎢

연분홍색 모래 해변으로 유명한 버뮤다는 대서양의 섬 7개로 이루어졌는데, 섬들이 다리로 연결되어 있어요. 해안 근처의 산호초에 배가 충돌하는 일이 잦아, 앞바다에는 수많은 난파선이 가라앉아 있어요.

다이버들은 버뮤다 해안으로 몰려와 난파선을 탐사해요.

인도양 영국령 지역
- 인구: 0명
- 면적: 60㎢

인도양 한가운데에 있는 약 58개의 섬으로 이루어진 지역으로 군사 기지가 있어요. 찾아오는 사람이라고는 군인뿐이지요.

영국령 버진아일랜드
- 인구: 37,400명
- 면적: 151㎢

카리브해에 있는 30여 개의 작은 섬으로 맑고 푸른 바다와 따뜻한 아열대 기후가 관광객들에게 매우 인기가 높아요.

케이맨 제도
- 인구: 62,000명
- 면적: 264㎢

카리브해에 있는 영국 영토로 그랜드케이맨, 케이맨브라크, 리틀케이맨, 이렇게 세 개의 섬이 모여 케이맨 제도를 이루어요. 금융 서비스와 조세 피난처로 유명한 곳이에요.

포클랜드 제도
- 인구: 3,200명
- 면적: 12,173㎢

남대서양의 아르헨티나 해안에 있는 이 군도는 두 개의 주요 섬과 776개의 작은 섬으로 이루어졌어요.

지브롤터
- 인구: 30,000명
- 면적: 6.5㎢

지브롤터는 에스파냐의 남쪽 해안에 있는 아주 작은 지역이에요. 영국의 해외 영토로, 자치 정부가 있어요. 석회암으로 이루어진 426미터 높이의 거대한 '지브롤터 바위'가 세계적으로 유명해요.

건지
- 인구: 67,000명
- 면적: 65㎢

영국 해협의 채널 제도에서 두 번째로 큰 건지섬에서는 건지종 소를 수천 마리 키워요. 건지종 소는 크림 성분이 많은 우유를 생산하기로 유명해요.

맨섬
- 인구: 90,500명
- 면적: 572㎢

영국 북서부 아일랜드해에는 험준한 맨섬이 있어요. 언덕이 많은 이 섬에서는 해마다 세계적으로 유명한 국제 오토바이 경주, 투어리스트 트로피(TT)가 열려요.

TT 코스는 매우 위험하기로 유명해요.

저지
- 인구: 101,000명
- 면적: 116㎢

프랑스 북쪽 해안에 있는 저지섬은 건지섬 근처이며, 영국 해협에 있는 채널 제도의 섬 중 가장 커요. 이곳은 오래된 성, 저지종 소, 제2차 세계 대전 때 만든 터널로 유명해요.

13세기에 세워진 저지섬의 몽오르게이성

몬트세랫섬
- 인구: 5,400명
- 면적: 102㎢

1493년에 탐험가 크리스토퍼 콜럼버스가 발견해 이름을 붙인 카리브해의 이 섬은 17세기부터 영국이 지배했어요. 1995년에 수프리에르힐스 화산이 처음 폭발한 뒤, 많은 섬 주민이 이주해야만 했어요.

핏케언 제도
- 인구: 50명
- 면적: 47㎢

1789년 영국 HMS 바운티호의 선원들이 반란을 일으키고 태평양의 핏케언섬에 내려 정착했어요. 이 섬과 주변의 세 섬은 1838년에 영국령이 되었지요.

세인트헬레나섬
- 인구: 6,000명
- 면적: 122㎢

남대서양에 있는 화산섬으로, 다양한 생물이 살아요. 프랑스군을 이끈 장군이자 프랑스의 황제였던 나폴레옹 보나파르트가 유배되어 6년간 지내다가 1821년에 사망한 곳이에요.

사우스조지아 사우스샌드위치 제도
- 인구: 0
- 면적: 3,903㎢

18세기에 영국인 탐험가 제임스 쿡은 남대서양에 있는 이 섬들을 발견하고 영국 영토라고 주장했어요. 섬의 이름은 당시 영국의 왕 조지 3세와 항해를 후원한 샌드위치 백작을 기념해 지어졌어요. 사우스조지아섬은 펭귄, 알바트로스, 코끼리바다물범의 안식처예요.

트리스탄다쿠냐
- 인구: 260명
- 면적: 98㎢

남대서양에 있는 트리스탄다쿠냐 제도는 트리스탄다쿠냐섬을 비롯한 여섯 개의 섬으로 이루어졌어요. 이곳은 희귀한 야생 동식물이 사는 곳으로 알려졌어요. 고프섬은 물새 서식지로 유명해요.

터크스 케이커스 제도
- 인구: 55,900명
- 면적: 948㎢

이 제도는 대서양에 있는 열대 섬 40개로 이루어졌어요. 경제는 관광, 어업, 금융 서비스에 기대고 있어요.

미국

아메리칸사모아
- 인구: 49,400명
- 면적: 224㎢

아메리칸사모아는 남태평양 중부에 위치한 사모아 제도의 동쪽에 있는 섬들이에요. 이 섬들은 비교적 '최근에' 생겨났어요. 약 700만 년 전 화산 활동으로 만들어진 화산섬들이거든요.

아메리칸사모아의 분홍색 산호

베이커 하울랜드 제도
- 인구: 0명
- 면적: 1.4㎢

태평양에 있는 작은 섬인 베이커섬과 하울랜드섬은 산호초로 둘러싸여 있어요. 사람이 살지 않는 무인도로 멸종 위기를 겪는 바다거북을 비롯한 해양 생물의 피난처예요.

괌
- 인구: 168,500명
- 면적: 544㎢

서태평양의 마리아나 제도에 있는 이 열대 섬에는 중요한 미군 기지들이 있어요. 괌 원주민은 차모로족이에요.

차모로족의 춤

자르비스섬
- 인구: 0명
- 면적: 4.5㎢

태평양에 있는 작고 평탄한 자르비스섬에는 고급 비료의 재료인 구아노(새의 배설물이 쌓여 굳은 것)가 많아 19세기에는 비료 회사가 대량으로 채취해서 판매했어요. 오늘날 이 섬은 자연 보호 구역이에요.

존스턴 환초
- 인구: 0명
- 면적: 2.6㎢

태평양 중앙에 있는 작은 섬 네 개로 이루어졌어요. 북섬과 동섬은 바닥을 파내 인공적으로 만든 섬이에요. 이제 사람이 살지 않는 환초는 산호초와 바닷새에게 귀중한 오아시스이지요.

킹맨 환초
- 인구: 0명
- 면적: 1㎢

북태평양에 잠겨 있는 화려한 산호초로 보호받고 있어요. 장어, 가오리, 상어를 비롯한 200종 넘는 물고기가 살고 있지요. 대왕조개의 보금자리이기도 해요.

미드웨이 환초
- 인구: 0명
- 면적: 5.2㎢

태평양의 산호 환초들로 이루어진 이곳은 미국 해군이 캘리포니아와 일본의 '중간'을 뜻하는 이름을 붙였어요. 세 개의 섬은 수백만 마리의 알바트로스를 비롯해 온갖 새들이 잠시 쉬었다 가는 곳이지요.

나배사섬
- 인구: 0명
- 면적: 5.2㎢

카리브해에 있는 작은 섬 나배사는 야생 동물 보호 구역이에요. 석회암 바위와 들쭉날쭉한 해안선은 토박이 도마뱀과 둥지를 틀고 있는 바닷새에게 좋은 보금자리이지요.

북마리아나 제도
- 인구: 57,000명
- 면적: 477㎢

태평양에 있는 14개의 섬으로 이루어진 북마리아나 제도는 자치 정부가 있어요. 활화산들이 있고 주위에 산호초가 있어요.

팔미라 환초
- 인구: 0명
- 면적: 12㎢

태평양에 있는 팔미라 환초는 자연 보호 구역이에요. 과학자들이 풍경, 야생 동물, 기후를 연구하기 위해 이곳에 찾아와요.

푸에르토리코
- 인구: 320만 명
- 면적: 9,104㎢

카리브해의 이 활기찬 섬에는 산과 열대 숲이 모두 있어요. 다양한 인종이 살고 에스파냐, 미국, 아프리카-카리브해의 전통이 어우러진 문화가 꽃피어요.

폰세 카니발은 푸에르토리코에서 해마다 열리는 축제예요.

미국령 버진아일랜드
- 인구: 104,000명
- 면적: 355㎢

버진아일랜드는 카리브해에 펼쳐진 그림같이 아름다운 군도의 일부예요. 아열대 기후와 새하얀 모래, 푸른 물 덕분에 많은 관광객의 사랑을 받고 있어요. 때때로 엄청난 허리케인이 몰아치는데, 2017년 허리케인 어마 때문에 큰 피해를 겪었어요.

웨이크섬
- 인구: 0
- 면적: 6.5㎢

태평양의 수중 화산 위에 있는 작은 산호섬 세 개예요. 제2차 세계 대전 때 전투가 벌어졌던 곳이에요. 일반인이 방문할 수 없는 지역이고, 군용기를 위한 비상 착륙장이 있어요.

하늘에서 내려다본 팔미라 환초

용어 설명

건조 지대
강수량이 증발량보다 적은 지역. 비가 적게 오거나 거의 오지 않는 곳.

검은 모래 해변
검은색 화산 광물들과 암석으로 이루어진 화산섬의 해변.

계단식 논
농작물을 재배하기 위해 산기슭을 계단처럼 깎아 평탄하게 만든 곳.

고산
높은 산.

관개
수로, 파이프 또는 운하를 통해 논밭에 물을 공급하는 방법.

공산주의
자산과 산업 등 모든 재산을 정부가 소유하고 관리하는 체제. 부와 자원을 나라의 구성원에게 고르게 분배하는 것을 목표로 한다.

공화국
주권이 국민에 있는 나라. 국민이 선출한 대표자가 국가를 다스린다.

군도
무리를 이루고 있는 섬들.

군주제
왕이나 여왕이 다스리는 정치 형태.

기후
특정한 지역에서 오랜 기간 나타난 평균적인 날씨 상태.

내륙
육지로 둘러싸여 바다에서 멀리 떨어진 곳.

독립
한 국가 또는 사회가 자유를 찾고 스스로 통치할 수 있게 된 것.

레게
1960년대 자메이카에서 시작된 음악 양식.

르네상스 시대
14세기부터 16세기에, 유럽 역사에서 예술과 학문에 대한 관심이 새로워진 때이다.

멸종
생물의 한 종이 모두 영원히 사라지는 것.

멸종 위기
수가 줄어 종이 사라질 위험을 겪고 있는 것.

문명
한 사회의 구성원들이 함께하는 문화와 생활 방식.

문화 다양성
인종, 문화, 사회 집단, 종교 등이 저마다 다른 사람들이 한 사회를 이루는 것.

미너렛
모스크의 외곽에 세우는 높고 뾰족한 첨탑.

민속
입에서 입으로 전해지는 공동체의 관습, 전통, 이야기.

민족
일정한 지역에서 오랜 세월 살아오면서 언어와 문화의 공통성을 띠는 집단.

민주주의
국민이 권력을 가지고 선거를 통해 지도자를 선출하는 제도.

바자르
지붕이 덮여 있는 재래시장. 아랍어로는 수크라고 한다.

반도
삼면이 바다로 둘러싸이고 한쪽만 육지에 이어진 좁고 긴 땅.

병합
다른 나라의 영토를 차지하는 것.

빙하호
빙하가 육지를 침식하거나 퇴적하면서 생긴 우묵한 자리에 물이 고여 생긴 호수.

사롱
넓고 긴 천으로 몸을 감싸고 허리에 둘러매어 입는 옷.

사바나
건기와 우기가 있는 지역에서 발달하는 나무가 거의 없는 초원 지대.

사헬 지역
북아프리카 북부의 반건조 기후 지대. 사하라 사막 남쪽 가장자리에 있으며 대서양에서 홍해까지 동서로 뻗어 있다.

삼각주
강이 바다로 들어가는 어귀(하구)에, 강물이 운반해 온 모래나 모래진흙이 쌓여 이루어진 편평한 지형. 때때로 삼각형 모양이어서 삼각주라고 부른다.

석호
만이 바다와 분리되어 생긴 호수.

소련
공식 이름은 소비에트 사회주의 공화국 연방. 지금의 러시아와 동유럽, 중앙아시아의 일부 지역에 있었던 사회주의 공화국 15개의 연합체였다가, 1991년에 해체되었다.

수입품
다른 나라에서 사들이는 상품과 서비스.

수출품
다른 나라에 파는 상품과 서비스.

시국
다른 나라나 주에 속하지 않고, 자치권이 있는 도시 국가.

식민주의
한 나라가 다른 나라를 정치적으로 쥐락펴락하며, 경제적 이익을 위해 자원을 착취하는 지배 방법.

식민지
다른 나라의 지배를 받는 지역.

열대 기후
적도 부근의 열대 지방에서 나타나는 덥고 습한 기후.

열도
길게 줄을 지은 모양으로 늘어서 있는 섬들.

영구 동토층
항상 얼어 있는 땅. 극지방의 지표면 아래에서 발견된다.

영토
어떤 국가에 속하는 땅.

오스만 제국
13세기에 아나톨리아(지금의 튀르키예)에 세워진 제국으로 20세기까지 서아시아, 남동유럽, 북아프리카의 많은 지역을 지배했다.

오아시스
건조한 사막 가운데에서 물이 솟아 생긴 웅덩이로, 식물이 자랄 수 있는 곳.

왕조
같은 왕가에 속하는 지배자들이 대를 이어 다스리는 시대.

원형 경기장
타원형의 야외 경기장. 주로 공공 행사가 열리는 장소이다.

유대류
암컷이 새끼를 주머니에 넣고 키우는 포유류.

유물
과거의 인류가 후대에 남긴 물건.

제국주의
어떤 나라가 세력을 넓혀 다른 국가와 민족의 영토를 지배하려는 것.

제도
여러 섬. 일정한 구역에 속하는 모든 섬들.

주
한 나라의 행정 구역으로, 자치 단체나 지방 정부를 가진 경우가 많다.

중세
역사에서 고대와 근대의 중간 시대로, 대개 5세기부터 15세기까지의 시기로 본다.

지구대
단층 사이에 생긴 좁고 긴 골짜기(열곡)가 연속하여 나타나는 지형.

직물
씨실과 날실이 교차되어 짜인 천 조각.

카지노
오락 시설을 갖춘 도박장.

타피오카
카사바 뿌리에서 얻은 녹말. 음식의 점성을 높일 때 사용된다.

토박이 생물
특정 지역에 자생하고 다른 곳에서는 발견되지 않는 식물이나 동물 종.

토착
대대로 그 땅에서 살고 있는 것.

통화
특정 국가에서 돈으로 널리 받아들여지는 모든 것.

툰드라
춥고 나무가 없는 지역. 북극과 남극 주변에서 볼 수 있다.

파두
포르투갈의 음악 장르로 가수가 삶의 어려움을 구슬프게 노래한다.

폴리네시아
태평양 중부와 남부에 흩어져 있는 하와이, 사모아, 뉴질랜드와 같은 많은 섬들로 이루어진 지역.

피오르
빙하의 침식으로 만들어진 골짜기에 빙하가 없어진 후 바닷물이 들어와서 생긴 좁고 긴 만. 양쪽은 대체로 높은 절벽이다.

항구
부두와 제방을 비롯한 인공 구조물이 갖추어져 배들이 안전하게 정박할 수 있는 곳.

해구
해저의 좁고 긴 골짜기.

해대
해저에 있는 대지 모양의 지형. 바닷속의 대륙이라고 볼 수 있다.

해령
해저 산맥.

해분
해저 분지.

해안선
육지와 바다가 맞닿은 곳.

해팽
해저에서 길고 넓게 도드라진 부분.

헌법
모든 시민의 기본권과 의무를 설명하는 일련의 법률. 또한 국가가 어떻게 통치되어야 하는지를 밝히는 운영 원칙을 담고 있다.

환초
고리 모양의 산호초로, 안쪽은 석호처럼 얕은 바다를 이루고, 바깥쪽은 큰 바다와 닿아 있다.

휴전
전쟁 중인 나라들이 서로 합의하여 전투를 중단하는 것.

찾아보기

ㄱ

가나 56
가보로네(보츠와나) 72
가봉 61
가이아나 29
갈라파고스 제도(에콰도르) 31
감비아 51
강 30, 115
　아메리카 30
　아시아 138, 140, 155
　아프리카 42, 69, 72
　유럽 115
개 14, 89
개구리 61
거북 16, 79
건지 184
건축물
　동유럽 90, 91, 114, 119
　서유럽 86, 87, 97, 99, 103, 107, 108, 112
　아메리카 11, 28, 31
　아시아 144, 147, 167, 168
　아프리카 55, 57, 68, 73, 78
　오세아니아 173, 174, 176
　중동 133, 134, 139, 141, 142
게 21
게가, 루이자 121
견과류 45, 53, 78, 176
경극 161
고대 문명 14, 15, 16, 34, 42, 43, 120, 122, 123, 137, 138, 139, 148
고대 유적지 16, 106, 122, 133, 137, 138
고래 22, 179
고릴라 65
고양이 120
곤충 29, 72, 111
　나비 14, 34, 52, 123
곰 12, 114, 160, 179
공예 56, 113, 114, 144
　바구니 22, 48, 67, 69, 155
　인형 70, 128
　조각 49, 54, 61, 88
　직물 37, 44, 76, 133
과들루프섬 182

과일 30, 42, 46, 73
　아시아 135, 145, 146, 151, 156, 158, 167
　유럽 107, 116, 122
　중앙아메리카 16, 25
과테말라 14
과학 연구 110, 178
관개 수로 143
괌 185
교육 21, 57, 84, 162
교통 20, 89, 126
　기차, 트램 73, 118, 129, 157
　수상 123, 151
　이륜차, 삼륜차 63, 106, 152
　자동차 18, 95, 162
　트럭 148, 172
교회 28, 54, 85, 86, 90, 100, 105, 108
구리 120
국립 공원
　아시아 156, 167
　아프리카 47, 61, 75
　유럽 93, 116, 117, 121, 127
국제 종자 보관소(노르웨이) 179
궁전 64, 68, 98, 100, 108, 169
그레나다 24
그리스 122~123
그린란드 181
금, 황금 53
기념물 40, 50, 103, 106
　고대 35, 51
　조각상 13, 16, 30, 33, 92
기니 53
기니비사우 53
기술 89, 90, 165
기후 변화 50, 65, 88, 149
꽃 15, 36
　북극 179
　아시아 152, 158, 159, 166
　아프리카 40, 43, 71, 75, 78, 79
　유럽 84, 91, 96, 109, 114, 124
카리브해 21, 22, 25

ㄴ

나무늘보 17
나무타기캥거루 174
나미비아 70
나배사섬 185
나비 14, 34, 52, 123
나우루 176
나이지리아 58~59
낙타 41, 46, 49
남극 7, 178
남수단 47
남아메리카 6, 26~27
남아프리카 공화국 74~75
네덜란드 96, 182
네팔 153
노르웨이 86, 179, 183
노벨상 88
노퍽섬 181
놀이공원 87
누벨칼레도니섬 182
누악쇼트(모리타니) 45
뉴욕시(미국) 13
뉴질랜드 175, 183
늑대 116
니우에섬 183
니제르 45
니카라과 17
니코시아(키프로스) 120

ㄷ

다르에스살람(탄자니아) 66
다리 87, 113, 115, 118, 157
다빈치, 레오나르도 107
다이아몬드 52, 74
달팽이 18
담비 105
대만 162
대성당 32, 46, 135
　유럽 93, 126, 128, 179
대한민국 163
덴마크 87, 181
도롱뇽 106
도마뱀 24
도미니카 공화국 21

도미니카 연방 22
도쿄(일본) 165
도하(카타르) 142
독일 94~95
동티모르 169
돛단배 항해 23, 42
두브로브니크(크로아티아) 117
드가, 에드가 98
드로그바, 디디에 54
들소 92
땡땡 97

ㄹ

라고스(나이지리아) 59
라마 35
라보카(아르헨티나) 36
라오스 155
라이베리아 54~55
라트비아 91
라파스(볼리비아) 34
락샤드위프 제도(인도) 150
러시아 128~129
런던(영국) 83
레바논 136
레소토 76
레위니옹섬 182
로버츠, 조지프 젠킨스 55
로이드 경, 클라이브 휴버트 29
루디샤, 데이비드 67
루마니아 125
루빅큐브 115
루안다(앙골라) 68
룩셈부르크 104
르완다 64
리가(라트비아) 91
리비아 41
리스본(포르투갈) 102
리애나 24
리우데자네이루(브라질) 33
리투아니아 91
리히텐슈타인 109

ㅁ

마다가스카르 77

마르티네즈, 데니스 17
마르티니크 182
마셜 제도 176
마에섬(세이셸) 79
마요트섬 182
마추픽추(페루) 34
만델라, 넬슨 74
만리장성(중국) 160
말 76, 85, 88, 111, 112, 148
말라보(적도 기니) 60
말라위 71
말레이시아 166~167
말리 44
말리, 밥 20
맨섬 184
맹그로브 25, 73, 152
메시, 리오넬 36
메카(사우디아라비아) 140
멕시코 14~15
멘추, 리고베르타 14
모가디슈(소말리아) 49
모나코 105
모로코 40
모리셔스 78
모리타니 45
모스크 41, 42, 44, 45, 79, 132, 138, 140, 144, 146, 151
모스크바(러시아) 128
모자이크 41, 120, 139
모잠비크 73
모차르트, 볼프강 아마데우스 112
몬로비아(라이베리아) 54
몬테네그로 119
몬테카를로(모나코) 105
몬트세랫섬 184
몰도바 127
몰디브 149
몰타 104
몽골 159
무술 33, 119, 135, 156, 163, 166
무톨라, 마리아 73
문 138, 164
문학 44, 83, 95, 138
물레방아 134
미국 12~13, 184~185
미국령 버진아일랜드 185
미드웨이 환초 185
미디어 58
미얀마 154
미어캣 72
미크로네시아 연방 176

민델루(카보베르데) 50
민스크(벨라루스) 127

바누아투 177
바다사자 37
바레인 141
바르샤바(폴란드) 92
바베이도스 24
바티칸 시국 108
바하마 19
박쥐 69
방글라데시 152
뱀 32, 53, 57, 173
버뮤다 제도 183
베냉 57
베네수엘라 28
베른(스위스) 110
베를린(독일) 95
베이커 하울랜드 제도 185
베토벤, 루트비히 판 94
베트남 157
벤첼, 안드레아스 109
벨기에 97
벨라루스 127
벨리즈 15
보네르 20
보노보 63
보스니아 헤르체고비나 118
보츠와나 72
볼리바르, 시몬 34
볼리비아 34
볼트, 우사인 34
부다페스트(헝가리) 115
부룬디 64
부르키나파소 55
부베섬 183
부줌부라(부룬디) 64
부탄 153
북극 179
북극광 85, 179
북대서양 조약 기구(나토) 97
북마리아나 제도 185
북마케도니아 121
북아메리카 6, 8~9
북아일랜드 82
북한 162
불가리아 124
브라질 32~33
브루나이 169

비버 10
비사우(기니비사우) 53
빅토리아(세이셸) 79
빙하 36, 85, 105

ㅅ

사라예보(보스니아 헤르체고비나) 118
사막 35, 42, 47, 70, 72, 141, 144, 159
사모아 177
사바섬 182
사슴 126, 169
사우디아라비아 140
사우스조지아 사우스샌드위치 제도 184
사원(불교) 153, 154, 155, 168
사자 67
사해 137
산, 산맥 10, 21, 23, 31, 34, 40, 50, 65, 66, 105, 114, 124, 135, 175, 178
  마테호른 110
  에베레스트산 153
  캅카스 135
  K2봉 148
  후지산 164
산마리노 109
산토리니섬(그리스) 123
산호초 15, 166, 173
산호해 제도 181
살라, 모하메드 42
상어 49
상투메 프린시페 60
상트페테르부르크(러시아) 128
상하이(중국) 161
새 174, 175, 179
  남아메리카 29, 33
  아시아 138, 141, 145, 166
  아프리카 51, 55, 62, 66, 68, 79
  유럽 85, 91, 92, 117, 125
  중앙아메리카 16, 19, 23
생마르탱 182
생바르텔레미섬 182
생피에르미클롱 182
서울(대한민국) 163
석유 산업 58, 140
설탕 19
성, 성채, 요새 20, 22, 100, 143
  동유럽 91, 93, 120, 125, 127
  서유럽 82, 94, 103, 104, 109
성채 20, 137
세네갈 50~51
세르비아 116
세이말리, 누라 민트 45
세이셸 78~79
세인트루시아 23
세인트빈센트 그레나딘 25
세인트키츠 네비스 22
세인트헬레나섬 184
세종 대왕 163
소말리아 49
솔로몬 제도 176
수단 47
수도원 124, 125, 137, 153
수리남 29
수마트라섬(인도네시아) 167
순록 88
술레이만 1세 182
슈바르츠발트(독일) 94
스리랑카 149
스발바르 제도 183
스웨덴 88
스위스 110
스켈리그 제도(아일랜드) 84
스코틀랜드 83
스톡홀름(스웨덴) 88
스포츠 58, 96, 122, 147, 176
  겨울 11, 86, 109, 111, 112
  격투기 51, 156, 159
  럭비 75, 175, 177
  수상 55, 56, 115, 117, 119
  야구 17, 19
  운동선수 20, 23, 67, 73, 119, 121, 162, 176
  자동차 69, 89, 105, 107
  자전거 55, 98
  체조 62, 125, 162
  축구 12, 32, 36, 41, 42, 54, 60, 84, 94, 102
  크리켓 29, 151
  테니스 101, 113, 116
슬로바키아 114
슬로베니아 111
시리아 134
시에라리온 52
시장 15, 31, 57, 61, 76, 133, 134, 139, 155, 156, 169
식물성 기름 59, 99, 101, 127
신전 15, 122

신트마르턴 182
신트외스타티위스 182
싱가포르 168
싱크홀 15
쌀 59, 139, 157

##

아랍 에미리트 142
아루바 182
아르메니아 135
아르헨티나 36
아메리칸 사모아 184
아바나(쿠바) 18
아시아 7, 130~131
아이벡스 110
아이슬란드 85
아이티 20
아일랜드 84
아제르바이잔 134
아타카마 사막 35
아테네(그리스) 122
아프가니스탄 146
아프리카 6~7, 38~39
아프리카 연합 48
악기 61, 84
  관악기 83, 114, 151, 176
  타악기 51, 56, 63, 64, 146, 167
  현악기 12, 19, 37, 126, 159
안경원숭이 158
안도라 105
알래스카주(미국) 6, 13
알루미늄 147
알바니아 121
알제리 40
알프레드, 줄리언 23
암만(요르단) 137
암석 지형 46, 76, 82, 121, 133, 135, 136, 157, 158
앙골라 68
애벌레 71
애쉬모어 카르티에 제도 181
앤티가 바부다 23
앵귈라섬 183
야생 고양이과 101, 137
얀마옌섬 183
양곤(미얀마) 154
어센션섬 183
어업 62, 63, 104, 149
얼음 호텔(스웨덴) 88
에너지 생산 67, 77, 95

에리트레아 46
에스와티니 76
에스와티니 76
에스토니아 90
에스파냐 100~101
에콰도르 31
에티오피아 48
엘살바도르 16
여성 64
여우 40, 145
연 166
영국 82~83, 183~184
영국령 버진아일랜드 183
영양 62, 140
영화 산업 12, 58, 150
예루살렘(이스라엘) 136
예멘 143
예술 87, 89, 99, 108, 125, 175
  도자기 123, 163
  선사 시대 22, 41, 46
  예술가 15, 96, 98, 172
  조각 52, 58, 68, 83, 98, 106, 138
오랑우탄 167
오로라 85
오만 143
오세아니아 7, 170~171
오스만 제국 132
오스트레일리아(호주) 7, 170~171, 172~173, 181
오스트리아 112
온두라스 16
올라주원, 하킴 58
올림픽 122
옷 18, 137, 177
  아시아 143, 165, 169
  아프리카 56, 71, 77, 79
  유럽 108, 115, 124
와피티사슴 10
요르단 137
우간다 65
우루과이 37
우주여행 12, 128, 145, 151
우즈베키스탄 144
우크라이나 126
운하 18, 43, 96, 107
울룰루(오스트레일리아) 172
울버린 86
원숭이 29, 30, 48, 60, 157, 165, 169
원주민 11, 14, 30, 86, 41, 45, 48, 66, 72, 144, 147, 159

원형 경기장 106, 117, 121
월리스 푸투나 제도 182
웨이크섬 185
웨일스 82
유럽 6~7, 80~81
유사프자이, 말랄라 148
은 57
음식 11, 47, 54, 93
  간식, 과자 99, 111, 120, 152, 160, 164
  고기, 생선 20, 35, 87, 100, 104, 136, 137, 139, 163, 167
  빵 106, 109, 144
  샐러드 123, 124
  수프, 스튜, 국물 30, 40, 50, 157
  페이스트리 36, 119, 132
음악 20, 59, 126, 163
음악가 24, 45, 57, 134
이구아나 19, 31
이라크 138
이란 139
이스라엘 136
이스터섬(칠레) 35
이집트 42~43
이탈리아 106~107
인도 150~151
인도네시아 166~167
인도양 영국령 지역 183
인어 92
인형극 166
일본 164~165

##

자르비스섬 185
자메이카 20~21
잠비아 69
잠비아 서커스 69
잭슨, 아베이쿠 56
저지 184
적도 기니 60
정치 55, 64, 149
조각상, 동상 13, 16, 30, 33, 92
조지아 135
존스턴 환초 185
종(생물) 24, 66, 115, 139
준보석 66, 146
중국 160~161
중앙아프리카 공화국 62

지부티 49
지브롤터 184
지진 164
진주 141
짐바브웨 71

ㅊ

차 152, 154, 162
차드 46
채널 제도(영국) 82
채소 31, 52, 174
천문대 35
천산갑 68
체코 113
초콜릿 28, 60, 97, 110
축제, 카니발
  남아메리카 28, 32
  북아메리카 13, 14
  아시아 140, 148, 149, 151, 152, 154, 159, 160, 161
  아프리카 43, 59, 68
  유럽 88, 82, 90, 91, 92, 95, 101, 102, 111, 123
  중앙아메리카 15, 19, 21, 25
춤
  아메리카 16, 28, 36
  아시아 133, 150, 155, 156, 158
  아프리카 44, 47, 49
  유럽 84, 100, 107, 129
치즈 107
치타 70
칠레 35

##

카마라, 마리아투 52
카메룬 61
카멜레온 58, 64, 77
카보베르데 50
카이로(이집트) 42
카이만 37
카자흐스탄 145
카타르 142
카피바라 28
칼로, 프리다 15
캄보디아 155
캄팔라(우간다) 65
캐나다 10~11
캥거루 173, 174
커피 17, 33, 98

케냐 67	**ㅌ**	판젠동 161	**ㅎ**
케이맨 제도 184	타지키스탄 147	팔라우 176	하늘다람쥐 90
케이프타운(남아프리카 공화국) 74	탄자니아 66	팔미라 환초 185	하마 53
코나크리(기니) 53	탈린(에스토니아) 90	페로 제도 87, 181	하와이(미국) 12
코모로 79	태국 156	페루 34	해변 24, 172
코소보 119	터크스 케이커스 제도 184	페테르1세섬 183	아시아 132, 156
코스타리카 17	텔아비브(이스라엘) 136	페트라(요르단) 137	아프리카 46, 56, 73, 78
코코스 제도 181	토고 57	펭귄 178	유럽 101, 102
코트다쥐르(프랑스) 99	토론토(캐나다) 11	포도주 107, 136	해외 영토 181~185
코트디부아르 54	토켈라우 제도 183	포르투갈 102~103	허드 맥도널드 제도 181
콜롬비아 30	토템 기둥 10	포클랜드 제도 184	헝가리 115
콩고 62	통가 177	폭포 11, 21, 24, 28, 61, 71, 78	호날두, 크리스티아누 102
콩고 민주 공화국 63	투르크메니스탄 144		호랑꼬리여우원숭이 77
쿠바 18~19	투발루 177	폴란드 92~93	호랑이 129, 150
쿠웨이트 141	툰베리, 그레타 88	푸에르토리코 185	호수 17, 22, 137, 147
쿡 제도 183	튀니지 41	프라하(체코) 113	아프리카 49, 51, 65, 71
퀴라소 182	튀르키예 132~133	프랑스 98~99, 181~182	유럽 86, 111, 112, 124, 129
크로아티아 117	트롤 86	프랑스령 기아나 181	혹멧돼지 73
크리스마스섬 181	트리니다드 토바고 25	프랑스령 남방의 땅과 남극 지역 181	홍은정 162
클리퍼턴섬 181	트리스탄다쿠냐 184		홍학 67
키르기스스탄 147		프랑스령 폴리네시아 181	홍해 43
키리바시 177	**ㅍ**	프랑크, 안네 96	화산 17, 31, 60, 63, 134, 177, 178
키조, 앙젤리크 57	파나마 18	프리타운(시에라리온) 52	
킨샤사(콩고 민주 공화국) 63	파라과이 37	피라미드 43, 45	휘게 87
킹맨 환초 185	파키스탄 148	피지 177	
킹스타운(세인트빈센트 그레나딘) 25	파푸아 뉴기니 174	핀란드 89	
		필리핀 158	
		핏케언 제도 184	

도판 저작권

The publisher would like to thank the following people for their help with making the book: Kathakali Banerjee, Shatarupa Chaudhuri, Virien Chopra, Sukriti Kapoor, Sai Prasanna, Rupa Rao, Bipasha Roy, Neha Ruth Samuel, and Arani Sinha for editorial assistance; Rachel Lindfield and Pauline Ankunda for editorial assistance on the Africa chapter; Mansi Agrawal and Aparajita Sen for design assistance; Vagisha Pushp for picture research assistance; Nand Kishor Acharya, Dheeraj Singh, Vikram Singh, and Anita Yadav for DTP assistance; Rakesh Kumar, Priyanka Sharma, and Saloni Singh for the jacket; Hazel Beynon for proofreading; and Elizabeth Wise for indexing.

The publisher would like to thank the following for their kind permission to reproduce their photographs:

(Key: a-above; b-below/bottom; c-centre; f-far; l-left; r-right; t-top)

123RF.com: 123mn 50ca, grigory_bruev 89cra, Olga Buiacova 144crb, Simon Dannhauer 17cb, Valery Egorov / valeryegorov 82cla, Ivan Fedorov 92clb (floor petals), Ramzi Hachicho 136ca, Eric Isselee / isselee 175cra (Kiwi), mehdi333300 15cra, 31tl, Margret Meyer 67b, mirco1 29tl, luca nichetti 92tr, photopips 42cla (Dates), possohh 18br, Korawee Ratchapakdee 173crb, RudyBalasko 94cla, server 99tr, Genadijs Stirans 45clb, Anek Suwannaphoom 72clb, Thawat Tanhai 15ca, Maria Tkach 15tr (frame), Allan Wallberg 88cla, Abi Warner 105cra, wklzzz 4bc, 76clb, Svetlana Yefimkina 11t, yelo34 19cr, 19clb, 19br; **4Corners:** Antonino Bartuccio 32cl, Paul Panayiotou 155clb, Aldo Pavan 31crb; **African Horseback Safari:** 72tr; **akg-images:** Africa Media Online / ILAM Photographer 69clb; **Alamy Stock Photo:** AB Forces News Collection 185tl, Action Plus Sports Images 111tl, Aflo Co. Ltd. / Nippon News 102ca, Aflo Co. Ltd. / Nippon News / Naoki Morita 161cb, Africa Media Online 74ca, AGAMI Photo Agency / Daniele Occhiato 177tl, AGAMI Photo Agency / Dubi Shapiro 29clb, agefotostock / Gonzalo Azumendi 94cla, agefotostock / Jason Bazzano 17ca, agefotostock / Kevin O´Hara 46tr, Jerónimo Alba 15tc, Allstar Picture Library Ltd 73bl, Sally Anderson 179cla, arabianEye FZ LLC / Ali Al Mubarak 140cla, Arco Images GmbH / de Cuveland, J. 179tl, Arco Images GmbH / TUNS 173tr, Artokoloro 68cl, George Atsametakis 123tr, Backyard Productions 60tr, Javier Ballester 169br, Simon Balson 75br, John de la Bastide 25clb, Philip Berryman 172cla, Frank Bienewald 111cl, Biosphoto / Antoine Boureau 60crb, blickwinkel / AGAMI / A. Ouwerkerk 141cla, blickwinkel / artifant 64tr, blickwinkel / Hecker 179c, blickwinkel / Layer 157tl, Blue Jean Images 160clb, Blue Planet Archive MNO 34tc (butterfly), Joerg Boethling 37clb, 67cr, Julia Bogdanova 30tc, Ger Bosma 68cra, Myroslava Bozhko 78b, David Brennan 22cra, Thomas Brock 118cla, Michael Brooks 103tr, Roi Brooks 15br, Bob Burgess 51cl, Michele Burgess 57cra, Classic Image 178cra, Thornton Cohen 152ca, Dennis Cox 43cr, Zoltán Csipke 112tr, Cultura Creative (RF) / Alberto Bogo 106tc, Cultura RM / Tim E White 179b, Danita Delimont / Michele Westmorland 22cb, dbimages / Amanda Ahn 15tl, Viren Desai 74tl, Design Pics / Radius Images 10br, Design Pics Inc / Spencer Robertson / RM Level 2 82ca, Michael Diggin 84crb, Reinhard Dirscherl 43ca, V. Dorosz 116tr, dpa picture alliance 50cl, 149tl, dpa picture alliance / Daniel Bockwoldt 90cra, dpa picture alliance / Daniel Reinhardt 88cbr, Mara Duchetti 154cla, Karin Duthie 72cr, Richard Ellis 19cla, Everett Collection Inc 116cl, Everett Collection Inc / © Netflix / Ron Harvey 58cb, Everett Collection, Inc. 150tc, eye35.pix 117b, Findlay 97cl, 157tl, S. Forster 154cra, FotoFlirt 151c, Nick Fraser 66cr, funkyfood London - Paul Williams 123c, Eric Gevaert 65ca, Vlad Ghiea 11cra, Granger Historical Picture Archive / NYC 99cr, Arthur Greenberg 155cra, Greenshoots Communications / GS International 61crb, Johnny Greig 58ca, 134bl, Natalia Harper 23tl, Helen Sessions 11tr, Gavin Hellier 83cra, Hemis.fr / Aurélien Brusini 22clb, 182cla, Hemis.fr / Bertrand Rieger 18tr, 61br, Hemis.fr / Bruno Morandi 44tr, Hemis.fr / Franck Charton 46cla, hemis.fr / Jean-Paul Azam 105cla, hemis.fr / Sylvain Cordier 28crb, Marc F. Henning 158bl, Heritage Image Partnership Ltd / © Fine Art Images 128tr, 132ca, Cindy Hopkins 178cla, Peter Horree 148cb, Jack Hoyle 151tr, Image Professionals GmbH / Don Fuchs 173cr, Image Professionals GmbH / Roetting / Pollex 93tr, imageBROKER / Günter Lenz 98-99b, imageBROKER / Juergen Hasenkopf 101tc, imageBROKER / Jürgen & Christine Sohns 169cra, 174crb, imageBROKER / Michael Peuckert 127b, imageBROKER / Michael Runkel 140tr, 144br, imageBROKER / Stephan Goerlich 95c, imageBROKER / Werner Lang 78cra, Images by Itani 136cla, Indiapicture / Hemant Mehta 151clb, Arif Iqball 153cra, Anton Ivanov 51tr, Ivoha 86cla, Jack Malipan Travel Photography 46br, jbdodane 61tl, David Jensen 19c, John Warburton-Lee Photography / Nigel Pavitt 49tl, Jon Arnold Images Ltd 79tr, Jon Arnold Images Ltd / Doug Pearson 21tc, Jon Arnold Images Ltd / Jane Sweeney 21crb, Jon Arnold Images Ltd / John Coletti 16tr, Wolfgang Kaehler 86cb, katacarix 115crb, Keystone Press / Keystone Pictures USA 52tr, Micha Klootwijk 83cla, Ton Koene 33tl, Konstantin Kopachinskiy 167cb, Vladimir Kovalchuk 129tl, Petr Kovalenkov 98cla, LatitudeStock / David Forman 22cla, Dan Leeth 178crb, Lifestyle pictures 94tr, LightField Studios Inc. 132tr, Ronnachai Limpakdeesavasd 155cla, Alexander Ludwig 48cl, David Lyon 93cr, Johnny Madsen 79tl, Mandoga Media 105cb, Nino Marcutti 117cla, Borislav Marinic 89ca, MARKA / raffaele meucci 46cr, Stefano Politi Markovina 97bl, 111cra, Frederico Santa Martha 68tr, Iain Masterton 96b, Matthew Oldfield Editorial Photography 52cb, Jenny Matthews 146bl, mauritius images GmbH 70tr, mauritius images GmbH / Christopher Schmid 129clb, mauritius images GmbH / Dave Derbis 86cl, mauritius images GmbH / Hans Bleh 123cra, mauritius images GmbH / Jose Fuste Raga 164tr, mauritius images GmbH / Michael Obert 41crb, MB_Photo 173cr, Neil McAllister 78crb, mediacolor's 138bl, MehmetO 119cl, Michel & Gabrielle Therin-Weise 135br, Hercules Milas 103cra, Andrey Moisseyev 172cra, Jason Moore 136clb (Israeli family), Tuul and Bruno

Morandi 143tl, 159clb, Marina Movschowitz 185cra, Guido Nardacci 116cla, Eric Nathan 126br, Nature Picture Library / Doug Perrine 16tl, Nature Picture Library / Eric Baccega 72br, Nature Picture Library / Jurgen Freund 181clb, Nature Picture Library / Wild Wonders of Europe / Giesbers 109crb, Nature Picture Library / Will Burrard-Lucas 69tl, Andrey Nekrasov 41cra, Alice Nerr 28tr, Quang Ngoc Nguyen 157c, PA Images / Brian Lawless 84cb, PA Images / Ian West 59cb, Paul Mayall Birds 91tl, Sean Pavone 168b, Jeremy Pembrey 30cb, Wolfi Poelzer 24bl, Vova Pomortzeff 5cra, 19bc, Bart Pro 117cra, PvE 88fcla, Quagga Media 95cra, André Quillien 20clb, 62cra, 63tl, Niels Quist 87cra, Muhammad Mostafigur Rahman 152b, Hiren Ranpara 49crb, Janos Rautonen 79ca, Realy Easy Star / Giuseppe Masci 140cra, Mervyn Rees 13tr, Reimar 56cra, Edwin Remsberg 54cb, 54bl, 76tr, 76cra, robertharding / Christian Kober 163br, Robertharding / Michael DeFreitas 24cla, Robertharding / Michael Runkel 49clb, 60bl, 174b, 176cla, Erlantz Pérez Rodriguez 37crb, RZAF_Images 67cra, Octavio Campos Salles 33tc, Borges Samuel 50b, Marco Saracco 172cl, Juergen Schonnop 36c, Science History Images / Photo Researchers 112cla, Seaphotoart 184br, SebastianP 124b, Iuliia Shevchenko 99clb, Sibons photography 53crb, Paulette Sinclair 37cla, Sport In Pictures 96tr, sean sprague 169clb, Kumar Sriskandan 31cb, stockeurope 108c, Stockfolio® / Stockfolio 704 78cla, Tansh 5bc, 152crb, Marc Tielemans 107c, Ann and Steve Toon 43tr, Peter Treanor 56b, Tommy Trenchard 52cra, UDAZKENA 47clb, Universal Images Group North America LLC / DeAgostini / M. Leigheb 45cl, USFWS Photo 185br, Lucas Vallecillos 144cra, Genevieve Vallee 177bl, Greg Vaughn 34bl, Tom Wagner 104fcrb, David Wall 175ca, wanderluster 88cl, WaterFrame_fba 22crb, WaterFrame_jdo 183tr, Tony Watson 71bl, WENN Rights Ltd 74cla, 113cla, Westend61 GmbH / Andreas Pacek 86cra, Ray Wilson 15cl, Jan Wlodarczyk 107cla, 121clb, World History Archive 139crb, Robert Wyatt 147cl, Xinhua 151cb, Xinhua / Luka Dakskobler 111clb, Xinhua / Sergei Stepanov 90bl, Babelon Pierre-Yves 77clb, Ariadne Van Zandbergen 76cla, Zoonar GmbH / Sergey Mayorov 138cla; **Avalon:** Philip Enticknap 104tr, © Everett 163tl, © World Illustrated 147br; **AWL Images:** Matteo Colombo 1, 154bl, Alan Copson 184ca, Tom Mackie 10clb, Nigel Pavitt 48tr, 59br; **John Bradley:** 177tr; **Bridgeman Images:** Gift of the Egyptian Exploration Society 42bl, Granger 83c; **© The Trustees of the British Museum. All rights reserved.:** 52crb; **© CERN:** 110cl; **Circus Zambia:** Greg Bruce Hubbard 69r; **Depositphotos Inc:** ajafoto 97ca, anpet2000 37bl, GekaSkr 134tr, jianghongyan 174tl, lifeonwhite 58tr, mihtiander 77b, vlade-mir 51crb; **Dorling Kindersley:** Idris Ahmed 159br, Andrew Beckett 77cl, 165cb, Ruth Jenkinson / Holts Gems 53clb, 66cra (Gem), Natural History Museum, London 52ca, University of Aberdeen 123cla, 177br, Urospoteko 126cl, Whipsnade Zoo 5tr, 5ftr, 33tr, 33ca (x2); **Dreamstime.com:** Subodh Agnihotri 136crb, Aiisha 85tl, Lev Akhsanov 112tc, Ziya Akturer 137ca, Albund 11c, Alex7370 143br, Kierran Allen 74cb, Nuno Almeida 95tl, Leonid Andronov 40bc, Andzhey 12ca, Nir Antman 136br, Anusorn62 164cra, Arsty 103cl, Kairi Aun 140cla, Anthony Baggett 120cr, Bankerok 21bl, Anny Ben 59c, Harald Biebel 84cla, Larisa Blinova 5bl, 35ca, Boggy 168crb, Brackishnewzealand 19tl, Tatiana Bralnina 40cla, Maurice Brand 121tl, Dave Bredeson / Cammeraydave 16-177 (Magnifying glass), Jeremy Brown 166clb, Ryhor Bruyeu 127cra, Zbynek Burival 114cb, Evgeny Buzov 168cla, Byheaven87 147cra, Volodymyr Byrdyak 66b, Mohammed Anwarul Kabir Choudhury 152clb, Su Chun 75cr, Jerome Cid 118cr, Lucian Coman 72cb, Cowboy54 168ca, Kobby Dagan 30bl, Daitoiumihai 125clb (River), Svetlana Day 113b, Ddkg 136tr, Deyan Denchev 124tr, Derejeb 48cb, Dianearbis 56cla, Dziewul 125tl, Cecil Dzwowa 71tl, Sergey Dzyuba 101tr, Eastmanphoto 40clb, Elenatur 133t, Erix2005 89b, Ermess 106ca, Faunuslsd 77cla, Evgeniy Fesenko 135clb, Freesurf69 123cr, Eugeniu Frimu 120cl, Anne Fritzenwanker 20cra, Filip Fuxa 78tr, Geckophotos 87cb, 87cb (beef), Giuseppemasci 84cl, Rostislav Glinsky 108br, Diego Grandi 14cr, 16bl, Green_cat 128cl, Andrey Gudkov 67tl, Pascal Halder 110cla, 110bl, Paul Hampton 66b (Elephants), Cor Heijnen 167bl, Jiri Hera 97ca (chocolate pralines), Hpbfotos 10l, Hrlumanog 158cl, Ildipapp 31cra, Imladris 97r, J33p3l2 160cra, Anujak Jaimook 169cla, Wieslaw Jarek 102cl, Jatmika Jati 166br, Jojjik 110tr, Lukas Jonaitis 91cra, Kaiskynet 156cra, Kira Kaplinski 166ca, Matej Kausitz 114ca, Mikhail Dudarev 34cla, Pavel Kavalenkau 100cla, Bryan Kessinger 12clb, Michal Knitl 114bl, Sergii Kolesnyk 42cb, Liliia Kondratenko 115tl, Kristina Kostova 96ca, Sergii Koval 50cra, 119clb, Tetiana Kovalenko 159cl, Jesse Kraft 34crb, Aliaksei Kruhlenia 119cra, Kuhar 111ca, Matthijs Kuijpers 24cra, Serhii Liakhevych 126crb, Lidian Neeleman 23clb, Lightfieldstudiosprod 132cla, Limpopoboy 73cr, Miroslav Liska 87tl, Lornet 113c, Oleksandr Lytvynenko 111cr, Maceofoto 77ca, Makidotvn 162cla, Dmitry Malov 90tr, Marko5 111crb, Markuk97 104crb, Zdeněk Matyáš 121cra, Aliaksandr Mazurkevich 139tl, Jeff Mccollough 35c, Daria Medvedeva / Dash1502 85clb, Nik Merkulov 124tc, Mikelane45 55bc, Mikeltrako 104b, Serhii Milekhin 176ca, Milosk50 105tl, Minnystock 95tc, Borna Mirahmadian 139cra, Klemen Misic 120b, Mistervlad 100cb, 108tr, Pranodh Mongkolthavorn 175cra, Moniquesds 34tc (butterflies), Louno Morose 11cr, Luciano Mortula 99c, Mrtobin 84tr, Robert Mullan 102cla, Mzedig 142tr, Roland Nagy 162tr, Krzysztof Nahlik 93b, Natalyka 99cra, Nevinates 135cb, Nicolaforenza 106clb, Duncan Noakes 21ca, Stephen Noakes / Stevenoakes 151tc (Cricket ball), Nonmim 106cr, Noppakun 154tl, Noppharat 21tr, Elena Odareeva 156tr, Olgacov 90crb, Palinchak 97tl, Iordanis Pallikaras 5fbl, 120ca, Sean Pavone 165clb, Phanuwatn 19crb, Photostella 133cb, Pikkystock 71cra, Pipa100 40cra, Sergey Plyusnin 82c (tea), Marek Poplawski 18cla, Ppy2010ha 20ca, 36cl, 93cra, 137cla, 139cra (dish), Tawatchai Prakobkit 156cla, Presse750 28cla, 28cra, 79crb, Ondřej Prosický 129br, Pawel Przybyszewski 92clb, Subin Pumsom 160-161t, Rafael Angel Irusta Machin / Broker 101clb, David Ribeiro 103cr, Goce Risteski 116br, Rudi1976 105b, Rukanoga 92clb (petals), Rungrote 25tl, Rusel1981 114cla, Samystclair 36bl, Luca Santilli 109cra, Constantin Sava / Savcoco 108cla, Alfio Scisetti 46clb, Jozef Sedmak 114tr, Serturvetan 133crb, Sichkarenko 125clb, Siempreverde22 31bl, Dirk Sigmund / Disiflections 48cla, Silvionka 165tr, Przemyslaw Skibinski 71cr, Svetoslav Sokolov 124cl, Nuthawut Somsuk 98tc, Sova004 118tr, Michaela Stejskalova 106-107t, Stockthor 145crb, Nikolay Stoimenov 124cra, Zlatimir Stojanovic 25cl, 25cl (Half), Jens Stolt / Jpsdk 14ca (cra), Bogusz Strulak 106tr, 107tr, Swisshippo 73cra, Stephen Tapply 35b, Huy Thoai 158tr (x2), Pranee Tiangkate 53tl, Sasin Tipchai 156cl, Tomas1111 85cra, 113tr, 128cla, Vladimir Tomovic 116cr, Georgios Tsichlis 122cb, Typhoonski 141tl, 141b, Sergey Uryadnikov 63cl, Uskarp 134cra, Valentyn75 5crb, 101cb, Oscar Espinosa Villegas 64clb, Vilor 91clb, Vitalssss 15tr, Natalia Volkova 126cla, Vvoevale 66cra, Pattadis Walarput 151cl, Dennis Van De Water 124cr, Marcin Wojciechowski 88bl, Björn Wylezich 146cra, Thomas Wyness 149cra, Xantana 109cla, Yakthai 133tr, Yuri Yavnik / Yoriy 160ca, Vadim Zakirov 163cla, Hongqi Zhang (aka Michael Zhang) 75tr, Znm 70cl, 70b, Петлин Дмитрий 77tl; **EcoTec Lab:** Ousia A. Foli-Bebe 57cla; **ESO:** J. C. Muñoz / creativecommons.org /licenses/by/4.0 35cra; **Ryszard Filipowicz:** 113cr; **Fotolia:** Eric Isselee 160cr; **Getty Images:** 500Px Plus / Juhani Vilpo 66tr, 500Px Plus / Rasto Rejko 114crb, 500Px Plus / Sergey Grishin 127tl, AFP / Ahmed Ouoba 55tl, AFP / Bertrand Guay 176cra, AFP / Emmanuel Arewa 59ca, AFP / Fethi Belaid 41cr, AFP / Hannah Peters 175crb, AFP / Hussein Faleh 138crb, AFP / Jack Guez 60cla, AFP / Joe Klamar 37cra, AFP / Khaled Desouki 138cla (book), AFP / Laure Fillon 77cr, AFP / Louisa Gouliamaki 67tc, AFP / Martin Bernetti 35tl, AFP / Miguel Medina 107cb, AFP / Mohamed Abdiwahab 49bc, AFP / MOHD RASFAN 166tr, AFP / Monirul Bhuiyan 62bl, AFP / Nelson Almeida 36cla, AFP / Patricia De Melo Moreira 102bl, AFP / Pius Utomi Ekpei 56cl, AFP / Reinnier Kaze 61cla, AFP / Sergei Gapon 119br, AFP / Seyllou Diallo 50cla, AFP / Stefanie Glinski 47b, AFP / STR 47cra, AFP / Vano Shlamov 135tl, AFP / Xaume Olleros 53cra, AFP / Yoshikazu Tsuno 165ca, AFP / Zoom Dosso 55br, AFP PHOTO / Juan Barreto 28bl, Alloy / Michele Falzone 23bl, Anadolu Agency / Fatemeh Bahrami 139b, Archive Photos / Jack Vartoogian 45cra, The Asahi Shimbun 164cla, Scott Barbour 23br, 56tr, Edward Berthelot 99tc, Yann Arthus-Bertrand 55cra, Torsten Blackwood / AFP / © June Smith / Copyright Agency. Licensed by DACS 2020 / © DACS 2020 172crb, Bloomberg 168tr, Bloomberg / Simon Dawson 123tl, Bloomberg / Susana Gonzalez 17crb, 17br, Bloomberg / Vincent Mundy 126tr, Kitti Boonnitrod 43b, Paula Bronstein 148cla, 156cr, Corbis Documentary / Galen Rowell 178tr, Corbis Documentary / Layne Kennedy 183bc, Corbis Historical / Ashley Cooper 177ftl, Corbis Historical / Photo Josse / Leemage 107cra, Corbis News / Art in All of Us / Anthony Asael 21cra, Corbis News / Art in All of Us / Eric Lafforgue 73cra, Corbis Sport / Visionhaus / Ben Radford 163clb, Corbis Unreleased / Frans Lemmens 29cra, DeAgostini / DEA / V. Giannella 176bl, DeAgostini / De Agostini Picture Library 109tl, DeAgostini / DEA / G. Kiner 37tl, DeAgostini / DEA / M. Seemuller 34tr, DeAgostini / DEA / S. Vannini 76crb, David Degner 60cra, DigitalVision / Chris Nash 100cl, DigitalVision / Juergen Ritterbach 31cla, DigitalVision / Klaus Vedfelt 87crb, Don Morley 125cl, EyeEm / Hafizal Talib 167tr, EyeEm / Nguyen Duc Thành 2-3, 157b, FilmMagic / D Dipasupil 57bl, FilmMagic / Toni Anne Barson 14bl, Focus on Sport 17bl, Gallo Images / Mike D Kock 47crb, Gamma-Rapho / Dominique Berbain 142bl, Gamma-Rapho / Jean-Luc Manaud 5br, 46cra, Gamma-Rapho / Michel RENAUDEAU 79bl, Gamma-Rapho / Yves Gellie 141cra, Erika Goldring 13clb, Tim Graham 66cla, Hulton Archive / Allsport / Tony Duffy 109clb, Hulton Archive / Heritage Images / Fine Art Images 124cla, The Image Bank / © Ingetje Tadros 174clb, The Image Bank Unreleased / Atlantide Phototravel 91br, The Image Bank Unreleased / nik wheeler 138tr, The Image Bank Unreleased / Onne van der Wal 23cra, The Image Bank Unreleased / Timothy Allen 159tl, In Pictures / Qilai Shen 160crb, Dan Kitwood 17cra, Mark Kolbe 177cb, LatinContent Editorial / Jan Sochor 14cla, LatinContent Editorial / Sean Drakes 25br, Christian Liewig - Corbis 54tl, LightRocket / SOPA Images / Lito Lizana 65cl, LightRocket / Wolfgang Kaehler 36tr, 179cl, LightRocket / Yousuf Tushar 152cla, Linden Adams Photography 184bl, Lintao Zhang 162br, Lonely Planet Images / Jenny & Tony Enderby 175tl, LOOK / Alexander Kupka 95cb, Dominik Magdziak 52l, Maskot 88cb, Moment / © Santiago Urquijo 44br, Moment / Anton Petrus 129tr, Moment / asifsaeed313 148cl, Moment / Cedric Favero 72cla, Moment / Jackal Pan 161cra, Moment / Jasmin Merdan 140b, Moment / Kelly Cheng 30cla, Moment / Lassi Kurkijarvi 118b, Moment / Manuel ROMARIS 137clb, Moment / Michele D'Amico supersky77 65cra, Moment / Natthawat 145bl, Moment / Pakawat Thongcharoen 155br, Moment / Paul Biris 137b, Moment / Robert Lowdon 11crb, Moment / Stanley Chen Xi, landscape and architecture photographer 86cla, Moment / Tiancheng Wang 144clb, Moment / vladimir zakharov 83b, Moment / wiratgasem 157cra, Moment Open / Afriandi 158cr, Moment Open / Ankur Dauneria 151tc, Moment Open / irawansubingarphotography 174cra, Moment Unreleased / Bashar Shglila 41bl, Moment Unreleased / Geraint Rowland Photography 151cr, National Geographic Image Collection / Scott Sroka 22tr, NurPhoto / Nicolas Economou 135cra, Minas Panagiotakis 11ca, Photodisc / PICHA Stock 68cla, Photodisc / ULTRA.F 151tl, Photothek / Michael Gottschalk 44ca, Popperfoto / Leo Mason 129cr, Premium Archive / Anne Frank Fonds Basel 96cr, Joe Raedle 12cla, Alberto E. Rodriguez 16cla, Shamim Shorif Susom / EyeEm 54cra, SM Rafiq Photography. 148br, Sportsfile / Piaras Ó Mídheach 84bl, Sportsfile / Stephen McCarthy 20cla, Michael Steele 122cla, Stockbyte / ICHIRO 165cra, Stone / Arctic-Images 85b, Stone / Gonzalo Azumendi 117tl, Stone / Harry Hook 65br, Stone / Hugh Sitton 44cl, Stone / John P Kelly 86bl, Devon Strong 32crb, Sygma / John van Hasselt - Corbis 152cl, TASS / Sergei Bobylev 125br, TASS / Viktor Drachev 147cla, ullstein bild / JOKER / Walter G. Allgöwer 94ca, ullstein bild / Olaf Wagner 62crb, ullstein bild / Reinhard Dirscherl 49cra, Universal Images Group / AGF / Francesco Tomasinelli 73tl, Universal Images Group / Eye Ubiquitous 167tl, Universal Images Group / Farm Images 64br, Universal Images Group / Hoberman Collection 75c, Universal Images Group / Jeff Greenberg 74cl, Universal Images Group / Marka 154tr, Universal Images Group / MyLoupe 57crb, Universal Images Group / VW Pics / Mel Longhurst 144cla, Universal Images Group / Werner Forman 54br, 61clb, Velo / David Ramos 98cl, Visionhaus 42ca, Visual China Group 161cb (tennis table), Nigel Waldron 148tr, Westend61 182cra, WireImage / Dan MacMedan 24tr, WireImage / John Lamparski 161br, World Rugby / Clive Rose 75clb; **Eli Greenbaum, Ph.D.:** 64cla; **iittala:** Birds by Toikka 89cla; **iStockphoto.com:** AbleStock.com / Hemera Technologies 10ca, Birdimages 137tl, boerescul 106cla, brunoat 68bl, Corbis Documentary / Arne Hodalic 143bl, diverroy 123cb, E+ / 1111IESPDJ 83tr, E+ / ALEAIMAGE 28cr, E+ / DieterMeyrl 112b, E+ / Eloi_Omella 13cb, E+ / ewg3D 104cla, E+ / FilippoBacci 142cla, E+ / Flavio Vallenari 24crb, E+ / fotoVoyager 153b, E+ / golero 33clb, E+ / hadynyah 67cl, 157cr, E+ / Marcus Lindstrom 92ca, E+ / MediaProduction 164bl, E+ / Morsa Images 162cra, E+ / Nikada 69cb, E+ / Phooey 107br, E+ / sansubba 153crb, E+ / ugurhan 42cla, emretopdemir 65tl, evemilla 87cr, fotoVoyager 88tr, Freder 16cr, guenterguni 63br, 64cra, Bartosz Hadyniak 48br, Ahmed_Abdel_Hamid 142crb, holgs 36cr, HomoCosmicos 45tl, JGolosiy 4br, 19cra, Jorgefontestad 101cr, Burak Kara 133cr, Kardd 153cla, Katiekk2 143cra, lleerogers 110crb, marchello74 33cra, marcophotos 158cla, MindStorm-inc 183clb, Murchundra 128cb, Musat 62cla, Kylie Nicholson 143tc, R.M. Nunes 32cla, Photosensia 132cb, pittapitta 79clb, Mauro_Repossini 18cb, rosn123 70cr, Stockbyte / Visage 150cl, structuresxx 153t, SzymonBartosz 92cla, TatyanaGl 108cb, tehcheesiong 167tc, unser 100bl, urf 134crb, Urvashi9 155tl, utamaria 41tl, VUSLimited 49cla, Kirk Wester 12crb; **Alexander Keda:** 125cra; **David Kirkland:** 177cr; **Library of Congress, Washington, D.C.:** LC-DIG-ppmsca-18521 55cb; **The Metropolitan Museum of Art, New York:** The Crosby Brown Collection of Musical Instruments, 1889 63cb, Fletcher Fund, 1927 163cl, Gift of Carolyn C. and Dan C. Williams, 1984 14crb, Harris Brisbane Dick Fund, 1963 139cla, The Michael C. Rockefeller Memorial Collection, Gift of Nelson A. Rockefeller, 1965 58cla, Rogers Fund, 1950 138c; **Música Para Ver Collection:** 146tr; **NASA:** Carla Cioffi 145tl; **naturepl.com:** Bryan and Cherry Alexander 11tl, Ingo Arndt 18c, Sylvain Cordier 32tr, Bruno D'Amicis 106crb, Suzi Eszterhas 30tr, 70cla, Daniel Heuclin 57tl, 61cra, Sebastian Kennerknecht 166cra, Pedro Narra 53cla, Naskrecki & Guyton 68crb, Piotr Naskrecki 29ca, Nature Production 90tl, Flip Nicklin 179cr, Cyril Ruoso 167br, David Tipling 17tl, Robert Valentic 173clb; **Rob Nerja:** 51bl; **Nokia Corporation:** Since 2016, HMD Global is the exclusive licensee of the Nokia brand for phones & tablets 89tl; **Picfair.com:** Ines 63cra; **Pixabay:** happylism / 15 images 163cra, janeb13 / 454 images 20crb; **Reuters:** AAL / RCS 58cl, Salim Henry 69ca, Afolabi Sotunde 59tr, Paulo Whitaker 33crb; **Rex by Shutterstock:** AP / Andrew Medichini 108cl, AP / Charlie Riedel 13c, AP / Geert Vanden Wijngaert 121br, AP / Mohammed Seeneen 149clb, Colorsport 29br, EPA / Martin Philbey 89clb, EPA / Mauritz Antin 87b, EPA / Muhammad Sadiq 146crb, EPA / Roland Schlager 112clb, EPA-EFE / Vickie Flores 82clb, Jane Hobson 134cla, imageBROKER 16crb, Martti Kainulainen 86crb (reindeer), UIG / Auscape 178b; **Robert Harding Picture Library:** Biosphoto / Robert Haasmann 175b, Michael Nolan 85ca, Michael Runkel 53bl, 146cla; **Photo Scala, Florence:** The Metropolitan Museum of Art / Art Resource 57clb; **Science Photo Library:** Massimo Brega, The Lighthouse 51tl; **Shutterstock.com:** Chris Allan 25cra, Yevgen Belich 91cla, Bondart Photography 103b, Radek Borovka 71clb, CKP1001 120tr, Digoarpi 115cla, Dijise 120cla, Ba dins 166cla, Grzegorz Drezek 104cra, Gil.K 76bl, Jesus Giraldo Gutierrez 117cr Visual Intermezzo 154cr, Kota Irie 15clb, Katiekk 159cra, Heracles Kritikos 133tl, Chintung Lee 162clb, macka 43cra, Martchan 47tl, Anamaria Mejia 30crb, novak.elcic 119tl, RHJPhtotoandillustration 147clb, s4svisuals 115b, Sergey-73 66ca, Mohamed Shareef 149crb, Sopotnicki 73br, Alexey Suloev 12cra, Keith Michael Taylor 176br, topten22photo 156br, Vershinin89 127clb, Darek Warczakoski 92crb, yvon52 98crb; **South American Pictures:** 35clb; **SuperStock:** Alaska Stock - Design Pics 179cra, Biosphoto 45b, Hemis.fr / Paule Seux 56crb, juniors@wildlife Bildagentur G 145ca, Minden Pictures / Vincent Grafhorst 63cr, Photononstop 133bl, Prisma / Alex Bartel 59tl; **Unsplash:** Spencer Davis / @spencerdavis 137cra, Fidel Fernando / @fifernando 172cb

All country and continent maps in the book are created by DK using textures from NASA satellite imagery and Natural Earth raster data.

All other images © Dorling Kindersley
For further information see: **www.dkimages.com**

북아메리카

 캐나다　 미국　 멕시코　 벨리즈　 코스타리카　 엘살바도르　 과테말라　 온두라스

남아메리카

 그레나다　 아이티　 자메이카　 세인트키츠 네비스　 세인트 루시아　 세인트빈센트 그레나딘　 트리니다드 토바고　 콜롬비아

아프리카

 우루과이　 칠레　 파라과이　 알제리　 이집트　 리비아　 모로코　 튀니지

 라이베리아　 말리　 모리타니　 니제르　 나이지리아　 세네갈　 시에라리온　 토고

 부룬디　 지부티　 에리트레아　 에티오피아　 케냐　 르완다　 소말리아　 수단

 나미비아　 남아프리카 공화국　 에스와티니　 잠비아　 짐바브웨　 코모로　 마다가스카르　 모리셔스

 룩셈부르크　 네덜란드　 독일　 프랑스　 모나코　 안도라　 포르투갈　 에스파냐

 폴란드　 슬로바키아　 알바니아　 보스니아 헤르체고비나　 크로아티아　 코소보　 북마케도니아　 몬테네그로

아시아

 라트비아　 리투아니아　 키프로스　 몰타　 러시아　 아르메니아　 아제르바이잔　 조지아　 튀르키예

 카타르　 사우디아라비아　 아랍 에미리트　 예멘　 이란　 카자흐스탄　 키르기스스탄　 타지키스탄

 중국　 몽골　 북한　 대한민국　 대만　 일본　 미얀마　 캄보디아

오세아니아

 싱가포르　 몰디브　 오스트레일리아　 뉴질랜드　파푸아 뉴기니　피지　솔로몬 제도　바누아투